Václav Vok Filip
Einführung in die Heraldik

Historische Grundwissenschaften in Einzeldarstellungen

Band 3

Václav Vok Filip

Einführung in die Heraldik

2. Auflage

Franz Steiner Verlag Stuttgart 2011

Umschlagabbildung:
Lorenz Fries (1489–1550)
Fürstbischöflicher Rat und Sekretär in Würzburg.
Geschichtsschreiber.

2., überarbeitete und erweiterte Auflage

Bibliografische Information der Deutschen Nationalbibliothek:
Die Deutsche Nationalbibliothek verzeichnet diese Publikation in der Deutschen Nationalbibliografie; detaillierte bibliografische Daten sind im Internet über <http://dnb.d-nb.de> abrufbar.

ISBN 978-3-515-09825-0

Gedruckt auf säurefreiem, alterungsbeständigem Papier.
Druck: Laupp & Göbel, Nehren
Printed in Germany

Dem Heraldiker Jiří Louda
für seine lehrreiche Freundschaft
gewidmet

INHALTSVERZEICHNIS

Lorenz Fries (1489–1550)
Fürstbischöflicher Rat und Sekretär in Würzburg.
Geschichtsschreiber.

VORWORT

Wer sich heute über die Literatur zur Heraldik unterrichten will, findet sicherlich genug Bücher, die allgemein über die Wappenkunde informieren. Warum also noch eine Einführung in die Heraldik? Das Interesse für diese Wissenschaft flammt immer wieder neu auf, und dies ist auch kein Wunder, denn Heraldik begleitet uns praktisch auf jedem Schritt in unserem Leben. In jedem Winkel der mittelalterlichen Kultur fand sich ein Plätzchen, wo man ein Wappen anbringen konnte. Und nicht nur im Mittelalter, auch heute identifizieren wir Orte, Personen oder Ämter mit einem Zeichen, das oft die Form eines Wappens hat. So überrascht uns nicht mehr, wenn wir überall um uns herum an Denkmälern unserer Geschichte oder an alltäglichen Gegenständen Wappen sehen. Es ist unmöglich, in eine mittelalterliche Kirche zu gehen und die Zeichen der Stadtherren, ob geistlichen oder weltlichen Standes, oder der Patrizierfamilien, die die Stadt regierten und ihre Geschicke leiteten, zu übersehen. Und wenn man, begeistert von der Ästhetik dieser Zeichen, sich für sie interessiert, stellt man schnell fest, dass sie sehr viel zu sagen haben. Oft fängt gerade mit einem schönen Wappen das Interesse für die eigene Vergangenheit an, das dann ein Leben lang anhält.

Die meisten heraldischen Werke konzentrieren sich vor allem darauf, das Wappenwesen als Teil der Geschichte bzw. Kunstgeschichte darzustellen, und nach der Erklärung der Grundregeln der Heraldik widmen sie sich der graphischen Seite dieser schönen Wissenschaft, wobei dann überwiegend nur grundlegende heraldische Werke in den bibliographischen Angaben aufgeführt werden. Selbstverständlich bringt auch dieses Buch eine Übersicht über die Entstehung, Entwicklung und Regeln der Wappenkunde; darüber hinaus möchte ich aber eine Darstellung der Heraldik präsentieren, die, soweit es möglich ist, für jeden eine Literaturangabe bietet. Was die graphische Ausstattung des Buches betrifft, möchte ich mich auf das Nötigste beschränken, da es schon genügend Werke gibt, für die professionelle Graphiker eine große Zahl von Abbildungen beigesteuert haben.

Als letzte, aber um so wichtigere Bemerkung möchte ich hier meinen großen Dank an Herrn Professor Thomas Frenz zum Ausdruck bringen. Die Anregung zu diesem Buch stammt von ihm, und ohne seine geduldige und freundliche Hilfe hätte es gar nicht zu Ende gebracht werden können. Ich bin ihm für manchen wertvollen Rat zu herzlichem Dank verpflichtet. Auch meiner Schwester Ladislava möchte ich meinen „brüderlichen“ Dank für ihre Mitarbeit an der graphischen Gestaltung der Wappen aussprechen. Ebenso wenig darf ich es vergessen, Claudia Kim für ihre große Hilfe zu danken.

V. V. F.

Technischer Hinweis:

Den einzelnen Abschnitten ist eine Liste der grundlegenden Literatur vorausgestellt. Diese Arbeiten sind in den Anmerkungen mit einem Kurztitel zitiert; sie können auch aus dem „Index der Autoren“ (S. 157) entnommen werden.

Die Abbildungen sind bewusst nur im vollen Schwarz ohne die Benutzung der heraldischen Schraffierung ausgeführt, damit das Signalhafte der Wappen zur Geltung kommt; die Schraffierung verwischt manchmal diesen Effekt, und daher benutze ich sie nur, wenn es unbedingt notwendig ist.

Vorbemerkung zur zweiten Ausgabe

Schon vor neun Jahren (2001) schrieb Prof. Dr. Karl Borchardt, dass: „... umfassende [Bibliographie-] Verzeichnisse entbehrlich [seien], zumal elektronische Medien den Druck von Bibliographien heute überholt erscheinen lassen ...“[1]. Was damals schon seine Geltung fand, wird heute um so mehr gelten. Die Möglichkeit, von zu Hause in jedem Katalog jeder Bibliothek fast überall auf der Welt, nach der benötigten Literatur suchen lassen zu können, eröffnet uns ungeahnte Möglichkeiten[2]. Dabei können wir nicht nur Literaturlisten zusammenstellen, sondern – nicht selten – ältere Werke (z. B. die, bei denen die Autorenrechte schon verjährt sind) direkt ansehen und lesen, immer öfter werden Zeitschriftenaufsätze als PDF- oder epub-Dateien zum herunterladen angeboten, manchmal gegen eine Gebühr, häufig sogar gratis. Auf diese Weise kann jeder gezielt Literatur zum Thema suchen, das für ihn von Wichtigkeit ist. Und außerdem bezweifle ich, dass es heute im Internet ein Thema gibt, das nicht auf irgendeiner Webseite behandelt wird. Natürlich muss man hier aufpassen, denn das Internet ist immer noch mit Reserve zu nehmen, doch sicherlich der erste Schritt, den die Menschen spontan tun. Die Kunst ist dann, die Mengen an Informationen, die man bekommt, vernünftig zu sortieren und das Nützlichste herauszufiltern. Aus diesem Grund gebe ich grundsätzlich keine Internetadressen an, denn es gibt nichts kurzlebigeres als Webseitenadressen und Links. Alles, was zu finden ist, oder besser, was im Internet gefunden werden will, kann man mit einer Suchmaschine (Google, Bing, Yahoo etc) auch finden.

Nun trotz dieser Tatsache, entschied ich mich die Literaturliste zu aktualisieren, weil ich nach wie vor der Meinung bin, dass zu einem Thema, wie das unsere, eine einfache Liste nicht reicht. Heraldik setzt sich aus so vielen Teilthemen zusammen, dass man nun eine gewisse Ordnung, bzw. Orientie-

1 Das Historisch-Politische Buch, Heft 5, 2001, S. 459.

2 Zu erwähnen wäre ebenfalls spezialisierte Software z. B. EndNote von Adept Scientific. Diese Software stellt Bibliographielisten zu bestimmten Themenbereichen, wobei sie sich auch des Internets und der dort angebotenen Literaturdatenbanken bedient.

rung braucht. Als die Idee zum Buch entstand, war mein Leitgedanke: Was hätte ich damals, als ich studiert habe, gerne gehabt, um einzelne Fachgebiete der Heraldik zu erforschen. Das schließt auch Themen ein, die nur indirekt mit der Heraldik zu tun haben, z. B. das Turnier, die Herolde etc. Dies bedeutet, dass die Bibliographie nicht nur die heraldische, sondern und besonders auch die historische und kunsthistorische Literatur beinhaltet (z. B. letzte Forschung über die Tiara). Auf diese Weise sollte es sich tatsächlich um eine Einführung in die Heraldik handeln und nicht um ein neues Buch über Heraldik.

Ich bin nach wie vor der Meinung, dass schwarz-weiße Wappendarstellungen die klarsten sind, und dass man die farbgebende Schraffierungen nur dann benutzen soll, wenn es tatsächlich nötig ist, d. h. bei Wappenrollen, die das Ziel haben, über bestimmte Wappen zu informieren. Wenn es sich nur um heraldische Beispiele handelt, ist ein signalstarkes Wappen sinnvoller[3].

3 Sieh auch Leonhard, W., Das große Buch der Wappenkunst.

1. EINFÜHRUNG

1.1 DAS WESEN DER HERALDIK

Volborth, Carl-Alexander von, Heraldik. Eine Einführung in die Welt der Wappen, Stuttgart/ Zürich, 1989 – Neubecker, Ottfried, Heraldik. Wappen – ihr Ursprung, Sinn und Wert, Frankfurt am Main, 1977 – Brooke-Little, John Philipp, Boutell's Heraldry, London, New York, 1983 – Pastoureau, Michel, Traité d'Héraldique, Paris, 1993

Die Heraldik[4] ist die Lehre von den Wappen und Zeichen: das heißt über ihre Entstehung, ihre Geschichte, ihre Form und über die Art, sie graphisch darzustellen. Aus diesem Grund ist die Heraldik gleichzeitig eine Wissenschaft und eine Kunst („Wappenkunde" und „Wappenkunst"). Viele Heraldiker waren und sind daher nicht selten nicht nur Wissenschaftler, sondern auch gute Graphiker, und natürlich umgekehrt.

Die Heraldik teilt sich folglich in einen theoretischen und einen praktischen Teil: der theoretische ist eine Hilfswissenschaft der Geschichte und Kunstgeschichte und umfasst die Regeln der Heraldik und der Wappenführung sowie ihre Quellen, d. h. Wappenbriefe, Siegel, Münzen, Stammbäume, Grabsteine, Bilder, Fresken usw. Der praktische Teil zeigt, wie man nach den erwähnten heraldischen Regeln neue, moderne, gleichzeitig stilreine Wappen „aufreißen" oder entwerfen kann[5].

Für die Heraldik ist die graphische Darstellung sehr wichtig aufgrund der Notwendigkeit, das Wappen deutlich erkennen und bestimmen zu können. Dies bedeutet, dass die Zeichnung der einzelnen Wappenkomponenten eindeutig sein muss. Das heißt weiterhin, dass das Zeichen im Wappen laut der Beschreibung immer gleich sein muss – unabhängig von Zeitstil oder Zeichenweise des Künstlers –, und zwar nicht nur in der Figur, sondern auch in den Farben. So muss z. B. der Blason[6] eines gotischen Wappens gleich lauten wie der eines barocken[7].

Das Wort Wappen kommt aus dem Mittelhochdeutschen „wâpen", bzw. der niederdeutschen Form von „wâfen". Beide Formen wurden im heutigen Sinne von Waffen gebraucht und auch, nachdem am Ende des 12. Jahrhun-

4 Das Wort „Heraldik" leitet sich von „Herold" ab; S. u. Abschnitt 2.1 auf S. 38.

5 Leonhard, Walter, Das große Buch der Wappenkunst, München, ^{3}1984, S. 13.

6 D. h. die Beschreibung in der Fachterminologie; siehe Kap. 1.4.7 auf S. 32.

7 Aus Gründen der sog. Typisierung – siehe Kap. 1.4 Die Grundregel – „ist es verfehlt, eine bestimmte Wappendarstellung auf Skulpturen, Siegeln usw., die kunsthistorisch bedeutsam sein mag, als unabänderliches Vorbild zu betrachten", Hildebrandt, Adolf Matthias, Wappenfibel, Neustadt an der Aisch, ^{18}1991, S. 106.

derts die Bedeutung „schildzeichen" dazu kam, war der Gebrauch bis ins 16. Jahrhundert (seltener bis ins 17. Jahrhundert) vermischt. Der Gebrauch des Wortes Wappen, so wie wir ihn heute kennen, d.h. eines heraldischen Zeichens, wurde durch die Tatsache begünstigt, dass das Wort *wâpen* „... besonders gern und lange für die ritterliche rüstung gebraucht wurde, an der das abzeichen angebracht war ..."[8]

Der unverzichtbare Bestandteil des Wappens ist der Schild. Obwohl heute zu einem Wappen auch ein Helm und eine Helmzier gehören können, kann ein Schild ohne weiteres allein stehen, ein Helm auch mit einer Helmzier wird nie als Wappen bezeichnet; das gleiche gilt auch für alle anderen heraldischen Prunkstücke[9] wie Schildhalter usw.

1.2 DER URSPRUNG DER HERALDIK

Adam, Paul, Les usages héraldiques au milieu du XIIe siècle d'après le Roman de Troie de Benoit de Sainte Maure et la littérature contemporaine, in: Archivum heraldicum 77, 1963, S. 18–29 – Brault, Gerard J., Early blazon. Heraldic Terminology in the Twelfth and Thirteenth Centuries ..., Oxford, 1972 – Galbreath, Donald Lindsay/Jéquier, Léon, Lehrbuch der Heraldik, München, 1978 – Hupp, Otto, Wider die Schwarmgeister 1–3, München, 1918–1919 – Kittel, Erich, Wappentheorien, in: Archivum heraldicum 85, 1971, S. 18–26, 53–59 – Leesenberg, A., Ursprung und erstes Vorkommen unserer heutigen Wappen, Berlin, 1877 – Mayer, Leo Ary, Saracenic Heraldry, Oxford, 1933, Meinecke, Michael: Zur mamlukischen Heraldik, in: Mitteilungen des Deutschen Archäologischen Instituts Abteilung Kairo 28, 2 (1972). – S. 213–287 – ders.: Die Bedeutung der mamlukischen Heraldik für die Kunstgeschichte, in: XVIII Deutscher Orientalistentag, Lübeck 1972 – Voträge. = Zeitschrift der Deutschen Morgenländischen Gesellschaft, Supplement II. S. 213–240, Wiesbaden, 1974 – ders: Die mamlukische Heraldik in Ägypten und Syrien. Kurzfassung des Vortrags im Rahmen der 1979. Sitzung am 16. 1. 1990, in: Der Herold, N.F. 13,2 (1990) S. 38–40, 47 – Prinet, Max, De l'origine orientale des armories européennes, in: Archives héraldiques suisses 26, 1912, S. 53–58 – Rader, Olaf B., Die Grablege der Staufer als Erinnerungsorte, in: Verwandlungen des Stauferreichs. Drei Innovationsregionen im mittelalterlichen Europa, hrsg. von Bernd Schneidmüller, Stefan Weinfurter, Alfred Wieczorek, Darmstadt, 2010, S. 20–33 – Turnwald, Kristian, Die Anfänge des Wappenwesens von Böhmen und Mähren, in: Der Herold, 1971, S. 265–303 – Ulmenstein, Christian Ulrich, Freiherr von, Der Ursprung des Wappenwesens, in: Forschungen und Fortschritte, Jg. 12, 1936, S. 320–321

Die Entstehung der Heraldik ist eine Frage, mit der sich schon Generationen von Heraldikern seit dem 17. Jahrhundert beschäftigten[10]. Es wurden zahlreiche Theorien aufgestellt, die sich mit dem Aufkommen der Wappen befassen. Man versuchte immer wieder, die genauen Gründe festzustellen, um so weit wie möglich den präzisen Zeitpunkt der Entstehung der Heraldik zu bestim-

8 Deutsches Wörterbuch von Jacob und Wilhelm Grimm, Bd. 27, Spalte 1934.

9 Siehe Kap. 3.5 Die Prunkstücke, auf S. 96.

10 Mit den bis heute erarbeiteten Theorien beschäftigt sich ausgiebig E. Kittel in seinem Aufsatz: Wappentheorien, in: Archivum Heraldicum 85, 1971, S. 18–26 und 53–59.

men[11]. Die meisten Autoren vermuten die Anfänge in den Kreuzzügen. Diese fallen nämlich in die Zeit zwischen der Entstehung des Teppichs von Bayeux (1080–1082), auf dem nachweislich keiner der kämpfenden Ritter auf dem Schild ein tatsächlich später nachweisbares, also erbliches Wappen trägt[12], und der Mitte des zwölften Jahrhunderts, in der schon Wappen oder mindestens spätere heraldische Zeichen nachweisbar sind.

Allerdings ist der Mangel an klaren Quellen die Ursache, dass wir nicht genug Kenntnisse haben und wahrscheinlich auch nie haben werden, um heute einigermaßen exakt zu bestimmen, warum und wann sich aus einfachen, meist einfarbigen Bannern oder nur schlichten Schilden die Heraldik entwickelte[13].

Es kann als sicher gelten, dass die Heraldik einen allmählichen, durch viele verschiedene Anregungen beeinflussten Entstehungsprozess durchgemacht hat und dass sie, wie gesagt, erst mit den Kreuzzügen aufkommt. Wenn man annimmt, dass das Bedürfnis der Kreuzritter, sich in der Schlacht erkennen zu können und die Zugehörigkeit zu einer geschlossenen, gemeinsam kämpfenden Ritterschar zu demonstrieren, ausschlaggebend war – auf Grund der geschlossenen Rüstung mit einem das Gesicht bedeckenden Helm[14] war es nicht mehr möglich, die Zugehörigkeit zum Gefolge eines Heerführers oder zu einem Ritterorden festzustellen –, muss man natürlich in den zeitgenössischen Praktiken die Vorbilder sehen. Die Ursprünge der Heraldik schon bei den alten Babyloniern, Griechen, Römern oder Germanen zu suchen, ist einigermaßen unrealistisch, da man annehmen kann, dass die Kenntnisse der Kreuzfahrer über diese Kulturen mehr als mangelhaft waren. Einen Bezug könnte man zu den antiken Römern herstellen, und zwar über die byzantini-

11 Galbreath/Jéquier, S. 17.

12 Er zeigt keine direkten heraldischen Embleme auf den Kampfschilden. Die ornamentreichen Beschläge der Schilde dienen deutlich der Verstärkung der Mitte und des linken Rands des Schildes, der ja am meisten den Schlägen der Schwerter ausgesetzt war.

13 Die Schilderung Anna Komnenas, der Tochter des Kaisers Alexios, im Jahre 1096 zur Ausrüstung der ankommenden Kreuzritter, in der sie die Schilde genau beschreibt, lässt mit Sicherheit annehmen, dass es sich noch nicht um Wappen handelte. (Die Kämpfer sollen undurchdringliche Schilde gehabt haben, diese seien länglich, oben breit und unten spitz zulaufend, sie seien nicht flach, sondern der Länge nach konvex gewesen, so dass sie den Körper des Trägers umrundeten – was deutlich eine der ältesten Darstellungen eines Wappenschildes des Grafen Gottfried V. von Anjou (1150) auf seinem Grab in der Kathedrale von Le Mans oder die Darstellung des kämpfenden Engels vom Abrahamsteppich im Dom in Halberstadt beweist. Ihre Oberfläche sei so poliert, dass sie die Augen des Betrachters blendete). Alexias / Anna Komnene; Übersetzt, eingeleitet und mit Anmerkungen versehen von Diether Roderich Reinsch. – 2., um ein Vorwort von Diether Roderich Reinsch ergänzte Auflage. – Berlin; New York 2001, S. 453 [Buch XIII, Kapitel 8, § 2]

14 Die Ritterausrüstung bestand zu der Zeit in den meisten Fällen aus einem Panzerhemd und Ringelpanzer-Beinbekleidung, Funcken, Liane und Fred, Historische Waffen und Rüstungen, München, 1990, S. 22–25.

sche Heeresorganisation der Zeit, die vermutlich indirekt noch aus der antiken römischen Legionstradition hervorging. Da die römischen Legionen eigene Kampf- und Feldabzeichen hatten, könnte man diese oder ähnlich organisierte Abzeichen bei dem byzantinischen Heer annehmen[15].

Um zu verstehen, woher heraldische Zeichen kommen, muss man beachten, was diese Zeichen darstellen bzw. beinhalten und wie dieser Inhalt entstand. Schön diese Überlegungen deuten die zwei Kategorien der Figuren in der Heraldik an: die Heroldsbilder und die sog. gemeinen Figuren. Da das Wappen ein Schildzeichen ist, kann man vermuten, dass die Heroldsbilder tatsächlich vom Schild abstammen; sie sind geometrische Teilungen, Kreuze usw., die sich aus den üblichen Schildbeschlägen, die die Fläche des Schildes. verstärken sollten, entwickelten. Dabei musste es sich durchaus nicht ausschließlich um Metallbeschlag handeln, Stücke oder Streifen von Leder, Pelz oder Stoff, die man noch bemalen konnte, waren sicher genauso häufig.

Von den gemeinen Figuren kann man schon behaupten, dass sie auf die Schilde übertragen wurden, und zwar vermutlich von Standarten oder von der Kampf- bzw. Hofkleidung. Hier kamen Stoffe in Betracht, die zusammengenäht, bestickt oder bemalt waren. Solche Stoffe waren sicher mit romanischen, in jener Zeit üblichen Ornamenten geschmückt. Diese unterlagen einem starken Einfluss aus dem Orient, da von dort vermutlich Stoffe importiert wurden. Diese Beeinflussung kam über indirekte oder direkte Wege zustande: indirekt durch den Handel, direkt durch die politischen Beziehungen der Kreuzfahrerstaaten und dann im Mittelmeerbereich, d.h. in Süditalien, Sizilien und Spanien, wo die Berührungen mit der orientalischen Kultur am intensivsten waren.

Mit der Theorie des mamlukschen oder sarazenischen Einflusses haben sich Heraldiker und Orientalisten schon sehr früh beschäftigt, haben ihn aber doch entweder ganz negiert[16] oder die mamluksche Symbolik nur bedingt mit der westeuropäischen Heraldik verglichen[17]. Dass trotzdem die Kultur aus dem Orient – mindestens im Süden Europas und durch die Wirkung der Staufer auch nördlich der Alpen – intensiv präsent war, ist nicht zu leugnen.[18]

15 „Schon im 9. und 10. Jahrhundert haben die Byzantiner und andere Orientalen Fahnen mit Lätzen und führen auf diesen, wie auf ihren Schilden, Embleme, die den heraldischen Emblemen ähnlich sind, mehr oder weniger verzierte Querbalken, Pfähle, Schrägbalken, auch gemeine Figuren wie den Delphin und die Lilie. Anscheinend waren einige dieser Embleme mindestens in gewissen Familien großer Grundbesitzer erblich", Galbreath/Jéquier, S. 21.

16 M. Prinet, De l'origine …,S. 53ff und L.A. Mayer, Saracenic Heraldry, S. 1–7, setzen die sarazenische Symbolik, die mit der Heraldik vergleichbar wäre, ein halbes Jahrhundert nach dem Aufkommen bekannter heraldischer Symbole im Westen.

17 Mit dem Problem beschäftigt sich ausführlich M. Meineke (siehe die Literaturliste).

18 Besonders die Untersuchungen von Rader, Olaf B., Die Grablege der Staufer als Erinnerungsorte, S. 30f: „… Da Roger II. von Hautville von Papst Anaklet II. eine Königskrone … hatte erlangen können und nun ein als erheblich empfundenes Legitimations-

Es ist also nicht verwunderlich, dass die Kreuzfahrer diese byzantinischen Vorbilder übernahmen[19], Sie wurden im Orient durchaus mit einer „höheren“ Kultur konfrontiert, und das nicht nur in der Kunst und Architektur, sondern vor allem – für uns wichtig – im Militär- und Ritterwesen. Doch auch in diesem Stadium ist nicht zu beobachten, dass die aus dem Westen kommenden Ritter etwas, das sie vor Ort fanden und als sinnvoll ansahen, blind übernahmen. Natürlich erkannte man, wie vorteilhaft es war, dass sich die byzantinischen Heere unter speziellen Feldzeichen versammelten, aber die entscheidende Verschmelzung der westlichen und orientalischen Elemente erfolgte in der normannischen Kulturtradition. Man vereinfachte und stilisierte die gesehenen Zeichen oder Figuren im Sinne der westlichen europäischen Kunst. So ist es uns heute sogar möglich, die heraldischen Zeichen und die orientalischen (Stoff) Symbole zu vergleichen. Auf erhaltenen Kleidungsstücken aus dem Orient[20] und Wappen erscheinen häufig die gleichen Tiere oder Blumen: Löwe, Leopard, Stier, Bock, Hirsch, Hund, Hase, Elefant, Adler, Falke, Schwan, Hahn, Greif, Einhorn, Fisch, Rose, Lilie, Baumblätter, Kleeblatt usw.

Dies waren aber nur die Anfänge. Die Heraldik beschränkte sich nicht nur auf die byzantinischen Vorbilder. Es erscheinen als Wappenfiguren praktisch alle in Mittel- und Nordeuropa bekannten Tier- und Vogelarten, wobei viele „exotische“ Tiere aus Asien oder Afrika als Fabelwesen vorkommen, die mit den tatsächlichen Tieren des gleichen Namens nicht viel gemeinsam haben.

Eine interessante Theorie (Übernahme der byzantinischen Amtssymbolik in die Heraldik) stellte der tschechische Heraldiker Karl Fürst Schwarzenberg[21] auf. Er vermutet, die Kreuzfahrer hätten möglicherweise ihre späteren Wappentiere von den Amtssymbolen am byzantinischen Hofe übernommen. Als Beispiel dient ihm das plötzliche Aufkommen des Löwen im Wappen der

defizit mit allen Mitteln auszugleichen gewesen war, hatten er und seine Nachfolger die neue Würde mit Palästen, Domen, Mosaiken, Kronen, Hofgewändern, aber auch mit den Begräbnisinszenierungen zu unterstreichen gesucht; ... ein cäsarisches Herrschaftsbild mit byzantinischen Akzentin einer normannischen Verwandlung.“ und Haase, Claus-Peter, Rezeption islamischer Kunst im staufischen Sizilien, S. 448f: „... Vorab ist die stete Herausforderung in Kultur und Politik sowohl der muslimischen wie der normannischen Eroberer durch die byzantinische Präsenz in Süditalien bis Ende des 11. Jahrhunderts zu erinnern. Auch nach Ende ihrer Herrschaft blieben der sakrale Charakter des byzantinischen Hofzeremonels und der Luxus der Ostkirche wirksam: Seidenstoffe, kostbare Reliquiare, kirchliche Scriptorien ...“

19 Wir dürfen nicht die Beute außer Acht lassen, die die Kreuzfahrer bei ihren Eroberungen gemacht haben. Es ist anzunehmen, dass sie sich mit den reich verzierten, für sie fremdartigen und seltenen Stoffen auch schmückten, diese anzogen und später mit nach Hause nahmen.

20 Auf dem Sternenmantel Kaiser Heinrichs II. in Bamberg oder dem Krönungsmantel von Roger II. – heute in Wien – und anderen erhaltenen Stoffen.

21 Schwarzenberg, Karl Fürst zu, Heraldika, Praha, 1941, S. 19f.

Premysliden am Ende des 12. Jahrhunderts: der böhmische König Vladislav II. (1140–1172) sei Lehnsmann des byzantinischen Kaisers Manuel Komnenos geworden. Wenn er als solcher das Amt eines Strators = Marschalls bekleidet habe, habe er das Recht gehabt, einen sog. Stratorenmantel zu tragen, auf dem als Zeichen des Amtes weiße Löwen aufgestickt waren. Einen solchen weißen Löwen habe Vladislav II. auf seinem Mantel nach Hause gebracht, und später habe man diese Figur auf den Wappenschild König Otakars Přemysl I. übertragen, bei dem er erstmals belegt ist[22].

Die Tatsache, dass der böhmische König seine Wappenfigur vom Adler in einen Löwen ändert, könnte auch politische Gründe gehabt haben. So könnte der Löwe als Konkurrenztier (beide als Könige im Tierreich) gegen den Adler gesehen werden. Auf diese Weise könnte man durch das „Verstoßen" des Adlers und die gleichzeitige Annahme des Löwen als Wappenzeichen die Abkehr vom Kaiser demonstrieren[23].

Zum Schluss sei nur bemerkt, dass in der englischen Heraldik das Wappen coat of arms heißt – also „Wappenrock". Es ist die Frage, ob damit die Richtung vom Stoff zum Schild oder umgekehrt angedeutet wird[24]. Denn es ist bekannt, dass die Ritter bei feierlichen Gelegenheiten, bei denen sie ohne Schild erschienen, ihr Wappen auf dem Wappenrock aufgemalt oder aufgestickt trugen. Man meldete sie nach ihrem Rock.

Eine weitere Besonderheit, die man in den Anfangen der Heraldik beobachtet, ist das relativ häufige Vorkommen desselben Symbols – vielleicht nur mit Unterschieden in der Farbigkeit. Es ist anzunehmen, dass auch das wahrscheinlich ein direktes Vorbild in der byzantinischen Heeresorganisation

22 Ebd. S. 19. Als weitere Beispiele gelten die roten päpstlichen Schuhe mit Kreuz, die ihr Analogon in den roten Schuhen mit dem Adler des Kaisers haben, oder die roten Mäntel des hohen Adels im Westen (Kaiser, Könige, Fürsten etc.), die ihre Vorbilder in den roten Mänteln der byzantinischen Kaiser und ihrer Hofamtsträger haben. Ähnlich bietet sich die grüne Mantelfarbe (bestickt mit goldenen Rosen) der Hochadligen am Hofe an, die sich in den grünen Herzogsmänteln der südfranzösischen Herzöge wieder findet. (S. 20)

23 Scheibelreiter, Georg, Adler und Löwe als heraldische Symbole und im Naturverständnis des Mittelalters, in: Wappenbild und Verwandschaftgeflecht, S. 66f, derselbe: Wappen und adliges Selbstverständnis …, daselbst S. 137f, gibt mehrere Beispiele an: das Wappen von Flandern, Böhmen, der Grafschaft Burgund; Louda, Jiří, The double-queued lion of Bohemia …; siehe auch Fenske, L. Adel und Rittertum im Spiegel früher heraldischer Formen, in: Das ritterliche Turnier im Mittelalter, S. 157 (das Wappen von Heinrich von Braunschweig, der den bis dahin getragenen Adler mit zwei Leoparden ersetzt, nachdem sein Bruder Otto römischer König wurde).

24 Fenske, Lutz, Adel und Rittertum im Spiegel früher heraldischer Formen und deren Entwicklung, in: Das Ritterliche Turnier im Mittelalter, S. 148: „… Die Erweiterung der heraldischen Symbolik und ihr Übergreifen auf die Waffenröcke und Pferdezierdekken dürfte von den Erfordernissen des höfischen Turniers stark gefördert worden sein …"

hatte[25]. So wie sich bestimmte Kampfgruppen des Heeres unter einer Standarte versammelten, so übernahmen die Ritter aus dem Gefolge ihres Lehnsherren sein Wappensymbol und variierten es in der Farbe[26].

1.3 DIE ENTWICKLUNG DER HERALDIK

Biewer, Ludwig, Wappen als Träger von Kommunikation im Mittelalter, in: Beträge zur Kommunikationsgeschichte, Bd. 15.: Medien der Kommunikation im Mittelalter, hrsg. von Karl-Heinz Spieß, Stuttgart, 2003, S. 139–154 – Fenske, Lutz, Adel und Rittertum im Spiegel früher heraldischer Formen und deren Entwicklung, in: Das ritterliche Turnier im Mittelalter, (hrsg. von J. Fleckenstein), Göttingen, 1985, S. 75–169 – Ganz, P., Geschichte der heraldischen Kunst in der Schweiz im 12. und 13. Jahrhundert, Frauenfeld, 1899 – Gravett, Christopher, Knights at tournament, London, 1988 – Lot, Ferdinand, L'art militaire et les armées au moyen-âge en Europe et dans le Proche-Orient, Paris, 1946 – Scheibelreiter, Georg, Heraldik, Wien, 2006 (2. Auflage im Druck) – Schwarzenberg, Karl Fürst zu, Heraldika, Praha, 1941 – Seyler, Gustav A., Das heraldische Lehensrecht, Berlin, 1872 – ders., Geschichte der Heraldik, in: J. Siebmacher's großes Wappenbuch Bd. A, Neustadt a.d. Aisch, 1970

Die Heraldik verbreitete sich am schnellsten im Westen Europas, in England und Frankreich – vielleicht weil diese Länder eine bessere Verbindung über das Meer zum Heiligen Land hatten[27]. Allerdings kann man auch dem Gebiet des Reiches eine wichtige Rolle in der Entwicklung des Wappenwesens nicht absprechen. Es hatte gleichfalls sehr enge Kontakte zum Heiligen Land, und es ist auffallend, dass hier mehr Quellen erhalten geblieben sind. Schließlich sind es z.B. Wörter aus dem Deutschen, die in manchem die heraldische Sprache der Franzosen und Engländer bereicherten[28].

25 Scheibelreiter, Heraldik, S. 122 lehnt den Einfluss des Orients auf die westliche Heraldik ab, ähnlich auch Pastoureu, L'apparition des armoiries, S. 283.

26 Als Beispiel kann die Figur des Adlers gelten, die häufig bei den Lehnsmännern des römischen Königs bzw. Kaisers anzutreffen ist, Neubecker, Ottfried, Heraldik, Frankfurt am Main, 1977, S. 104–105: vom Süden nach Osten – (Norditalien), Tirol, Krain, Österreich, Böhmen, Mähren, (Premysliden), Schlesien, Brandenburg und Polen. Im Westen des Reiches kommt der Löwe sehr oft vor (heutige Benelux-Länder).

27 Dagegen könnte man argumentieren, dass im Gegenteil zu anderen Ländern, die ebenfalls enge Kontakte über das Mittelmeer mit dem Heiligen Land hatten, wie Italien oder Spanien, sich die Heraldik nur schwach entwickelte und meistens später importiert wurde. Diese Länder hatten jedoch nur geringen Anteil an den Kreuzzügen.

28 So sollen die Wörter Herold, blasonieren, das französische Wort für schwarz = sable aus dem Deutschen stammen: „Herold" vom Ehrenhold, Leonhard, Walter, Das große Buch der Wappenkunst, München, [3]1984, S. 20, oder wie Seyler, Geschichte, S. 26 erklärt von den Worten her und alt, die er von *harên* laut rufen und *waltan* walten, verwalten ableitet. „Blasonieren" soll von blasen – d.h. Trompete blasen – beim Melden der Ankunft entweder der Herrscher oder der turnierenden Ritter. „Sable" kommt von der schwarzen Farbe des Zobels her.

Die heutige Heraldik ist der Abschluss eines Prozesses, bei dem am Anfang nach älterem byzantinischem Vorbild einzelne Feldzeichen der kriegführenden Herren und am Ende ein System von Zeichen und Farben stehen, die ihren festen Platz auf dem Schild hatten.

Der Höhepunkt der Heraldik ist ohne Zweifel die Zeit des europäischen Rittertums, d. h. von der Mitte des 12. Jahrhunderts (ungefähr nach dem 2. Kreuzzug) bis zum Ende des 15. Jahrhunderts. Es ist die Zeit, in der die Heraldik tatsächlich *ein* gelebter Teil des Kriegs und des Hoflebens war[29]. Das bedeutet, dass die Schilde und Helme mit Helmzier real benutzt wurden. Diese Zeit kann man in einen historischen Rahmen einbinden und dadurch die einzelnen Entwicklungsetappen abgrenzen. Allgemein gilt, dass die Frühzeit vom zweiten Kreuzzug (1147) bis zum Regierungsantritt der Valois in Frankreich (1328) anzusetzen ist, die klassische oder Blütezeit vom Anfang des Hundertjährigen Krieges bis zum Ende der Rosenkriege (1485), die Spätzeit von der Schlacht bei Bosworth bis zum Aussterben der Valois (1589), die Zeit des Untergangs vom Tod Heinrichs III. bis zur Schlacht bei Fontenoy (1745) und die Zeit der Kanzleiheraldik der Aufklärung bis zur Schlacht bei Magenta (1859)[30]. In der zweiten Hälfte des 19. Jahrhunderts stieg das Interesse an der mittelalterlichen Heraldik in Folge der Romantik und der Gründerzeit. Es wurden heraldische Vereine gegründet[31], die sich zur Aufgabe machten, die Heraldik an Hand von Originalquellen zu untersuchen und wissenschaftlich zu studieren. Das Studium der alten Wappenrollen und anderer graphischer Quellen „reformierte" die Ansichten über die Heraldik, ihre Regeln und ihre Rolle in der Geschichtsschreibung. Seit dieser Zeit ist es Aufgabe dieser Vereine, über die Einhaltung der heraldischen Regeln zu wachen und wissenschaftliche Arbeiten über Heraldik zu fördern und zu unterstützen[32].

Einen Überblick über die Entwicklung der Heraldik vom Ende des Mittelalters bis in die Gegenwart liefert Georg Scheibelreiter[33]. Er beschäftigt sich mit der „Wissenschaft Heraldik" von den ersten wissenschaftlichen Be-

29 Es ist die Zeit der großen Ritterkriege – des Hundertjährigen Krieges zwischen Frankreich und England und der Rosenkriege in England. Eine wichtige Quelle dieser Zeit ist die Chronik des Jean Froissart, in der auch heraldische Fragen häufig erwähnt werden.

30 Diese Aufteilung stellte Karl zu Schwarzenberg, S. 24–25 zusammen, sie wird aber auch von anderen Heraldikern mit kleineren Zeitverschiebungen angenommen. – Galbreath, Donald Lindsay/Jéquier, Léon, Lehrbuch der Heraldik, München, 1978, S. 41 ff. Die Einteilung in diese Zeitabschnitte ignoriert absichtlich die historischen Kunststile. Das romanische Wappen unterscheidet sich nicht wesentlich vom frühgotischen Wappen, und das Wappen der Spätrenaissance nicht von der frühbarocken Form.

31 Siehe Anhang 8.4 auf S. 124.

32 Sie übernahmen die Rolle der mittelalterlichen Heroldsämter, wo diese nicht mehr existierten.

33 Scheibelreiter, Heraldik, S. 13–21.

trachtungen im Spätmittelalter[34], über die wissenschaftlichen Arbeiten des 17. Jahrhunderts[35], bis zu der Forschung des 20. Jahrhunderts, besonders der Nachkriegszeit, in der vorwiegend die nationale Heraldik in den Vordergrund tritt[36].

Die Benutzung der Wappen hatte ursprünglich sicherlich einen praktischen Grund. Bekanntlich war auch das Militärwesen auf den Grundlagen des Lehensrechts aufgebaut, d. h. ein Landesherr hatte mehrere Ritter, die ihm in den Kampf folgten. Damit solche Kampftruppen in der Schlacht zusammen blieben, half man sich mit verschiedenen Mitteln. Eins davon war der Kriegsschrei. Dieser wurde schon immer benutzt, nur konnte er im Schlachtgetümmel unter dem Helm leicht überhört werden. Er fand seinen Eingang in den Devisen auch in die Heraldik. Da die Devisen oft kurze Motto-ähnliche Sprüche, die die politische oder philosophische Überzeugung des Wappeninhabers charakterisierten, beinhalten, sind sie auf ausgerollte Stoffbänder geschrieben worden, die unterhalb oder auch oberhalb des Wappens angebracht werden können[37]. Zweitens versammelten die Lehensherren ihr Gefolge unter ihrem Banner – davon auch die Bezeichnung Bannerherr. Drittens dienten der Wappenrock und der Schild selbst als Zeichen der Gemeinsamkeit. Es ist anzunehmen, dass das Zeichen auf dem Banner auch die einzelnen Ritter aus dem Gefolge des Lehensherren oder auch die Besatzungen seiner Burgen trugen. Im Laufe der Zeit veränderten die Ritter diese Zeichen, indem sie sie teils modifizierten, teils neue Zeichen annahmen, und kreierten so persönliche Wappen. Während des 13. Jahrhunderts übernahmen diesen neuen Brauch auch alle Vertreter der gesellschaftlichen Hierarchie (Bürger, später auch Bauern) und die juristischen Personen (Klöster, Städte, Bistümer). Die Stadtbürger benutzten aber – jedenfalls vorläufig – keine Helmzier, da sie an den Turnieren nicht teilnehmen konnten.

Die Annahme eines neuen Wappens oder die Veränderung eines vorhandenen unterlag keinen sichtbaren Regeln[38]. Diese Tatsache wirft viele Fragen auf, die leider schwer zu beantworten sind, da wir praktisch keine schriftlichen Quellen besitzen, die uns irgendwelche Antworten zu diesem Thema geben. Besonders interessant und bis heute nicht zufriedenstellend geklärt ist der gleichzeitige Gebrauch mehrerer Wappen oder die zeitweise Benutzung eines veränderten Wappens, wobei man später zu der alten Form zurückkehrte. Bekannt ist z. B. der – ansonsten selten quellenmäßig nachweisbare – Fall, bei dem der böhmische König Přemysl Otakar II. in der Zeit der Kreuz-

34 Bartolo de Saxoferato, Clément Prinsault, Jean Courtois, Herold Sicile.

35 Marc de Vulson de la Colombière, Silvester à Petra Sancta, Claude François Ménestriere etc.

36 Donald Linsay Galbreath, Léon Jequier, Ottfried Neubecker, Michel Pastoureau.

37 Siehe Kap. 3.5.4 auf S. 98.

38 Es ist heute praktisch nicht mehr festzustellen, ob sich bei zwei Familien mit dem gleichen Wappen um eine Lehensabhängigkeit oder Blutsverwandtschaft handelt.

züge nach Preußen in den Jahren 1254/55 und 1267/68 die Farben seines Wappens, das normalerweise in Rot einen silbernen doppelschwänzigen Löwen trug, folgendermaßen änderte: im Silber einen schwarzen doppelschwänzigen Löwen mit einem goldenen Kreuzehen auf der Schulter[39]. Der Grund dieser Wappenänderung ist ja nun offensichtlich. Im Rahmen der Hofsymbolik, die uns heute leider nicht in allen Punkten verständlich und klar ist, wollte Přemysl Otakar II. seine Verbundenheit mit dem Deutschen Orden demonstrieren und übernahm folglich die Farben aus dem Wappen des Ordens (Silber und Schwarz) in sein eigenes. Das goldene Kreuzchen ist ein in der Zeit übliches Zeichen für die Kreuzfahrer, seine Farbe folgt zum einen der heraldischen Regel über die Tinkturen, und gleichzeitig entspricht sie dem hohen Rang des Trägers. Einige weitere Beispiele finden sich bei den Hohenzollern[40] und bei mehreren adligen Geschlechtern in Böhmen[41].

Erst im Laufe des 14. Jahrhunderts erschienen die ersten Wappenbriefe. Am Anfang wurden sie allerdings hauptsächlich für Wappenbesserungen, für neu vergebene Wappen erst später ausgestellt. Die Rolle der Heraldik wuchs inzwischen so, dass die herrschenden Fürsten die Vergabe oder Veränderungen von Wappen regeln wollten, vor allem wenn man damit Geld verdienen konnte. Hauptsächlich im 15. Jahrhundert stieg die Zahl der ausgestellten Wappendiplome stark an. Dadurch wurde aber noch keine Regel geschaffen, es kam weiterhin auch zu „ungeregelten" Wappenbesserungen; der Adel veränderte seine Wappen, wie er es für richtig hielt, besonders der hohe Adel, der damit oft politische Ansprüche demonstrieren wollte.

In dieser Zeit löste sich das Tragen von Wappen vom Adelsstand. Natürlich trugen schon seit dem 13. Jahrhundert auch die Bürger und seit dem 14. Jahrhundert auch die Bauern und die Städte Wappen[42], allerdings nur einen Schild ohne Helmzier. Im Laufe des 15. Jahrhunderts wurde die Heraldik

39 F. Hauptmann, Ein unbekanntes Wappen König Otakars II. von Böhmen, Der deutsche Herold 65, 1934, S. 32–34.

40 H. J. von Brockhusen, Kleine heraldische Beiträge, Herold 7, 1969–71, S. 19–27.

41 Schwarzenberg, S. 22; J. Louda, České erby (1988), S. 116 (von Neuhaus), 200 (von Michalowicz), 320 (von Waldstein); Vojtěch Král z Dobré Vody, Heraldika, S. 26. Praktisch in allen Fällen handelt es sich um plötzliche heute unerklärbare Wappenveränderungen, bei denen die gemeine Figur (Löwe, Rose) in ein Heroldsbild (Spaltung oder Teilung) umgewandelt wurde. Manche Geschlechter blieben bei den veränderten Wappen, manche kehrten zu ihren alten Wappen zurück und benutzten sie in einem gevierten Schild weiter. Die Gründe für dieses Handeln sind bis heute unbekannt. Dennys, Rodney Onslow, The heraldic imagination, London, 1975, S. 41 vermutet, dass es sich um zwei gleichwertige Wappen handeln könnte, wobei das eine im Frieden, das andere im Krieg getragen worden sei. Siehe auch Pastoureau, M., Les Armories, S. 57.

42 Der Brauch, Siegel zu benutzen, ist bei den Städten viel früher nachzuweisen. Alte Städtewappen entwickelten sich meistens aus den Siegeln. Literatur zu der Städteheraldik, die bis heute lebendig geblieben ist: Deutsche Wappen, Klemens Stadler …, Lexikon Städte und Wappen der Deutschen Demokratischen Republik, Wappen und Flaggen der Bundesrepublik Deutschland …, siehe Bibliographie am Ende.

immer mehr zur theoretischen Wissenschaft. Viele Bürgerliche nahmen ein Familienwappen an, jetzt auch mit Helm und Helmzier, und ließen sich es mit Wappenbriefen bestätigen.

Aus dem Wappen als Zeichen eines Standes wurde allmählich eine Auszeichnung durch den Herrscher. Das Bedürfnis, nicht nur neue Wappen zu erteilen, sondern auch alte zu verbessern, brachte ein ausgeklügeltes System von Beizeichen, Kronen, Wort- und Bilddevisen, Schildhaltern usw. mit sich. In dieser Zeit beginnt sich die Heraldik regional verschieden zu entwickeln. Die Formen, das Wappen zu gestalten und zu gebrauchen, werden verschieden verstanden und angewendet[43].

Beispiele einer stilistisch unrichtigen heraldischen Wappendarstellung

Zusammenfassend kann man sagen, dass die Blütezeit der Heraldik zweifellos die Gotik und die Renaissance ist, die allerdings schon die Zeit des heraldischen Untergangs einleitet. Es soll hier nicht darüber diskutiert werden, ob die Kunststilrichtungen, deren Einflüssen die Heraldik natürlich unterlag, als Zeichen des Verfalls angesehen werden sollen. Die Heraldik konnte in diesem Fall keine Ausnahme sein. Der Begriff Untergang bezieht sich nicht auf die künstlerische Darstellung der Wappen, sondern auf den Bezug der Zeit zum Sinn der Heraldik[44]. Die Blüte der Heraldik waren die Renaissance-Turniere, in denen sie einzig noch lebendig vorkam. Danach wurde sie zur reinen Theorie, die im Laufe der Jahrhunderte immer weniger verstanden wurde. Das führte dazu, dass die Regeln nicht mehr eingehalten wurden. Von dieser

43 Während man in Frankreich die Schildteilung nur relativ selten benutzte, wurden in England (beim so genannten marshalling) und in Deutschland in einem Schild so viele Wappen in Feldern zusammengestellt, dass sie äußerst unübersichtlich wurden und dadurch eine der Grundregeln verletzten. Diese gewisse Unklarheit wurde noch dadurch gesteigert, dass man Wappen benutzte, auf die man nur theoretische Ansprüche hatte.

44 Mit dem Ende des Mittelalters endete auch das klassische Rittertum; zum einen als Folge der politischen Entwicklung, zum anderen mit der Einführung neuer Waffen, die den schwer bewaffneten Ritter überflüssig machten.

Entwicklung waren nicht etwa nur einzelne Vorschriften betroffen, sondern das gesamte Regelwerk: angefangen von der Stilisierung[45] bis hin zur unrichtigen Anwendung der Tinkturen und Metalle und unheraldischen Wahl der Schildfiguren[46]. Die Zeit der Aufklärung und der Revolution betrachtete die Heraldik sogar als etwas „Unwichtiges“[47]. Dementsprechend hat man sie auch behandelt.

1.4 DIE GRUNDREGELN DER HERALDIK

Hefner, Otto Titan von, Grundsätze der Wappenkunst (Siebmachers großes Wappen buch, Bd. C), Nürnberg, 1855 – Leonhard, Walter, Das große Buch der Wappenkunst, München, 1984 – Petra Sancta, Silvester à, Tesserae gentilitiae, Rom, 1638 – Schönfeld, Gero von, Rechts, links und gewendet, in: Herold 37, 1994, S. 157–159 – Vulson de la Colombière, Marc de, Recueil de plusieurs pièces et figures d'armoiries ..., Paris, 1639 – ders., La science héroïque, Paris, 1644

1.4.1 Klarheit und Übersichtlichkeit

Jeder, der anfängt, sich mit der Heraldik zu beschäftigen, muss als erstes zu unterscheiden lernen, was bei einem Wappen bei der Beschreibung – oder dem Blason – unbedingt zu „melden“ ist und was nur stilistische oder zeichnerische Details sind. So und nur so kann man dann ein gesehenes Wappen so beschreiben – „blasonieren“ –, dass man es später auch ohne Vorbild zeichnen kann.

Wenn wir heute die Wappendarstellungen in den heraldischen Quellen des Mittelalters betrachten, sehen wir, dass es sich um eine Welt handelt, die ihrer eigenen – heraldischen – Sehweise, ja ihrer eigenen Logik folgt. Die heraldischen Regeln – und das sei betont – sind nicht immer die Regeln, die wir aus unserem Rechtsverständnis kennen. Für uns stehen Regeln unveränderbar fest, auch wenn wir durchaus zugeben, dass es in bestimmten Situationen Ausnahmen geben kann. So kam es, dass die Heraldiker, die sich mit der Heraldik wie mit einer Wissenschaft beschäftigten, aus ihrem Studium logischerweise einen Grundbestand heraldischer Regeln zusammenstellten,

45 Figuren und Schild passten in ihren Proportionen immer weniger zusammen: aus Löwen und Adlern, die den Schild ausfüllen sollten, wurden kleine schwächliche Tiere, die eher Pudel oder Henne ähneln als einem kraftsymbolisierenden heraldischen Wesen. Man kannte die Bedeutung mancher Symbole nicht mehr: aus Stierhörnern wurden rüsselähnliche Gebilde usw. Siehe die Abbildung auf S. 23.

46 Z.B. dreidimensionalen Landschaften oder einer Überladung des Schildes durch zu viele Figuren.

47 Es ist eine verächtliche Äußerung Kaiser Josefs II. bekannt: „... es sei nicht sehr wichtig, wie Wappen aussehen“, Schwarzenberg, S. 30.

die sie durch ihre Forschung in den Quellen beobachtet hatten. Aus diesen empirisch ermittelten Regeln wurden im strengen und ernsten 19. Jahrhundert Gesetze, die auf einer Seite etwas erlaubten, auf der anderen etwas verboten. Dies führte bald nach der Wiederbelebung der Heraldik (der Ausdruck heraldische „Renaissance“ würde sich unpassend und beirrend in die vielen Renaissancen in der Kunstgeschichte einreihen) zu ihrer Erstarrung, die erst wieder in der zweiten Hälfte des 20. Jahrhundert in der Folge des Einflusses der modernen englischen Heraldik, die sich allerdings stark an die gotische Wappenkunst anlehnte, zu lösen begann[48].

Wenn wir die Anfänge der Heraldik betrachten, stellen wir fest, dass die wichtigste Regel, die von Anfang an befolgt wurde, die der Klarheit und Übersichtlichkeit war, und zwar nicht nur als ein einfaches Signal, sondern auch in der Aussage. Dieser Bedingung ordnen sich dann logischerweise alle anderen „Hilfsregeln“ oder Richtlinien unter und sind von ihr direkt abhängig. Das heißt, sie passen sich an und lauten daher nicht immer gleich, oder besser gesagt, werden nicht in jedem Fall in der gleichen Weise befolgt, obwohl sie das gleiche Ergebnis haben, nämlich Klarheit und Übersichtlichkeit. Von dieser Regel dürfte man eigentlich keine Ausnahme finden, jedenfalls keine akzeptable. Wappen, die diese Regel nicht einhalten, werden auch von den Heraldikern als heraldische Zeichen nicht anerkannt[49].

1.4.2 Stilisierung

Hildebrandt, Adolf Matthias, Heraldisches Musterbuch. Für Edelleute, Kunstfreunde, Architekten etc., 2 Bde., Berlin, 1872 – Hupp, Otto, Münchner Kalender 1889–1935, München, 1888–1934 – Hussmann, Heinrich, Über deutsche Wappenkunst, Wiesbaden, 1973 – ders., Deutsche Wappenkunst, Leipzig, 1942 – Kretschmar, Hans Alfred von, Anleitung zur Darstellung von Wappen, Dresden, 1913 – Otto Hupp. 1859–1949. Wappenkunst. Schriftgestaltung, Gebrauchsgraphik, Kunsthandwerk, Ex libris, Marburg/Lahn, Witzenhausen, 1975 (Ausstellungskatalog) – Spohr, Oswald, Wappenbilder=Bogen. Vorlagen für Heraldiker und Familienforscher, für Kunst, Kunstgewerbe und verwandte Gebiete, Neustadt a.d. Aisch, o.J. – Warnecke, Friedrich, Heraldisches Handbuch für Freunde der Wappenkunst, sowie für

48 Es ging so weit, dass man verschiedene Größenverhältnisse zwischen Schild, Helm und Helmzier vorschreiben und als verbindlich festlegen wollte. Das Studium der historischen Quellen spricht in diesem Fall klar dagegen. Die Größenverhältnisse wurden immer der Art der Figur angepasst, im Laufe des Mittelalters sogar dem Stil und Geschmack der Zeit. Man kann nicht immer die gleichen Größenverhältnisse zwischen Schild und Helmzier wählen, wenn man z. B. in einem Fall einen liegenden Löwen und in einem anderen eine mit Straußenfedern besteckte Säule als Kleinod darstellen will.

49 Und das auch dann, wenn dieses Zeichen auf einem Schild seine Darstellung findet. Das Urteil: „Das Wappen ist unheraldisch“ soll nicht als nur abwertend gedeutet werden, sondern als aus der Heraldik ausgrenzend. Kein Heroldsamt oder heraldischer Verein, der sich seriös mit Heraldik beschäftigt, würde ein solches Zeichen offiziell akzeptieren.

Künstler und Gewerbetreibende, Görlitz, 1880 – ders., Das Künstlerwappen, Berlin, 1887 – ders., Heraldisches Handbuch, Frankfurt/Main, 1887

Nicht als eine Regel, sondern als eine Definition könnte der folgende Satz gelten: Heraldik ist Heraldik, und Wirklichkeit ist Wirklichkeit. Das heißt also, dass alles, was dargestellt wird, den Bedürfnissen der Heraldik angepasst werden muss, nicht umgekehrt. Wesentlich ist, dass die Heraldik eigentlich keine reale Wirklichkeit darstellt, sondern ihre eigene, sich selbst angepasste – „stilisierte" – schafft.

Das erklärt, warum gleich von Anfang an alle heraldischen Darstellungen stilisiert werden mussten, einmal, um sie an den Schild anzupassen, und dann, um sie klar und übersichtlich zu machen. Dies bedeutet, dass die benutzten Gegenstände nicht naturgetreu dargestellt werden, sondern in eine Art Zeichen-Schrift-Kürzungen[50] umgewandelt und dadurch zu sinnbildlichen Typen wurden, die einer Bilderschrift ähneln, die, um verstanden zu werden, sich feste Begriffe geschaffen hat[51]. Dass sich eine Art Schrift herausgebildet hatte, war kein Zufall. Das ganze Wesen der Heraldik ist – jedenfalls in den Anfängen – auf die Fläche des Schildes beschränkt. Und diese Beschränkung bestimmte die Grenzen der graphischen Darstellung. Eine bildliche Flächenverzierung, die auf die Entfernung deutlich zu erkennen sein sollte, musste naturgemäß stilisiert sein. Daraus folgen weitere Regeln, die die Regel der Klarheit präzisieren. Es ist untersagt, Perspektive in der Darstellung zu benutzen (z. B. Landschaften, Bauwerke, aber auch ganz einfache Gegenstände sollen entweder stilisiert oder nur zum Teil dargestellt werden), es wird nicht empfohlen, „bestimmte" Objekte (z. B. architektonische, aber auch Schmuck usw.) darzustellen[52], auch die Benutzung von Buchstaben sollte man vermeiden oder so stark wie möglich einschränken. Oft ist es, um die Fläche des Schildes nicht zu überladen, nötig, nur einen Teil des gewünschten Gegenstandes darzustellen, z. B. statt eines Wagens nur ein Rad, statt eines Pfluges nur die Pflugschar.

50 Der 1995 gestorbene englische Heraldiker Anthony Wagner nennt die Heraldik „Kurzschrift der Geschichte".

51 F. Philippi, Wappen. Versuch einer gemeinfasslichen Wappenlehre, Limburg/Lahn, 1921, S. 40.

52 Ein Wappen sollte auch nur nach dem Blason, ohne dass der Heraldiker eine Vorlage hat, zu malen sein. Daher sollten dargestellte Objekte allgemeiner Natur und klar bestimmbar sein. „Die Heraldik bildet nicht, wie Malerei oder Photographie, bestimmte Gegenstände ab, sondern verwendet abstrakte Musterbilder als einheitliche Zeichen (Typisierung)", Hildebrandt, Adolf Matthias, Wappenfibel, Neustadt an der Aisch, [18]1991, S. 106.

1.4.3 Tinkturen

Brocklebank, Ralph, The use of Color in Heraldry, in: The Coat of Arms, N. S. IX., 1991, S. 166–168 – Hauptmann, Felix, Ein unbekanntes Wappen König Ottokars II. von Böhmen, in: Der Deutsche Herold 65, 1934, S. 32–34 – Heim, Bruno Bernhard, Or and Argent, Buckinghamshire, 1994 – ders., Über Wappenverschlechterung und die Gold-Silber-Regel, in: Viribus unitis. Festschrift für Bernhard Stillfried, Wien, o. J., S. 163–167

Das stilisierte Zeichen auf dem Schild wird durch die Wahl von nur zwei Farben – heraldisch auch „Tinkturen" – betont. Es darf Wappen ohne eine Figur, aber nicht ohne Farbe geben! Daraus folgt, dass eine Figur von heller Farbe auf einem aus einer dunkleren Farbe bestehendem Hintergrund und umgekehrt dargestellt werden muss. Die Heraldik benutzt, um klar und übersichtlich zu sein, sog. Metalle (französisch *métaux*) – Silber *(argent)* und Gold *(or)* – und die Farben (fr. *émaux*) Schwarz *(sable),* Blau *(azur),* Rot *(gueules),* Grün (*sinople,* englisch: *vert*), seltener als Hilfsfarben auch Purpur *(pourpre)* und Fleischfarbe (*naturel* oder *carnation*). Die Farben haben immer einen kräftigen Grundton, dunklere oder hellere Töne werden in der Heraldik nicht akzeptiert[53]. Die sog. Metall-Farbe-Regel besagt, dass auf Farbe Metall folgen muss und umgekehrt. Wappenfiguren werden nur selten in ihren natürlichen Farben dargestellt. Bei der Darstellung eines Gegenstandes könnte man immer eine nächst passende heraldische Farbe wählen. Ein brauner Bär könnte z. B. in den Tinkturen Gold, Rot oder Schwarz dargestellt werden. Im übrigen erlaubt die Heraldik, beliebige Farben für alle Gegenstände und alle Tiere zu benutzen. Hier spielt nur die Phantasie eine Rolle. Die so genannte Fleischfarbe unterliegt der Regel „Metall auf Farbe" nicht und kann sowohl neben einem Metall als auch neben einer Farbe vorkommen.

Die Metall-Farbe-Regel hat aber dann ihre Gültigkeit verloren, wenn es darum geht, dem Wappen eine Aussage zuzuschreiben. Besonders Zeichen des Ranges oder sog. Beizeichen, die man im Schild darstellte, und oft auch die Wappen vieler Geistlicher beachten diese Regel nicht[54]. Aus diesem

53 Ausnahmen gibt es allerdings bei dem sog. Himmelblau, das praktisch bis heute – wenngleich sehr selten – in der englischen, italienischen und spanischen Heraldik gebraucht wird, siehe Brocklebank. Im 19. Jahrhundert entstand die sog. studentische „Heraldik", die eine unübersichtliche Anzahl an Tonvariationen der gleichen Farbe benutzt, so dass praktisch und entgegen den Regeln der Heraldik eine einheitliche Beschreibung der Wappen nicht möglich ist, ebenso wenig der Überblick beim Vergleich solcher Wappen (eine Beschreibung eines Verbindungswappens klingt dann oft folgenderweise: zweimal schräggeteilt von Rosa – das heller ist als bei der XY Verbindung – Weiß und Hellblau, das allerdings dunkler ist als Himmelblau. Das farbige Aufreißen eines solchen „Wappens" ist reine Geschmacksache). Daher existiert die studentische „Heraldik" auch isoliert von der historischen Heraldik.

54 Heim, Or and Argent, beweist auf beeindruckende Weise, dass auch Wappen, die die Metall-Farbe-Regel nicht einhalten, doch sehr heraldisch wirken und in ihrer Schönheit in nichts nachlassen können.

Grund gibt es eine große Menge an Ausnahmen[55]. Doch muss man wieder betonen, dass trotz der nicht geregelten Farbenwahl die Regel der Klarheit und Übersichtlichkeit beachtet wurde.

Man schrieb schon im 14. Jahrhundert den Farben mystische Eigenschaften zu[56], um die Benutzung der jeweiligen Tinkturen zu begründen und den Wappen einen tieferen Sinn zu verleihen, das heißt, man versuchte, sie hierarchisch nach ihrer „Wichtigkeit" abzustufen.

1.4.4 Schraffierung

Schroeder, Johann Karl von, Über Alter und Herkunft der Heraldischen Schraffierungen, in: Herold 7, N. F., Berlin, 1969/1971, S. 67–68

Schraffierung ist die graphische Wiedergabe von heraldischen Farben in nicht farbigen Wappendarstellungen. Sie soll sich aus der Damaszierung (s.u.) entwickelt haben. Die Entwicklung ergab sich besonders nach dem Aufkommen des Buchdrucks aus der Notwendigkeit, Farben graphisch darzustellen. Anfangs schrieb man einfach Wörter, die die Farben bezeichneten, in die Wappenzeichnungen ein[57]. Gleichzeitig versuchte man, durch Angaben von großen oder kleinen Buchstaben die Farbgebung zu verdeutlichen[58]. In England werden Buchstabenkürzel *(trick)* bis heute benutzt[59]. Die heute gebräuchliche und international anerkannte Schraffierung wurde im 17. Jahrhundert in die Heraldik eingeführt. Den ersten Versuch machte Jac Franquarts 1623[60], doch die endgültige Form wurde gleichzeitig von zwei Heraldikern, Marc de Vulson de la Colombière (1639) und Silvester à Petra Sancta (1638), angewendet[61].

55 Diese Ausnahmen gehen leider oft auf Unkenntnis der alten Vorbilder zurück, denn des öfteren kann man unter der falschen Farbgebung die zeitbedingte Veränderung der Vorlagen vermuten. So kann es Z. B. passiert sein, dass die ursprünglich versilberte Figur bzw. das Schildfeld durch Korrosion schwarz oder bläulich wurde, wie auch im Falle von Gold Figur bzw. Schildfeld rot wurden, indem das Blattgold abblätterte und so die rote Unterlage der Vergoldung zum Vorschein kam. So veränderte Wappen wurden dann als Vorlage genommen und als akzeptierte Ausnahme weiter tradiert, Hildebrand, Adolf Matthias, Wappenfibel, Neustadt an der Aisch, [18]1991, S. 43.

56 Der Rechtsgelehrte Bartolo a Saxoferrato, siehe Bartoli a Saxoferrato Tractatus de insigniis et armis, hrsg. von Felix Hauptmann, Bonn, 1883, §§ 24–27.

57 Martin Schrot, Wappenbuch, München, 1581.

58 Großes A für Gold=aurum. kleines a für Silber=argentum etc. V. Solis, Wappenbuch, 1555, Ch. Urstis aus Basel, 1580, Alphonsus Ciacconius; aber auch bei Siebmacher in der zweiten Ausgabe seines Wappenbuches von 1609.

59 Friar, Stephen A., A new Dictionary of Heraldry, London, 1987, S. 350.

60 Schroeder, S. 68.

61 M. de Vulson de la Colombière, Recueil de plusieurs pièces et figures d'armoiries …,

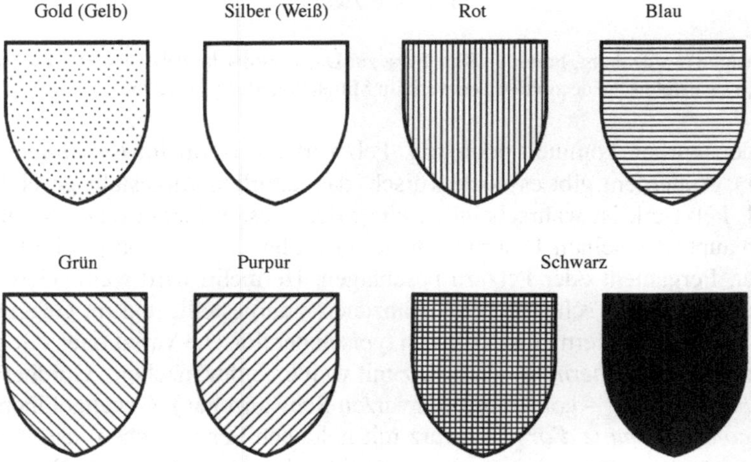

Schraffiert werden nur die heraldischen Grundfarben[62], die Natur- oder auch Fleischfarbe bleibt ohne Schraffur. Die Linien der Schraffur richten sich stets nach der Achse des Schildes, die der Helmzier und der Helmdecken nach der Achse des Helms.

Neben der Schraffierung existiert die viel ältere sog. Damaszierung. Das sind zierende geometrische oder ornamentale Linien meist in einem helleren oder dunkleren Ton der gleichen Farbe in der Fläche des Feldes oder – in überwiegenden Fällen – des Heroldsbilds. Sie werden beim Blasonieren nicht gemeldet und sind beim Aufreißen des Wappens für den Zeichner nicht bindend. Der Name kommt von Ornamentmustern der aus Damaskus importierten Stoffe.

Damaszierung

Paris, 1639; S. à Petra Sancta, Tesserae gentilitiae, Roma, 1638. Beide warfen sich später vor, dass einer von dem anderen abgeschrieben habe.

62 Aus diesem Grund können die Wappen der sog. studentischen „Heraldik" nicht schraffiert werden.

1.4.5 Pelzwerk

Hohenlohe-Waldenburg, Friedrich Karl Fürst zu, Das heraldische Pelzwerk, o. O., 1867 – ders., Das heraldische decorative Pelzwerk im Mittelalter, Stuttgart, 1876

Zu den Farben kommen noch sog. Pelzwerke – Hermelin *(hermine),* Feh *(vair).* Außerdem gibt es noch Kürsch, das natürlich dargestellt gezeichnet wird. Pelzwerk ist wahrscheinlich eines der ältesten heraldischen Symbole überhaupt, das seinen Ursprung in der Gewohnheit hat, Kampfschilde mit Leder, Pergament oder Pelz zu beschlagen. Hermelin wird weiß (nicht silbern) mit kleinen schwarzen Schwänzchen[63] dargestellt, und im Gegensatz zum natürlichen Hermelin existieren typisch heraldische Variationen: Gegenhermelin (*contre-hermine* – schwarz mit weißen Schwänzchen), Goldhermelin (*hermine d'or* – golden mit schwarzen Schwänzchen), Gegengoldhermelin (*contre-hermine d'or* – schwarz mit goldenen Schwänzchen) usw.[64] Das Feh besteht aus zusammengesetzten dunklen Rücken- und hellen Bauchfellen des grauen (sibirischen) Eichhörnchens, die blau und weiß (nicht silbern) und immer waagerecht stilisiert werden. Wegen der Form der Stilisierung wird das Feh auch Eisenhütlein genannt. Wenn andere Farben als Blau und Weiß benutzt werden, heißt es: der Schild sei gefeht. Es gilt (siehe 1.4.3), dass um des sog. Kontrastes der heraldischen Farbgebung willen immer eine metallfarbene Figur im farbigen Feld und umgekehrt dargestellt werden soll. Da das Pelzwerk weder den Farben noch den Metallen zugeordnet wird, darf es sowohl auf einer Farbe als auch auf einem Metall vorkommen, ja es dürfen sogar zwei Pelze nebeneinander stehen.

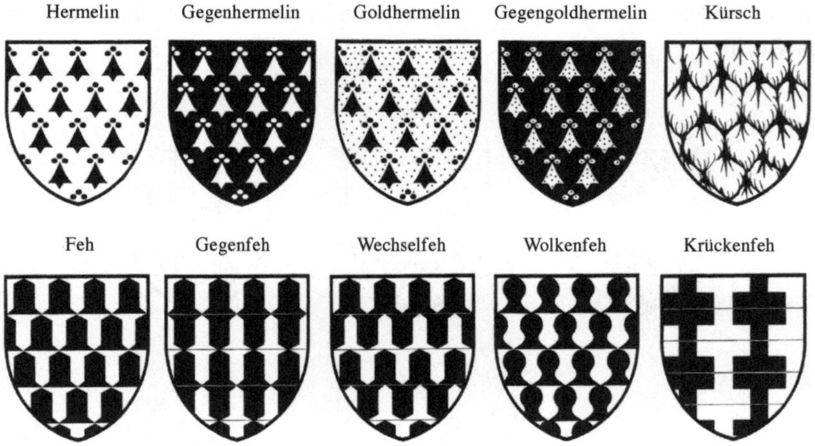

63 Es gibt verschiedene graphische Darstellungen.
64 Theoretisch könnte man Schwarz durch jede andere heraldische Farbe ersetzen.

1.4.6 Größenverhältnisse

Aus der flachen heraldischen Stilisierung geht eine weitere Regel hervor: das Feld soll durch die Heroldsbilder regelmäßig geteilt sein. Das heißt, dass z. B. Balken, Pfahl, Flanke, Schildhaupt oder Schildfuß ein Drittel des Schilds ausmachen. Mehrere Teilungen vervielfachen sich entsprechend. Eine natürliche Figur soll möglichst die größte Fläche des Schilds ausfüllen, wobei die natürlichen Größenverhältnisse außer acht bleiben, sie soll sich nicht in der Fläche verlieren! Durch Übertreibung oder Vereinfachung der Formen werden charakteristische Merkmale der dargestellten Figuren hervorgehoben (Krallen, Schnabel, Zunge etc.). So entstanden für die Heraldik typische Figuren, deren Aussehen sich von den natürlichen Vorbildern sehr stark unterscheidet. Die Größe der Figuren passt sich der Lage und Beschaffenheit an (z. B. sind von drei im Dreieck gestellten Halbmonden die beiden oberen kleiner als der untere; im geschriebenen Blason benutzt man die Formel „2:1", d. h. zwei oben, eins unten). Die Breite eines alleinstehenden Balkens ist ein Drittel des Schildes; wenn der Balken z. B. durch zwei leopardierte Löwen (v. Staufenberg) begleitet wird, wird er schmaler gemalt. Es ist natürlich, dass sich die Darstellung einer Figur der Form des Schildes anpasst. Dies bedeutet aber nicht, dass z. B. die Figuren in einem der unteren Felder eines gevierten Wappens im gotischen Spitzschild, wo sie nur eingeschränkt Platz haben, minder bewertet werden dürfen als die in den oberen Feldern, bloß weil sie ein wenig zusammengedrängt dargestellt werden müssen[65].

Diese Regeln sind eine Garantie der Kreativität; durch die Stilisierung und durch die freie Farbenwahl erlauben sie eine unbegrenzte Zahl an Möglichkeiten bei der graphischen Gestaltung eines Wappens. Mit ein wenig Phantasie braucht kein Heraldiker Angst zu haben, dass ihm die Motive für neu zu entwerfende Wappen ausgehen. Der Zeichner hat die Freiheit, jede Figur der anderen, dem Feld oder der Form des Schildes anzupassen und dabei phantasievoll die Figuren zu stilisieren, ohne dass unbedingt alle gleich aussehen (jedenfalls was die Größenverhältnisse angeht, die Zeichnung der Figur muss heraldisch eindeutig sein) und obwohl alle das gleiche darstellen[66].

65 Louda, Jak jsem navrhoval federální znak, in: Vexilologie 78, 1990, S. 1527–1530; ders., Czechoslovakia regains her heraldic symbols, in: The Coat of Arms vol. VII., Nr. 150, 1990, S. 206–209. Die schlesischen Vertreter im Parlament weigerten sich, das neue Wappen der Tschechischen Republik in einem gotischen Stil anzuerkennen, da der schlesische Adler ihrer Meinung nach nicht genug Platz im dritten Feld des gevierten Wappens habe und gegenüber dem mährischen (im zweiten Feld) minderwertig wirke.

66 Als Beispiel sollen die drei Leoparden aus dem englischen königlichen Wappen genommen werden. Im Mittelalter wurde ihre Form der Form des gotischen Schilds angepasst, d. h. sie waren verschieden groß und nicht alle gleich. Später passte man, um sie regelmäßig zeichnen zu können, den Schild an, der dadurch quadratische Form bekam.

1.4.7 Die heraldische Kunstsprache, der „Blason“

Arndt, Jürgen/Seeger, Werner, Wappenbilderordnung, Neustadt an der Aisch, 1986 und 1996 – Berry, William, Encyclopedia heraldica, or complete dictionary of heraldry, 3 Bde., London, 1828–40 – Neubecker, Ottfried, Deutsch und Französisch für Heraldiker, München, 1983 – Querfurt, Curt O. von, Kritisches Wörterbuch der heraldischen Terminologie, o. O., 1872, Reprint, Vaduz, 1985

Die Heraldik entwickelte im Laufe der Jahrhunderte ihre eigene Kunstsprache[67], den sog. Blason[68]. Diese Sprache wurde hauptsächlich in Frankreich und England[69] geprägt und wird bis heute benutzt. In Deutschland wurde in der höfischen Literatur der Wappenbeschreibung nicht viel Aufmerksamkeit gewidmet, und wenn doch, wurden oft französische Begriffe übernommen. Im Spätmittelalter überließ man die Wappenbeschreibung häufig den Kanzleibeamten, die „sich zumeist eines schwülstigen Kanzleistils ohne jede Kenntnis der spezifischen heraldischen Kunstsprache bedienten“[70], Erst im 19. Jahrhundert setzte sich in Deutschland eine heraldische Kunstsprache durch, die durch die Forschung und Unterstützung der heraldischen Vereine Herold und Adler eingeführt wurde, bisweilen trotzdem noch zu wortreich ist und die Präzision des französischen Blasons[71] vermissen lässt.

Einer der Hauptgrundsätze beim Blasonieren ist die Bemühung um möglichst erschöpfende Wappenbeschreibung in denkbar kürzester Form. Alles Selbstverständliche und häufig Vorkommende ist wegzulassen. Die Form des Schilds wird nie angegeben (es sei denn, dass ein bestimmtes Denkmal beschrieben wird). Genauso ist es beim Helm völlig unwichtig, um welche Form es sich handelt oder wie viele Bügel ein Bügelhelm hat; oder dass er stählern ist (Goldfärbung wird bei königlichen Wappen gemeldet). Es soll angegeben werden, ob auf dem Helm eine Krone oder ein Wulst sitzt. Bei den Helmdecken wird als gegeben angenommen, dass die Farbe außen, das Metall innen erscheint (wobei normalerweise das erste Wort die Tinktur außen, das zweite das Futter angibt – rot-gold heißt: außen rot – innen gold; silberblau heißt: außen silber – innen blau).

67 Querfurth; M. Gritzner, Handbuch der heraldischen Terminologie, Nürnberg 1890; Wappenbilderordnung, hrsg. vom Deutschen Herold, Berlin, 1986 (^{2}1996), Begriffe auf Deutsch, Englisch, Französisch.

68 Zur Herkunft des Wortes vgl. S. 16 Anm. 18.

69 Der englische Blason verwendet sehr viele französische Wörter, da Französisch am englischen Königshof bis ins Spätmittelalter als Amtssprache benutzt wurde.

70 Hildebrandt, Adolf Matthias, Wappenfibel, Neustadt an der Aisch, ^{18}1991, S. 39.

71 In der neuen Wappenbilderordnung vom Her. Verein Herold wird eine einfache, präzise Methode des deutschen Blasons präsentiert, die ohne sprachstilistische Finessen die Figuren und ihre charakteristischen Eigenschaften (Farbe, Position, Bewehrung etc.) direkt in Verbindung bringt. Somit kann ein Wappen mit wenigen Worten sehr präzise beschrieben werden. Im Grunde ähnelt sie ein wenig dem französischen oder englischen Blason. Es ist abzuwarten, ob sie sich durchsetzt.

Das Wappen wird aus der Sicht des Schildhalters beschrieben, d. h. in den Augen des Zuschauers ist rechts und links vertauscht[72].

Bei typischen häufig vorkommenden heraldischen Figuren muss ihre normale Stellung nicht gemeldet werden[73]: Jede Angabe zu einer Figur ohne Seitenbestimmung bedeutet, dass diese Figur nach rechts gewendet ist, da dies als regelmäßige Stellung gilt.

Es wird alles gemeldet, was vom üblichen abweicht. Bei einer Figur nennt man ihre besondere Stellung oder die besondere Hervorhebung einzelner ihrer Teile (Bewehrung, Krone, Halsband etc.). Bei zwei Figuren ist ihre Position im Schild zu melden, d. h. ob sie übereinander (pfahlweise, französisch: *rangés en pal*), nebeneinander (balkenweise, *rangés enfasce*) oder schräggekreuzt (schrägbalkenweise, *rangés en bande*) stehen. Bei mehr als zwei Figuren wird ihre Position im Schild durch Zahlen angegeben (bei drei Figuren ist die gewöhnliche Stellung, die normalerweise nicht gemeldet werden muss, 2:1, d. h. zwei Figuren oben, die dritte darunter). Jede andere Anordnung (z. B. 1:2 = im Dreipass, balkenweise, pfahlweise oder 1:3:1, 3:2:1, 2:3:2:1 etc.) muss angegeben werden.

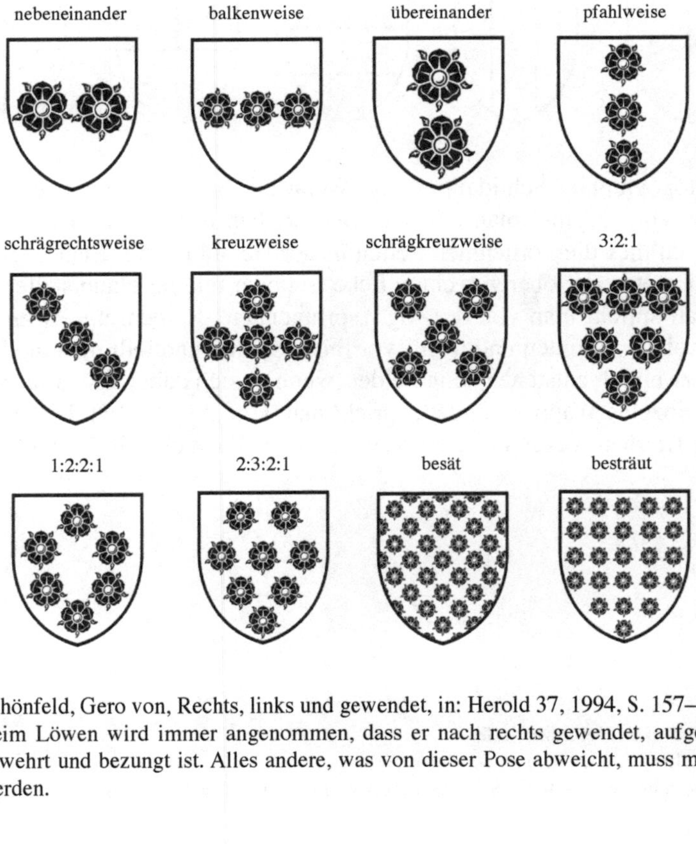

72 Schönfeld, Gero von, Rechts, links und gewendet, in: Herold 37, 1994, S. 157–159.

73 Beim Löwen wird immer angenommen, dass er nach rechts gewendet, aufgerichtet, bewehrt und bezungt ist. Alles andere, was von dieser Pose abweicht, muss mitgeteilt werden.

Schließlich unterwirft sich auch die Reihenfolge bei der Beschreibung des Wappens einer Ordnung. Beim Blasonieren eines Wappens ist die obere und rechte Seite die vornehmere. Man beginnt stets mit der oberen rechten Ecke des Schildes und endet in der linken unteren Ecke. Zuerst wird immer die Farbe des Feldes bestimmt; dann wird gegebenenfalls erwähnt, mit welchen Figuren das Feld bestreut oder besät ist; es folgt die Hauptfigur; danach die Figuren, die sie begleiten oder ergänzen (diese werden durch Termini wie: beseitet, begleitet, besetzt etc. präzisiert). Bei mehreren Teilungen werden zuerst diese erwähnt, dann die einzelnen Felder blasoniert (z. B. geviert, in 1,4 und 2,3 …).

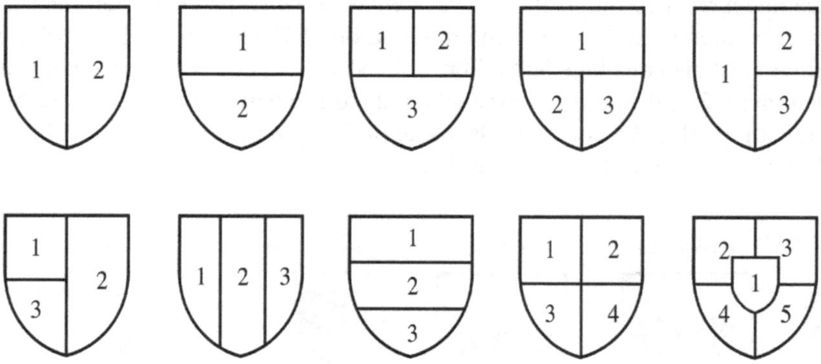

Schildtopographie, Schildaufteilung. Wenn ein Schild geteilt oder/und gespalten wird, beginnt man mit dem Beschreiben immer von oben und von rechts, da dies die vornehmen Seiten in der Heraldik sind. Man beginnt im Schildhaupt in der oberen rechten Ecke (seltener mit der Hauptstelle, in diesem Fall spricht man von der sog. „springenden" Reihenfolge[74]) und dann immer oben vor unten und rechts vor links. Spaltet und teilt man die Schildfläche zweimal, entstehen neun Felder (wenn es sich dabei um zusammengesetzte einzelne Wappen handelt, spricht man von „Plätzen"[75]). Diese Felder, die der Klarheit wegen beziffert werden, bilden dann einzelne Schildteile[76]:

74 Neubecker, Heraldik, S. 88.
75 daselbst. S. 90.
76 eine sehr detaillierte Darstellung liefert W. Leonhard: Das große Buch …, S. 348.

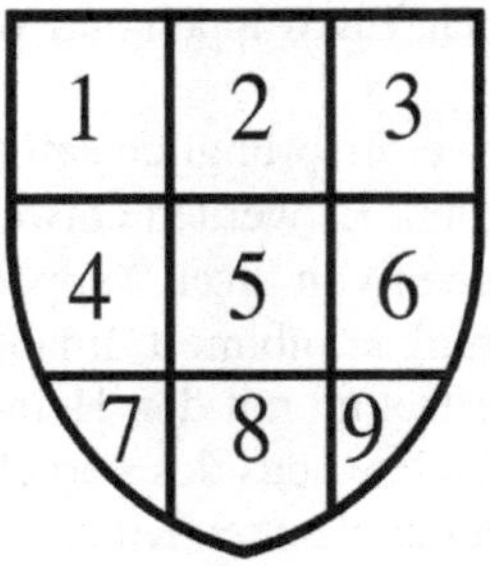

1-2-3 Schildhaupt / 4-5-6 Balkenstelle / 7-8-9 Schildfuß / 1-4-7 rechte Flanke / 2-5-8 Pfahlstelle / 3-6-9 linke Flanke / 2 Hauptstelle / 5 Herzstelle / 8 Fußstelle

Die Linie zwischen 2 und 5 ist die sog. Ehren- oder Bruststelle, weiterhin die Linie zwischen 5 und 8 ist die Nabelstelle.

Man ist sich heute nicht ganz einig, ob der Herzschild, bzw. Mittel- oder Nabelschild zuerst oder zuletzt beschrieben werden sollen. Da sie meistens Ehrenzeichen bzw. Wappenbesserungen sind, tendiert man in den meisten Fällen dazu, sie gleich am Anfang zu blasonieren, danach dann den Hauptschild.

Nach dem Schild werden als nächstes die Helmzier und die Helmdecken beschrieben[77]. Bei zwei Helmen beginnt man rechts, bei mehr als zwei Helmen fängt man mit dem mittleren bzw. rechten mittleren an und wechselt bei den weiteren Helmen jeweils zwischen rechts und links ab (z. B. 4-2-1-3-5; 5-3-1-2-4-6 usw.).

Zum Schluss kommen die sog. Prunkstücke – Schildhalter, Banner, Wappenzelte, -mäntel, Bild- und Wortdevisen etc.

Der Blason soll so eindeutig sein, dass ein heraldischer Zeichner auf Grund der Beschreibung das Wappen richtig aufreißen kann.

77 Wie schon erwähnt, wird die Form des Schildes außer acht gelassen.

1.4.8 Allianzwappen, Ehewappen und Wappenvereinigung

Diese Begriffe zielen auf zwei ursprünglich selbständige Wappen, die zu einem Wappen vereinigt werden. Es werden entweder zwei Schilde nebeneinander gestellt oder die Zeichen von zwei Wappen in einem Schild mit Hilfe der Spaltung oder Quadrierung kombiniert. Im ersten Falle neigen sich beide Schilde zueinander und die Helme mit den Helmzierden „schauen sich an". Das Wappen des Ehemannes bzw. das des vornehmeren Teils (es könnte ein Amt sein – siehe Wappen der englischen Kings of Arms oder die Wappen der kirchlichen Amtsträger) wird immer rechts (vom) und spiegelverkehrt dargestellt, d. h. die Figur muss gemäß der Regel der sog. heraldischen Courtoisie seitenverkehrt gezeigt werden (die Wappen dürfen sich nicht den Rücken zukehren). Wenn nur ein Helm benutzt wird, wählt man den des Ehemannes. In einigen Fällen, in denen es möglich war, vereinigte man auf einem Helm auch beider Helmzier.

Im zweiten Fall werden zwei Wappen oder ihre Hälften, wenn es der Klarheit und Eindeutigkeit des Wappens nichts abträgt, in einem gespaltenen Schild vereinigt. Auch hier wird die Regel der heraldischen Courtoisie angewandt, allerdings weniger konsequent. Bei geviertem Schild erscheint das Wappen des Mannes im 1. und 4., das der Frau im 2. und 3. Feld. Hierbei werden die Figuren nicht seitenverkehrt dargestellt. Wenn ein Helm auf den Schild gestellt wird, dann der des Mannes. Drei Wappen kann man auch mit Hilfe einer Spitze vereinen.

In Deutschland ist es zur Gewohnheit geworden, viele Wappen in einem Schild zu führen. Durch Erbschaft oder nur Erbansprüche nahm man fremde Wappen auf und kombinierte die schon vorhandenen Figuren durch Teilungen oder/und Spaltungen mit den neu erworbenen. Auf diese Weise war es möglich, dass die Hohenzollern oder Habsburger bis zu 52 verschiedene Felder auf einem Schild vereinigten. In England artete dieses Wappenhäufen ins sog. „marshalling" aus, wobei auch mehrere hundert Wappenfelder zusammenkamen. Auf diese Weise entfernten sich solche Wappen aber von der heraldischen Grundregel der Übersichtlichkeit und dienten praktisch nur zur politischen Demonstration von Macht oder Ansprüchen.

Allianzwappen mit einem Liebesknoten aus einem Stofftuch verbunden

Ex libris mit Allianzwappen, von einem Schildhalter gehalten, der einen Helm mit zwei zusammengesetzten Helmzier trägt

2. DAS HEROLDSWESEN

2.1 DER HEROLD

Allgemein: Bedingfeld, Henry/Gwynn-Jones, Peter, Heraldry, Secaucus, New Jersey, 1993 – Berchem, E. Freiherr von/Galbreath, Donald Lindsay/Hupp, Otto/Mayer, Kurt, Beiträge zur Geschichte der Heraldik. Teil 1: Die Wappenbücher des deutschen Mittelalters; Teil 2: Die Herolde und ihre Beziehungen zum Wappenwesen, in: J. Siebmacher's großes Wappenbuch Bd. D, Neustadt/Aisch, 1972 – Davies, T. R., The Heralds in Mediaeval Warfare, in: Coat of Arms, 1967, S. 245–258 – Chesshyre, H./Ailes, A., Heralds of Today, London, 1986 – Dennys, Rodney Onlsow, The heraldic imagination, London, 1975 – ders., Heraldry and the Heralds, London, 1982 – Koch, Hannesjoachim Wilhelm, Medieval Warfare, London, 1978 – Paravicini, Werner, Die ritterlich-höfische Kultur im Mittelalter, München, 1999, = Enzyklopädie deutscher Geschichte, Bd. 32 – Höfe und Residenzen im spätmittelalterlichen Reich. Bilder und Begriffe. Hg. von Werner Paravicini, bearb. von Jan Hirschbiegel und Jörg Wettlaufer. Residenzenforschung 15 II, Teilbd. 1 + 2, Ostfildern 2005 (besonders Kruse, Holger, das Kapitel Herolde, S. 313–317) – Seyler, Gustav A., Geschichte der Heraldik, in: J. Siebmacher's großes Wappenbuch Bd. A, Neustadt an der Aisch, 1970

Die Funktion eines Herolds: Adam, Paul, Les fonctions militaires des hérauts d'armes, leur influence sur le développement de l'héraldique, in: Archives héraldiques suisses, Jahrbuch, 1957, S. 2–33 – Gehe, Christian von, Eines Herolds kurtze Beschreibung, Dresden, 1668 – Kittel, Erich, Herolds- und Wappenwesen in Brandenburg, in: Brandenburgische Siegel und Wappen, hrsg. von E. Kittel, Berlin, 1937, S. 190–197 – Melville, Gert, Der Brief des Wappenkönigs Calabre. Sieben Auskünfte über Amt, Aufgaben und Selbstverständnis spätmittelalterlicher Herolde (mit Edition des Textes), Majestas 3, Köln – Weimar – Wien, 1995, S. 69–116 – Melville, Gert, Das Herkommen der deutschen und französischen Herolde. Zwei Fiktionen der Vergangenheit zur Begründung einer Gegenwart, in: Kultureller Austausch und Literaturgeschichte im Mittelalter, hrsg. v. Ingrid Kasten/Werner Paravicini/René Pérennec, Sigmaringen, 1998, S. 47–60 – Milton, Roger, Heralds and History, Newton Abbot, 1978 – Wagner, Anthony Richard, Heralds and Heraldry in the Middle Ages, Oxford, ^{2}1960 – ders., The Heralds of England, London, 1967

Das Heroldsamt: Contamine, Philippe, Office d'armes et noblesse dans la France de la fin du Moyen Age, in: Bulletin de la société nationale des antiquaires de France, 1994, S. 310–322 – Godrey, W. H. (and others), The College of Arms, London, 1963 – Melville, Gert, „Un bel office". Zum Heroldswesen in der spätmittelalterlichen Welt des Adels, der Höfe und Fürsten, in: Deutscher Königshof, Hoftag und Reichstag im späteren Mittelalter, hrsg. von Peter Moraw (= Vorträge und Forschungen, Bd. XLVIII), Stuttgart, 2002, S. 291–322 – Melville, Gert, … et en tel estat le roy Charles lui assist la couronne sur le chief. Zur Krönung des französischen Wappenkönigs im Spätmittelalter, in: Marion Steinicke / Stefan Weinfurter (hrsg.), Investitur- und Krönungsrituale. Herrschaftseinsetzungen im kulturellen Vergleich, Köln/Weimar/Wien, 2005, S. 137–161 – Noble, M., A History of the College of Arms, London, 1805 – Vaivre, Jean-Bernard de, Les trois couronnes des hérauts, in: Archivum heraldicum 86, 1972, S. 30–35 – Verwohlt, Ernst, Kongelige danske herolder, in: Heraldisk Tidsskrift Bd. 3, Nr. 25, 1972, S. 201–229 – Vulson de la Colombière, Marc de, De l'Office des rois d'armes, des hérauts et des poursuivants, Paris, 1645

Von den Kreuzzügen brachten die Ritter aus dem Heiligen Land den Brauch mit, ein sichtbares, persönliches Zeichen zu tragen, doch zur Heraldik mit ihren Regeln entwickelten sich diese zu Hause im Abendland mit dem Aufkommen der Turniere. Die Turniere, die als Festspiele veranstaltet wurden, glichen einer echten Schlacht. Man übte dabei das Waffenhandwerk wie in einem realen Krieg. Ob es der Angriff in Masse, der Zweikampf mit der Lanze (das Stechen), das Fechten mit dem Schwert oder ein anderer der damals üblichen Waffengänge war[78], es kam immer auch auf einem Turnierplatz zu einem für die Zuschauer unübersichtlichen Tumult von Kämpfenden[79].

Um hier den Überblick zu bewahren, war jemand erforderlich, der sich professionell um die Organisation dieser „Spiele“ kümmerte – der Herold. Dies war der Anfang zur „Regelung“ des Gebrauches der benutzten Zeichen. Als erstes musste natürlich feststehen, dass die Zeichen einigermaßen dauerhaft waren. Nun genügte es nicht mehr, dass die am Kampf beteiligten Ritter einander erkannten, sondern sie mussten auch – für die Herolde – von außen zu unterscheiden sein. Dies hatte zur Folge, dass die Schildzeichen auch auf den Waffenrock und die Rossdecken gemalt wurden und dass man phantasievolle Helmzierden benutzte. Mit den Herolden und dem ‚office d'armes‘ besonders in Frankreich beschäftigt sich in seinen Werken G. Melville unter Einbeziehung von breitgefächerten Quellen. Seiner Forschung verdanken wir heute grundlegende Informationen über die Herolde, ihre Wirkung und ihre Aufgaben[80].

Die genauen Umstände der Entstehung und Entwicklung des „Heroldsamtes“ sind bis heute wegen Quellenmangels nicht gänzlich geklärt; die Meinungen in der Literatur über die Rolle der Herolde sind geteilt. Ihre Zugehörigkeit zu den sog. Fahrenden Leuten, ihre Tätigkeit als frei herumreisende Sänger, die oft der niederen Dienerschaft zugerechnet wurden[81], steht im krassen Widerspruch zu der Autorität eines Boten mit den Vollmachten eines Diplomaten oder Botschafters, eines Schiedsrichters bei Turnieren und Schlachten, der ausgedehnte Rechte und Immunitäten innehatte. Es stellt sich die Frage, wie weit die sog. Fahrenden Leute niedrigen Standes gewesen sind. Denn zu ihnen rechneten sich auch solche Männer wie Walther von der Vogelweide oder Wolfram von Eschenbach, die nachweislich Ministeriale waren. Auch die abschätzige Meinung, die Herolde seien nur Sänger gleichen Ranges mit dem Küchenpersonal und den Bediensteten gewesen, trifft nicht

78 Funcken, Liane und Fred, Historische Waffen u. Rüstungen, München, 1990, S. 101–116.

79 Die Teilnehmer an diesen Turnieren setzten nicht nur ihr Leben aufs Spiel, sondern auch ihr Pferd und ihre oft kostspielige Bewaffnung als Beute des Siegers ein. Daraus entwickelte sich bald eine Art von Rittern, die von Turnier zu Turnier fuhren und damit ihren Unterhalt verdienten wie heute die Berufssportler. Galbreath, Donald Lindsay/ Jéquier, Léon, Lehrbuch der Heraldik, München, 1978, S. 33; Dennys, 1975, S. 38.

80 siehe das Literaturverzeichnis, aber besonders, Un bel office …, und Brief des Wappenkönigs Calabre.

81 Hauptmann, Felix, Wappenkunde, München, Berlin, 1914, S. 5.

zu. Man sollte nicht vergessen, dass auch die Vertreter des hohen Adels Lieder und Gedichte verfasst haben – unter ihnen z. B. Kaiser Friedrich II., Heinrich (VII.), Wenzel II. von Böhmen, Enzio von Sardinien, der Sohn Friedrichs II., etc.

Im Falle vieler Herolde müsste man ihre Stellung sogar höher bewerten. Aus der einfachen Tatsache, dass wir heute noch erhaltene heraldische Quellen von der Hand der Herolde haben, geht hervor, dass viele von ihnen lesen und schreiben konnten. Denn es gibt schon aus dem 13. Jahrhundert von Herolden zusammengestellte Wappenrollen. Später mussten sie auch auf Geheiß des Herren Wappenbriefe verfassen, und auch die traurige Aufgabe, nach einer Schlacht die gefallenen Ritter zu identifizieren, setzte die Fähigkeit zum Schreiben voraus, da die Namen schriftlich an die Parteien abgegeben wurden[82].

Diese Tatsachen lassen den Schluss zu, dass die Herolde jedenfalls seit dem Ende des 14. Jahrhunderts, vermutlich auch schon früher, adliger[83] oder mindestens gehobener bürgerlicher Abstammung waren[84]. Sie genossen sicher Schulbildung und eine Erziehung, die ihnen erlaubte, sich in den ritterlichen Kampftechniken und im adligen Hofleben so weit auszukennen, dass sie höfische Feste und Turniere organisieren konnten, als Schiedsrichter wissend mitreden durften und vor allem so viel Vertrauenswürdigkeit besaßen, dass sie mit diplomatischen Diensten betraut werden konnten. Dies bedingte selbstverständlich Fremdsprachenkenntnisse[85]. Aus dem späten Mittelalter und der Neuzeit sind dann viele Herolde besonders in Frankreich und England mit nachweisbar adliger Abstammung bekannt[86] (hier kann man die Herolde des Ordens vom Goldenen Vlies, die bis heute adlig sind, oder die des

82 Zu ihrer Pflicht als Ausrufende muss man sich fragen, wie hoch das Amt des Logotheten am Hofe Friedrichs II. auf der Skala der Ämterhierarchie gesehen werden kann, und wieweit es mit dem Amt des Herolds verglichen werden könnte, da dieser ja auch offiziell den Willen seines Herren verkündete. Man kann behaupten, dass dieses Amt nicht zu den unbedeutenden gehörte.

83 Melville, G. … et en tel estat le roy Charles lui assist la couronne sur le chief. Zur Krönung des französischen Wappenkönigs im Spätmittelalter, S. 150: bei dem Krönungsakt zum Wappenkönig (in diesem Fall ‚roy d'armes' Monjoye) wird dieser vom französischen König zum Ritter geschlagen.

84 Diese Theorie vertritt auch Dennys, 1975, S. 25, der die Anfänge des späteren Heroldsamtes bis in die Zeit des 1. Kreuzzugs setzt. Bei der Belagerung von Antiochia wird ein „preco Mala Corona" erwähnt: dieser gehörte zu den Rittern, und seine Aufgabe war es, die anderen aufzufordern, sich auf den Angriff vorzubereiten. Sein Name erinnert stark an die bis heute überlieferten Namen der Pursuivants (Bon Raport, Sans Repose). Dass dieser „Herold" wahrscheinlich noch nichts mit der Heraldik zu tun hatte, ist anzunehmen. Dagegen kann man vermuten, dass seine Nachfolger sich ihrer im Laufe der Zeit bedient haben und sie in ihrer Entwicklung weiter geführt haben.

85 Seyler, S. 37f, Paravicini, W., Die ritterlich …, S. 84.

86 v. Berchem, Die Herolde …, S. 121 und 216.

Hosenbandordens erwähnen), in Deutschland wurden sie seit dem 16. Jahrhundert gegebenenfalls geadelt[87].

Bereits die ersten Erwähnungen der Herolde in den Quellen lassen vermuten, dass diese einige bestimmte Aufgaben hatten. Im Roman „Le Chevalier de la Charrette“ (Lancelot) des Chrétien de Troyes (1164–1174) wird schon ein Herold mit einer der Aufgaben beschrieben, wie wir sie auch aus der späteren Zeit kennen – nämlich mit der Organisation eines Turniers und Kontrolle und Erkennung der Wappen der turnierenden Ritter[88]! Chrétien selbst beschäftigt sich schon mit dem Aussehen der einzelnen Zeichen auf den Schilden, wobei man schon die klaren Ansätze des späteren Blasons erkennt[89]. In einer weiteren späteren Nachricht[90] erfahren wir von einer anderen Aufgabe der Herolde, nämlich als Beobachter bei der Schlacht. Es ist die Frage, ob es zunächst solche Beobachter gab, die dann in den Turnieren zu Herolden wurden, oder ob man Tumiererfahrungen der Herolde ausnützen wollte und sie deshalb als neutrale Beobachter heranzog. Ihre Wappenkenntnis erlaubte ihnen sicher, sich relativ schnell in der Schlacht zu orientieren, womöglich ihren Verlauf zu rekonstruieren und dadurch Streitfragen zu klären[91].

87 Ebenda S. 207

88 Chrétien de Troyes, Le Chevalier de la Charrette (Lancelot). Roman traduit de l'ancien français par Jean Frappier, Paris, 1982, S. 149–150. Die Frau des Seneschalls schenkt Lancelot eine Rüstung mit einem roten Schild und ein Pferd (das alles gehörte ihrem Ehemann – le tout appartenait à son mari), damit er an dem Turnier in Noauz teilnehmen konnte. Als Lancelot in Noauz ankam, befestigte er seinen Schild über der Tür seiner Unterkunft. Ein zufällig vorbeigehender Herold (der mit nicht gerade freundlichen Worten beschrieben wird – er soll nur in einem Hemd und barfuß gewesen sein, da er die übrige Kleidung versetzen musste, um seine Rechnung im Wirtshaus bezahlen zu können) sieht den Schild über der Tür, und da er ihn nicht kennt, tritt er ins Haus, sieht und erkennt Lancelot. Daraufhin läuft er durch die Straßen und kündigt die Ankunft Lancelots an. A. Wagner bemerkt zu dieser Quelle, dass es traurig sei, dass gerade die erste Notiz über einen Herold dessen Unkenntnis eines Wappens belege.

89 Ebenda S. 155–156. Chrétien beschreibt die Schilde der Turnierteilnehmer, die allerdings verschieden von den Zeichen sind, die sich später durchsetzten und bis heute überliefert sind. (Auf dem Schild des Sohns des Königs von Aragon ist z. B. ein Adler mit einem Drachen dargestellt.) Dennys, 1975, S. 39 äußert die Vermutung, dass Chrétien vielleicht selbst Herold war, da er an einer Stelle den Herold „Meister von uns allen“ nennt. Mit der Blasonierung in den mittelalterlichen französischen Romanen beschäftigt sich P. Adam, Les usages héraldiques au milieu du XIIe siècle d'après le Roman de Troie de Benoît de Sainte Maure et la littérature contemporaine, in: Archivum Heraldicum 77, 1963, S. 18–29.

90 Histoire de Guillaume le Maréchal, comte de Striguil et de Pembroke, regent d'Angleterre de 1216 à 1219, Paris 1891–1901. Der Chronist berichtet, in der Schlacht bei Drincourt im Juli 1173 sei ein Herold als Beobachter anwesend gewesen. Siehe auch Barker, J., Agincourt, S. 139ff.

91 Dennys, 1975, S. 37, erwähnt den Fall, dass der englische König Heinrich V. den französischen Wappenkönig Montjoye nach der Schlacht bei Agincourt (1415) fragt, wer die Schlacht gewonnen habe, wobei der Herold ihm den Sieg zugesteht und nicht dem

Schon früh bestätigten die Herrscher die Privilegien der Herolde und regelten und bestimmten ihre Aufgaben und ihre Besoldung[92]. Zu dieser Zeit muss es auch schon unter den Herolden selbst eine bestimmte Hierarchie gegeben haben. Es existieren Wappenkönige, Herolde und Pursuivants. Dies gilt allerdings nur für das Gebiet westlich des Rheins. Für die Situation östlich davon fehlen die Quellen, die erste Erwähnung eines Herolds findet man hier erst in der Mitte des 14. Jahrhunderts[93]. Davor erscheinen nur solche Bezeichnungen wie Garzune (vom französischen *garçon*), Knappen von den Wappen, auch Wappenknaben oder Persevanten[94]. Hierbei kann man annehmen, dass diese Bezeichnungen dem Herold und Pursuivant im Westen entsprachen[95].

Im Laufe des 14. Jahrhunderts ist das Amt des Herolds schon voll ausgebildet. Herolde werden in den Quellen selbstverständlich erwähnt und genießen weitreichende Privilegien, die mit ihrem Amt zusammenhängen. Ihre Personenkenntnisse, die sich auf die Kenntnisse von Wappen gründen, verleihen ihnen den nötigen politischen Überblick, um für Botschaften oder diplomatische Dienste eingesetzt zu werden. Aufgrund ihrer Immunität, die ihnen Unantastbarkeit garantiert, dürfen sie keine Waffen tragen[96] und müssen immer deutlich als Herolde erkennbar sein. Deshalb tragen sie einen Wappenmantel = Tappert[97] mit dem Wappen ihres Herrn und einen weißen Stock, der später zum Szepter wurde. Sie mussten also von weitem zu erkennen sein. (Die Tracht der Herolde hat sich in Ländern, in denen die Einrichtung der Herolde in irgendeiner Form besteht, bis heute erhalten). Sie durften im Krieg nicht gefangen genommen werden. Sie hatten das Recht, das feindliche Lager zu betreten, um Botschaften zu übermitteln, um den Kampf anzubieten,

französischen König. (Über die Herolde, die den Verlauf der Schlacht beobachtet haben, berichtet Jean le Févre de Saint-Rémy in seiner Chronik: Chronique de Jean Leféѵre seigneur de Saint-Rémy, ed. François Morand, Paris 1876–1881, Bd I, S. 267f). Siehe auch Barker, J., Agincourt, S. 309f.

92 Wagner, Herolds of England, S. 77. Im Jahre 1290 bestimmt der englische König den Lohn für Robert King of Heralds.

93 Seyler, S. 25f. Zuvor soll das Wort Herold in Deutschland nur als Vorname benutzt worden sein. Bedingfeld, S. 25 zitiert allerdings eine Quelle, in der ein „Master Conrod, King of the Heralds of Germany" zum Jahr 1338 genannt wird.

94 Seyler, S. 22–25.

95 Ebenda, S. 19.

96 Im sog. Statutum annorum aus dem Jahr 1292 über die Regeln der Turniere wird bestimmt, dass die Herolde nur ohne Waffen ihren Wappenrock tragen dürfen. Bedingfeld, S. 24f.

97 Wagner, Herolds of England, S. 78. Das Tragen des Tapperts (Tabarts) bedeutete von Anfang an, dass der Herold im besonderen Sinne der Repräsentant seines Herren war. Wenn dieser Herr zudem ein souveräner Herrscher war, war das Tragen seines „Rockes" dann ein natürliches Symbol des diplomatischen Status. Die Tapperts waren sehr kostbar. In Frankreich hießen sie tunique für roi des armes und cotte d'armes für die pursuivants, S. 80. Siehe auch Dennys, 1975, S. 25.

um Waffenstillstand oder Friedensverhandlungen vorzuschlagen. Sie wurden auch ausgeschickt, um, wie es im Mittelalter üblich war, Zweikämpfe zwischen Einzelpersonen (Duelle) im Namen des Herausforderers zu fordern. Dabei wurden sie meist von denen belohnt, denen sie eine Nachricht überbracht hatten. Der aus dem feindlichen Lager zurückgekehrte Herold durfte nichts verraten, was die Ausrüstung oder Kriegsvorbereitungen des Feindes betraf. Sonst konnte er als Spion und Verräter angesehen werden und seiner Immunität verlustig erklärt werden. Allerdings durfte er, ohne Angabe von Gründen, seinem Herren nützliche Ratschläge geben[98].

Die Herolde hatten sich stets in der Nähe des Herrn aufzuhalten. Sie waren im gewissen Sinne die Stimme des Herrn und gleichzeitig Zeremonienmeister. Sie mussten jederzeit bereit sein, den Willen des Herrn unverändert vorzulesen und zu verkünden. Sie mussten selbst solche intimen Kenntnisse über ihren Herrn haben wie körperliche Gebrechen oder den Zustand seines Gebisses. Anhand dieses Wissens war es ihnen möglich, den gefallenen Dienstherrn zu identifizieren. Der Chronist Mathieu d'Escouchy berichtet in seiner Chronik über den Tod des John Talbot, Grafen Shrewsbury, der 1453 in der Schlacht bei Castillon fiel, dass man den Grafen nach der Schlacht zuerst nicht hatte finden können. Als man dann auf eine Leiche stieß, die der tote Körper des Grafen hätte sein können, rief man seinen persönlichen Herold, um ihn identifizieren zu lassen. Man fragte ihn, ob er in der Lage sei, seinen Herrn zu erkennen. Der Herold freute sich, da er glaubte, sein Herr lebe und sei nur gefangen genommen. Man zeigte ihm aber seine Leiche, die im Gesicht auf Grund der Wunden und der beginnenden Verwesung nicht mehr zu erkennen war. Der Herold erkannte seinen Herrn, als er in seinem Mund eine Zahnlücke ertasten konnte. Er küsste seinen Herrn auf den Mund, zog seinen Tappert aus, bedeckte damit den toten Körper und erklärte seinen vierzigjährigen Dienst für beendet[99].

Dank seiner Immunität durfte der Herold nach der Schlacht die Gefangenen besuchen. Namen durfte er aber nicht bekannt geben, er durfte nur bestätigen, dass es sich um einen Adligen handele, und übernahm dann die Ver-

98 Manche Persevanten hielten diesen Eid nicht ein, was damit begründet wurde, dass sie aus ihrer Christenpflicht heraus das Blutvergießen verhindern wollten. – Neubecker, Ottfried, Heraldik. Wappen – ihr Ursprung, Sinn und Wert, Frankfurt am Main, 1977, S. 14.

99 „… et lors lui boutta l'un des dois de sa main destre en la bouche, pour querir au costé senestre ung dent maceler qu'il savoit de certain qu'il avoit perdu, lequel il trova ainsy comme il entendoit; et incontinent qu'il ot trouvé, lui estant à genoulx comme dit est, le beisa en la bouche, disant ces mos: «Monseigneur mon maistre, monseigneur mon maistre, ce estes-vous! je prie à Dieu qui vous pardoinst vos meffais. J'ay esté vostre officier d'armes XL ans ou plus, il est temps que je le vous rende», en faisant piteux cris et lamentacions et en rendant l'eaue par les yeux trés piteusement. Et lors devesti sa cotte d'armes, et le mist sus sondit maistre. Et par ceste congnoissance cessa la question et debat qui estoit pour icelle mort". – Chronique de Mathieu d'Escouchy par G. du Fresne de Beaucourt, Bd. II., Paris 1863, S. 42f.

handlungen über das Lösegeld. Nach der siegreichen Schlacht mussten die Herolde das Banner des erfolgreichen Herrn aufstellen lassen.

Der Chronist des Hundertjährigen Krieges, Jean Froissart, erwähnt des öfteren die Herolde und ihre Tätigkeit. So weiß er z. B. zu berichten, dass nach der Schlacht bei Crécy zwei Ritter und zwei Herolde – Kenner der Wappen – ausgeschickt wurden, um die Zahl der Gefallenen zu ermitteln. Auf dem Schlachtfeld warteten schon französische Herolde, die ihre toten Herrn suchen wollten[100], So stellte man fest, dass auf dem Schlachtfeld 80 Banner, die Körper von 11 Fürsten, 1200 Rittern und 3000 Angehörigen des Fußvolks gefunden wurden. Die Herolde mussten Listen mit den Namen der Toten ausfertigen und an beide Parteien abliefern. Ähnlich war die Situation auch nach der Schlacht bei Auvey in der Bretagne. Dabei fanden die Herolde den Grafen Charles de Blois und seinen Bastard tot auf dem Feld. Daraufhin wurde einer der Herolde nach Dover geschickt, um dem englischen König die Botschaft über den Erfolg zu überbringen. Der König belohnte diesen Herold – wie es der Brauch war – mit Geld und ernannte ihn außerdem zum Herold Windsor.

Laut Froissart wurden Herolde nicht als einfache Boten eingesetzt. Sie überbrachten z. B. keine Kriegserklärung, sie machten sie bekannt (als Überbringer sollte entweder ein Geistlicher oder ein Adeliger bzw. Ritter fungieren, wie z. B. im Falle der Kriegserklärung Karls von Frankreich an König Edward 1369[101]). Froissart sieht in einem Herold eine wichtige und zuverlässige Quelle. Im I. Kapitel des vierten Buches seiner Chronik schreibt er, er habe, um sich genau zu informieren, viele ältere Ritter und Knappen ausgefragt und sich diese Erzählungen von Herolden bestätigen lassen. Eine weitere interessante Geschichte erzählt Froissart über die Immunität der Herolde. Vor der Schlacht bei Troyes wurden aus dem englischen Lager zwei Herolde ausgeschickt – sie trugen das Wappen des Grafen Thomas Buckingham –, um den französischen Rittern mitzuteilen, man wolle sich zum ritterlichen Kampf treffen. Daneben ließen die Räte des Grafen dem burgundischen Herzog, der in der Stadt weilte, ausrichten, man biete ihm eine Entscheidungsschlacht an. Die Herolde baten, dass man ihnen dies schriftlich gebe, erhielten aber zur Antwort, sie seien vertrauenswürdig genug, um voll im Namen des Grafen sprechen zu können. Die Herolde versuchten, den Herzog zu erreichen, was

100 P. Adam-Even, L'héraldique dans le dis des VIII blasons de Jean Biteri 1346, in: Archivum Heraldicum 75, 1961, S. 50–53 erwähnt auch die Namen der französischen Herolde: „les herouts français: Valois, Alençon. Harcourt, Dampierre et Beaujeu". Anscheinend haben sich die Herolde auch um die Körper ihrer toten Herrn gekümmert. So rettete der Blanc Sanglier Pursuivant den Körper König Richards III. nach der Schlacht bei Bosworth und brachte ihn nach Grey Friars, siehe Friar, Stephen, A New Dictionary of Heraldry, London, 1987, S. 291.

101 Vielleicht sollte man sich das als ein offizielles Bekanntmachen durch den Herold vorstellen, nachdem die Nachricht durch einen Adligen oder geistlichen Botschafter überbracht worden war. Der Herold war vermutlich der Begleiter dieses Botschafters.

ihnen aber nicht gelang. Ein englischer Knappe wurde durch sein unbedachtes Handeln (er ritt in Richtung des französischen Lagers) zur Ursache eines Scharmützels. Daraufhin warnte man die Herolde, es drohe ihnen Gefahr, diese brachen alle Verhandlungen ab und entfernten sich schleunigst.

Zu den Privilegien der Herolde gehörte, neben ihrem normalen Lohn und der Belohnung beim Überbringen einer Nachricht, dass sie, da sie als Nicht-Kämpfende keinen Anteil an der Kriegsbeute haben durften, ein eingerichtetes Haus oder den Gegenwert in Geld erhalten sollten. Daneben mussten sie bei allen ihren Reisen keine Abgaben zahlen[102].

Die Hierarchie der Herolde und die Zugehörigkeit zu einem bestimmten Herrn lässt vermuten, dass sich bald Zuständigkeitsgebiete bildeten, in denen die jeweiligen Herolde wirkten. Im Westen Europas war die Organisation des Heroldsamtes strenger als z.B. östlich des Rheines[103]. Die Amtsbezirke, für die die Herolde zuständig waren, waren in sog. Marche aufgeteilt, die dann in sog. Wappenkönigreiche zusammengefasst wurden. Das heißt, dass jeder Herold die Wappen des Adels in seiner March kennen musste, um sie dann bei Turnieren oder anderen heraldisch wichtigen Angelegenheiten zu repräsentieren, zu präsentieren oder zu beraten. Im römisch-deutschen Reich kümmerten sich Turniergesellschaften um die Organisation der turniermäßigen Festlichkeiten. In solchen Gesellschaften organisierte sich der turnierfähige Adel selbst. Die Gesellschaften unterhielten auch Persevanten oder Herolde, die sich um die Überwachung der Wappen kümmerten[104]. Von einer Ausnahme könnte man vielleicht in der Zeit der Luxemburger reden. Es ist zu vermuten, dass schon unter König Johann von Böhmen sich das Amt des Herolds auch östlich des Rheines etablieren konnte. Diese Entwicklung wurde dann bestimmt unter Kaiser Karl IV. noch verstärkt, der an seinem Hofe starke französische und später auch englische Einflüsse erkennen lässt. Sein Interesse an Heraldik ist wohl bekannt. Bis heute ist ein bedeutendes heraldisches Werk aus seiner Zeit erhalten – es handelt sich um den berühmten Wappensaal auf der Burg in Lauf an der Pegnitz[105] – und ein weiteres aus einer Quellenüberlieferung[106] bekannt. Aus der Zeit Karls IV. sind Quellen, die

102 Berchem, S. 211.

103 Neubecker, Ottfried, Heraldik. Wappen – ihr Ursprung, Sinn und Wert, Frankfurt am Main, 1977, S. 19.

104 Berchem, S. 139f.

105 Kraft, Wilhelm/Schwemmer, Wilhelm, Kaiser Karls IV. Burg und Wappensaal zu Lauf, in: Schriftenreihe der Altnürnberger Landschaft, Bd. VII., Nürnberg, 1960; Zelenka, A., Der Wappenfries aus dem Wappensaal zu Lauf, Passau, 1976, Růžek, Vladimír, Česká znaková galerie na hradě Laufu u Norimberka z roku 1361 (Příspěvek ke skladbě královského dvora Karla IV.), in: Sborník archivních prací 1, ročník XXXVIII., Praha, 1988, S. 37–300 (Die böhmische Wappengalerie auf der Burg Lauf bei Nürnberg), Kraft, Wilhelm, In Stein gehauene Wappen aus dem 14. Jahrhundert im Wenzelschloß zu Lauf bei Nürnberg, in: Der Herold, Bd. 2, 1941, S. 157–170, Roth, August, Der Wappensaal im Wenzelschoß zu Lauf, in: Der Herold, Bd. 3, 1943, S. 109–115.

106 Eine Handschrift im Archiv des Nationalmuseums in Prag beschreibt eine alte Wappen-

Herolde erwähnen, nicht bekannt, aber dass es tatsächlich ein funktionierendes Heroldswesen an seinem Hof gab, beweisen indirekte Erwähnungen in den Urkunden seines Sohnes König Sigismunds. Mit der Urkunde vom 6. Mai 1413[107] nimmt er in seine Dienste Klaus gen. Karlstein[108], Marschalk der Wappen, der schon seinem Vater und seinem Bruder Wenzel diente. Dieser Herold hat nicht nur den einfachen Titel eines Herolds, sondern den eines „Marschalks der Wappen", eine besonders in Frankreich oft benutzte „Zwischenstufe" zwischen einem Wappenkönig und einem Herold[109]. Aus anderen Quellen wissen wir nämlich, dass es auch einen Wappenkönig des Namens „Behemerland"[110], einen Herold Konrad gen. Lützemburg[111], einen Herold Ysevogel[112] und einen Herold Namens Sassenland[113] gab. Vermutlich

rolle aus der Zeit Karls IV. mit dem Titel *Aula Caroli quarti Romani imperatoris et Bohemiae regis* (Hs Nr. 44, sign. III A 11); diese wird dem Jesuitenpater Georg Crugerius zugeschrieben. Eine zweite Beschreibung der gleichen Wappenrolle liefert in seinem Werk *Miscellanea historica regni Bohemiae* ein anderer Jesuitenpater namens Bohuslav Balbín (7 Bände, Prag, 1679–87). Siehe Auch: Skřivánek, František, Heraldika auf den Bildern des Meisters Theoderik auf der Burg Karlstein.

107 Böhmer, J. F., Regesta imperii XI, Teil I., S. 28, Nr. 472.

108 In der Namenswahl des Herolds sieht man die emotionelle Verbundenheit Karls IV. mit seiner Burg Karlstein.

109 Melville, Un bel office, S. 298 u. 314, ders. Brief, S. 70: Persevant, einfacher Herold, Wappenmarschall, Wappenkönig.

110 Eine Urkunde Sigismunds, mit der er Johann von Mausdorff zum obersten Herold aller Herolde und Trabanten in Böhmen ernennt, Reg. imperii XI. Teil II. S. 237, Nr. 9472.

111 Sigismund nimmt in seine Dienste den „Knecht" seines Bruders Wenzel, den Herold Konrad gen. Lützemburg, Reg. imperii XI, Teil I., S. 28, Nr. 473.

112 Codex Diplomaticus Lusatiae Superioris III. enthaltend die ältesten Görlitzer Ratsrechnungen bis 1419, hrsg. von Richard Jecht, Görlitz, 1910, S. 308, zum Jahr 1399:[BI. 238b] „Item der Ysevogel, unsers herrin des konges herould, wart geert mit win unde mit bire 8 gr." Der Name Ysevogel bezieht sich eindeutig auf die Hofsymbolik am Prager Königshof, die in den Handschriften aus der Bibliothek Wenzels bekannt ist. Heute wissen wir nicht mehr genau, was die Symbole damals bedeutet haben. Als erster beschäftigte sich Julius von Schlosser (Die Bilderhandschriften Königs Wenzel I. In: Jahrbuch der Kunsthistorischen Sammlungen des Allerhöchsten Kaiserhauses, Bd. XIV., Wien 1893, S. 214–251, 266–269) mit den Handschriften und vermutet mit Hilfe von Vergleichen mit der Hofsymbolik anderer zeitgenössischen Höfe, dass es sich um entweder eine Bad-Orden- oder eine Bad-Hofgesellschafts-Symbolik handeln könnte. (Bad=Taufe=Abwaschen von Sünden). Seine Theorien übernahm und führte weiter J. Krása (Die Handschriften König Wenzels IV., Wien, 1971), über die Orden der Luxemburger siehe auch: Sigismundus rex et imperator. Kunst und Kultur zur Zeit Sigismunds von Luxemburg 1387–1437, hrsg. von Imre Takács, unter Mitarbeit von Zsombor Jékely, Szilárd Papp und Györgyi Poszler, Luxemburg, Budapest, 2006, S. 198–427. Da der Name eines Herolds von ihm selbst angenommen wurde und einen Bezug zum Herrn des selben haben soll, ist es eher unwahrscheinlich, dass es sich bei diesem Herold um ein Mitglied der Nürnberger Familie der Eisfogel handelt (Paravicini, Die ritterlich höfische Kultur …, S. 82f).

113 Deutsche Reichstagsakten, Bd. 3, München, 1877, S. 305, Nr. 250, nach dem 23. Okto-

gab es auch andere Herolde jeweils mit dem Namen des Erblandes (wie z. B. Mähren), die für die heraldischen Angelegenheiten des jeweiligen Landesteils zuständig waren. Aus der Regierungszeit Sigismunds gibt es mehrere Urkunden[114] in denen Herolde erwähnt werden, und aus der Zeit Wenzels ist der Text einer Ernennung zum Wappenkönig – *rex omnium heraldorum*[115] – überliefert. Auch das ist einer der Beweise, dass am Hof Wenzels die Heraldik eine Blütezeit erlebte, was durch die heraldische Ausschmückung der Architektur[116] und der Prachthandschriften aus seiner Bibliothek[117] deutlich wird.

Unter den Habsburgern übernahm die zentralistisch organisierte Hofkanzlei die Ausstellung der Wappenbriefe vollständig und somit auch eine der Aufgaben, die z. B. in England das Heroldsamt erfüllte. Hier spielten vermutlich die finanziellen Einnahmen eine wichtige Rolle, auf die die Kanzlei nicht zugunsten eines Heroldsamtes verzichten wollte. So wurde vielleicht die Entwicklung eines wie auch immer sich bildenden Heroldsamtes im

ber 1400, Frankfurt, Bericht des Nürnberger Boten Halpwassen, in Frankfurt erstattet über die in Nürnberg von dem Wenzel'schen Herold Sassenland vorgebrachte Erzählung von einer zu Kuttenberg zwischen ihm und König Sigismund einerseits sowie König Wenzel adrerseits in Josts Beisein stattgehabte Unterredung, betreffend die deutschen Angelegenheiten.

114 Sigismund ernennt am 12. Sept 1411 Simon gen. Tennemark zum Herold (seu servus armorum) und erteilt ihm Geleit, Reg. imperii XI, Teil I. S. 8, Nr. 125; am 8. Juli 1412 wird bekannt gemacht, dass der Persevant Hans Weinsberg zum Heerrufer (Herold) ernannt wird, und es wird jeder aufgefordert, denselben gütig zu behandeln, „wo er hinkommt", Reg. imperii XI, Teil I. S. 18, Nr. 265; am 8. Juli 1412 ernennt Sigismund auf Veranlassung des Erzbischofs Dietrich von Köln den Johann gen. Kunigsberg, dem er jetzt den Namen Ungerland gibt, zum Wappenkönig über alle Herolde und Persevanten in Ungarn, Reg. imperii XI, Teil I. S. 18, Nr. 266; am 27. Dezember 1413 ernennt Sigismund seinen Herold Paulus gen. Romrich zum König aller Herolde und Trabanten im Römischen Reich, erlaubt ihm über die Geschenke, die er erhält, frei zu verfügen, und befreit ihn von allen Zöllen, Reg. imperii XI, Teil I. S. 50, Nr. 854; am 27. März 1431 ernennt er auf Veranlassung des Herzogs Adolf von Jülich, Berg und Geldern Tilman von Selters, vormals Jülich genannt, der fortan Romrich heißen soll, zum Wappenkönig und setzt ihn über alle Herolde und Trabanten (Persevanten) im Reich, Reg. imperii XI, Teil II. S. 162, Nr. 8400; am 4. April 1431 ernennt er Dietrich Frauenberger (Frawenberger) zu seinem Herold, Reg. imperii XI, Teil II. S. 164, Nr. 8427.

115 Der lateinische Text befindet sich in einem Formularbuch, heute im Staatsarchiv Wittingau (Třeboň), der Text wurde publiziert von F. Palacký in: Über die Formelbücher zunächst in Bezug auf böhmische Geschichte, Prag 1847, S. 114, Nr. 126, siehe unten 8.1 auf S. 119. Für die Information zu dieser Urkunde und auch zu anderen Quellen, die Herolde betreffend, danke ich hiermit dem Archivar Vladimír Růžek aus Prag.

116 Es handelt sich um die heraldische Ausschmückung der königlichen Grabmäler in St. Veits-Dom, des Domes selbst, des königlichen Palastes auf Hradschin, und von den Tortürmen der Prager Karlsbrücke. Auf der Burgruine Totschnik bei Prag ist noch heute ein Wappenfries aus der Zeit Wenzels erhalten.

117 Aus der einst umfangreichen Bibliothek Wenzels sind heute nur acht Prachtbände erhalten, darunter die Wenzelsbibel, die Goldene Bulle und die Handschrift des Willehalms.

Reich östlich des Rheines gerade in der Zeit aufgehalten, in der der englische König Richard III. das College of Arms gründete (1484).

In England und Schottland standen die Heroldsämter unter direkter Aufsicht des königlichen Hofes[118]. Die Herolde waren sich ihrer Wichtigkeit bewusst, und schon von Anfang an versuchten sie, sich durch schriftliche Bestätigungen ihre Privilegien sichern zu lassen. So verlangten die französischen Herolde im Jahre 1406/7, dass niemand, ohne geprüft zu werden, Pursuivant werden dürfe, Pursuivants müssten sieben Jahre dienen, bevor sie zu Herolden ernannt werden könnten[119].

Sowohl die Herolde als auch die Pursuivants hatten ihren spezifischen Namen. Dieser bestimmte auch den geographischen Wirkungskreis des Herolds. So hießen die englischen Wappenkönige – Kings of Arms – Guienne, Ireland, Clerenceux, Norroy (Nord roi), Ulster usw., die Herolde: Chester, Carlisle, Windsor, Nazers, Bordeaux, Wales, Cornwall, Agincourt. Sie konnten aber auch den Namen des Ordens oder einer Figur (eines Gegenstandes) tragen. So hieß der erste englische Wappenkönig Garter King of Arms, ein Herold im Spätmittelalter Fleur de Lis Herald etc. Die Pursuivants hießen schon traditionell: Portcullis Pursuivant of Arms, Bluemantle, Rouge Croix, Rouge Dragon etc.[120]

Die Wappenbeamten gehören bis heute zum College of Arms und unterstehen dem Earl Marshall, der erblich der Herzog von Norfolk ist. Das College und auch einzelne Kings of Arms haben ihr eigenes Wappen, die Herolde und Pursuivants dagegen nur Badges[121].

In Frankreich kam es nicht zu der Bildung eines vergleichbaren Heroldsamtes, im Jahre 1407 schlossen sich die französischen Herolde in einer Genossenschaft – *collège* – mit dem Sitz in der Kirche Saint-Antoine-le-Petit zusammen, wobei sie sich unter die oberste Gerichtsinstanz des Connétable des französischen Königs gestellt haben. Sie wandten sich direkt an den König (Karl VI.) und baten um Unterstützung und um Förderung des *„office*

118 Die Geschichte des Noble Office d'Armes in England ist der Inhalt einer umfangreichen Studie von A. R. Wagner: Heralds of England, wobei er sich für das 13., 14. und 15. Jahrhundert auch mit den Herolden auf dem „Festland" beschäftigt. Über die Unterstellung der Herolde unter die Aufsicht des königlichen Hofes, S. 55.

119 Ebenda, S. 55. Dies war nach der Meinung Wagners besonders gegen die sog. vagabundierenden Herolde – „vagabound Heralds" – gerichtet, die es zu der Zeit in großer Zahl in Frankreich gab. Der langjährige Dienst als Pursuivant garantierte, dass der künftige Herold genug studieren und sich mit den heraldischen Bräuchen und Regeln vertraut machen konnte.

120 Ebenda, S. 55. Daneben gab es im Mittelalter Antelope Pursuivant, Collar Pursuivant, Blanch Lyon Pursuivant, Blanc Sanglier Pursuivant, Rose P., Rose Blanche P., Rouge Rose P. etc. siehe Friar, Stephen, A New Dictionary of Heraldry, London, 1987, S. 290f, wo auch ausführlich alle anderen Namen der Kings of Arms und Heralds of Arms aufgezählt werden.

121 Badges = Bilddevise, siehe Kap. 3.5.4 auf S. 76. Bedingfeld, S. 26.

d'armes". An der Spitze stand der Roy d'armes des François – Montjoye. Die Herolde gaben sich Statuten, die genau die Aufgaben und die Organisation des *„office d'armes"* definierten. So hatte der Wappenkönig Montjoye seinen Sitz im königlichen Palast und hatte immer in der Nähe des Königs bei allen feierlichen Gelegenheiten zu sein[122]. An Bedeutung verlor das *office d'armes* immer stärker, nachdem im Jahre 1627 Kardinal Richelieu das Amt des Connétable in Frankreich aufgehoben hatte[123]. Es gab danach weiter Herolde, jedoch ohne feste offizielle Bindung an den königlichen Hof[124]. Auf einem Stich im Buch Colombières sieht man ihn selbst in Begleitung eines Herolds (vermutlich des Dauphins), beide präsentieren ein Blatt mit der Darstellung der heraldischen Farbschraffur[125]. Das Zeichen der französischen Herolde waren drei Kronen[126], wie man sie auf den Siegeln des französischen roi des hérauts de France Boisrobert von 1318 und des roi des hérauts de Champagne Guiot von 1355[127] finden kann.

Auch in Deutschland bildete sich kein dem englischen ähnliches Heroldsamt[128]. Es sind aus dem 15. und 16. Jahrhundert einzelne Herolde bekannt – sie trugen solche Namen wie Teutschland, Germanien, Romreich, aber ohne eine geregelte zentrale Verwaltung[129].

122 Melville, G., Zur Krönung, S. 141ff

123 Neubecker, Ottfried, Heraldik, Frankfurt a.M., 1977, S. 12. In den Statuten für den Connétable von 1309 werden die Herolde diesem Amt unterstellt und ihre Tätigkeit genau beschrieben. Schröder, Michael, Kleine Wappenkunst, Frankfurt a.M., 1990, S. 71.

124 Vgl. Vulson de la Colombière. Im Jahre 1615 schuf Ludwig XIII. den Posten eines „Juge General des Armes de France", allerdings ohne einen durchgreifenden Erfolg bei der gedachten systematischen Erfassung der Wappen zu haben. Wie die meisten Ämter in Frankreich dieser Zeit war auch dieses verkäuflich, und die Inhaber waren mehr auf die Prestige-Seite ihres Amtes bedacht als auf die „fachmännische", ebenso wie für den König die finanzielle Seite im Vordergrund stand. Daher wurde die Aufnahme der Familienwappen in die Register nicht so genau genommen. Wenn man sich nicht mehr erinnerte, dachte man sich ein Wappen aus, die Folge davon war, dass auch mehrere Familien das gleiche Wappen hatten.

125 siehe: Recueil de plusieurs pièces et figures d'armoiries obmises par les autheurs qui ont escrit jusques icy de cette science, blasonnées par le sieur Vulson de La Colombière, ... suivant l'art des anciens roys d'armes, avec un discours des principes et fondements du blason, et une nouvelle méthode de cognoistre les métaux et couleurs sur la taille-douce. – Paris : M. Tavernier, 1639. – In-4°, pièces, limin., 14 p., armoiries, 75 pl. d'armoiries, la plupart coloriées, frontisp. gr. par Abraham Bosse.

126 Vaivre, J.-B. de, Les trois couronnes des hérauts, in: Archivum Heraldicum 86, 1972, S. 32.

127 Ebenda.

128 Der Versuch des ersten preußischen Königs Friedrich I., ein Heroldsamt zu schaffen, scheiterte schon einige Jahrzehnte nach der Gründung unter seinem Nachfolger wegen Einsparungsmaßnahmen.

129 Detaillierte Informationen zu den einzelnen Herolden in Deutschland trug v. Berchem in: Die Herolde und ihre Beziehungen zum Wappenwesen, S. 126–162 zusammen.

2.2 DAS TURNIERWESEN

Barker, Juliet R., The Tournament in England: 1100–1400, Woodbridge u. a., 1986 – Clephane, Robert C., The Tournament, its periods and phases, London, 1914 – Cripps-Day, Francis H., The history of the Tournament in England and in France, London, 1918, Reprint New York 1982 – Fleckenstein, Joseph, Das Turnier als höfisches Fest im hochmittelalterlichen Deutschland, in: Fleckenstein, Joseph (Hrsg.): Das ritterliche Turnier im Mittelalter, Beiträge zu einer vergleichenden Formen- und Verhaltensgeschichte des Rittertums, Göttingen, 1985, S. 229–256 – Gamber, Ortwin, Ritterspiele und Turnierrüstung im Spätmittelalter, in: Fleckenstein, Joseph (Hrsg.): Das ritterliche Turnier im Mittelalter, Beiträge zu einer vergleichenden Formen- und Verhaltensgeschichte des Rittertums, Göttingen, 1985, S. 513–531 – Jackson, William Henry, Das Turnier in der deutschen Dichtung des Mittlalters, in: Fleckenstein, Joseph (Hrsg.): Das ritterliche Turnier im Mittelalter, Beiträge zu einer vergleichenden Formen- und Verhaltensgeschichte des Rittertums, Göttingen, 1985, S. 257–295 – Keen, Maurice, Das Rittertum, New Haven, London 1984. (Hier die dt. Übersetzung von H. Erhardt, Reinbek 1991) – Krüger, Sabine, Das kirchliche Turnierverbot im Mittelalter, in: Fleckenstein, Joseph (Hrsg.): Das ritterliche Turnier im Mittelalter, Beiträge zu einer vergleichenden Formen- und Verhaltensgeschichte des Rittertums, Göttingen, 1985, S. 401–422 – Kurras, Lotte, Turnierbuch aus der Kranichgauer Ritterschaft. Kommentar zur Faksimileausgabe des Cod. Ross. 711., Zürich, 198 – dieselbe, Ritter und Turniere. Ein höfisches Fest in Buchillustrationen des Mittelalters und der frühen Neuzeit, Stuttgart, Zürich, 1992 – Meyer, Werner-Lessing, Erich, Deutsche Ritter, Deutsche Burgen, München, 1976 – Meyer-Hofmann, Werner, Mittelalterliche Turniere, in Sandoz-Bulletin 17 (1969), S. 27–48 – Mölk, Ulrich, Philologische Aspekte des Turniers, in: Fleckenstein, Joseph (Hrsg.): Das ritterliche Turnier im Mittelalter, Beiträge zu einer vergleichenden Formen- und Verhaltensgeschichte des Rittertums, Göttingen, 1985, S. 163–174 – Niedermann, Erwin, Die Leibesübungen der Ritter und Bürger, in: Ueberhorst, Horst: Geschichte der Leibesübungen, Bd. 3, 1, Berlin, München, Frankfurt a.M., 1980, S. 70–96 – Paravicini, Werner, Die ritterlich-höfische Kultur des Mittelalters, München, 1994 – Ranft, Andreas, Adelsgesellschaften. Gruppenbildung und Genossenschaft im spätmittelalterlichen Reich, (= Kieler Historische Studien, Bd. 38), Sigmaringen, 1994 – Ruehl, Joachim K., Das Turnier als friedfertiger Krieg, in: Becker, Hartmut (Red.): Sport im Spannungsfeld von Krieg und Frieden, 1985, S. 31–53 – Ruehl, Joachim K., Zur Leistungsquantifizierung im spätmittelalterlichen Turnier, in: Sport in der Rehabilitation, Ansätze und Anwendungsfelder, hrsg. von Hans-Joachim Appell und Karl-Heinz Mauritz, Sankt Augustin, 1988, S. 97–111 – Rüxner, Georg (Herold Hierusalem), Thurnierbuch, das ist: wahrhaffte eigentliche und kurtze Beschreibung von Anfang, Ursachen, Ursprung, und Herkommen der Thurnier im heyligen Römischen Reich Teutscher Nation, nachgedruckt bei Sigmund Feyerabend, Frankfurt, 1578 – Schultz, Alwin, Das höfische Leben zur Zeit der Minnesinger, Bd. 2, 2., verm. u. verb. Aufl., Neudruck der Ausgabe 1889, Osnabrück, 1965.

Entstehung. Da die Organisation der Turniere, die sicherlich zu einem großen Teil zur Entwicklung der Heraldik beigetragen haben[130], zu den herausragen-

130 Fenske, Lutz, Adel und Rittertum im Spiegel früher heraldischer Formen und deren Entwicklung, in: Das Ritterliche Turnier im Mittelalter, S. 148: „... Tiefgreifender und dauerhafter als mögliche Einflüsse von Krieg und Kriegsführung dürfte die Bedeutung des Turniers und die von ihm ausgehenden Impulse auf die Entwicklung der Heraldik im späten 12. und in der zweiten Hälfte des 13. Jahrhunderts gewesen sein. Dabei ist

den Aufgaben der Herolde gehörte[131], wobei sie auch die Rolle der Berater des Schiedsrichters inne hatten, ist es sicher angebracht, hier eine kurze Darstellung derselben zu präsentieren.

Die Entstehung des Turniers lokalisiert man heute in Nordfrankreich, genauer im Grenzgebiet zwischen Frankreich und dem heutigen Belgien[132]. Dieser Sport gewann schnell an Beliebtheit und verbreitete sich rasch nördlich der Loire, wobei das Gebiet um Paris lange als die Wiege des späteren höfischen Turnierwesens galt.

Man vermutet, dass das Turnier[133] am Ende des 11. Jahrhunderts als Folge einer neu in die Kampftechnik der berittenen Kämpfer aufgenommenen Strategie entstanden ist. Es handelte sich dabei um die Benutzung der Lanze, die in Verbindung mit der Geschwindigkeit des Pferdes zu einer enorm wirksamen Waffe wurde. Die kämpfenden Rittern, die Lanze fest unter dem Arm eingeklemmt, und koordiniert in einer Gruppe, zerschlugen in einem so geführten Angriff jede Schlachtordnung, sowohl bei Berittenen als auch bei Fußsoldaten. Dabei hielt die Lanze den Gegner auf Distanz und wenn sie beim Aufprall nicht zersplittert ist, konnte sie wiederholt benutzt werden[134]. Um mit dieser neuen Kampfstrategie erfolgreich zu sein, war es für die Kämpfer nötig, im Kampf geübt zu sein. Kampferfahrung und Kraft waren eine wichtige Voraussetzung. Außerdem handelt es sich nicht um eine individuelle Kampfweise, denn nur im Zusammenspiel von mehreren Reitern, die sich aufeinander verlassen und sich untereinander koordinieren konnten, war diese Strategie erfolgreich.

Ein Turnier entstand also als Kampftraining. Ursprünglich sprachen sich zwei Gruppen von Rittern ab, steckten ein relativ weiträumiges Gebiet ab – dieses konnte z. B. zwischen zwei Städten liegen, konnte Wälder, Felder, Weinberge und ganze Dörfer beinhalten – und dann kam es zu einem regulären Kampf, der sich von einer normalen Schlacht nur dadurch unterschied, dass der Zweck dieses Kampfes nicht der Tod eines Gegners, sondern nur seine Niederlage war. In solchen Kämpfen war nichts verboten, alle Arten von Hieben und Stichen waren erlaubt. Die Besiegten verloren alles, die Sie-

weniger an die eigentliche Ausbildung von Wappenfiguren, sondern mehr an die ornamentale Vielgestaltigkeit des gesamten heraldisch stilisierten Dekors der ritterlichen Ausrüstung und vor allem an die Entwicklung der Helmzier zu denken …"

131 Melville, Un bel office, S. 298ff.

132 R. Barber, J. Barker, Die Geschichte des Turniers, S. 22.

133 Zur Entstehung des Wortes Turnier, siehe: Jackson, William Henry, Das Turnier in der deutschen Dichtung des Mittelalters, in: Das Ritterliche Turnier im Mittelalter, S. 257f, und Mölk, Ulrich, Philologische Aspekte des Turniers, S. 163f.

134 R. Barber, J. Barker, Die Geschichte des Turniers, S. 22: „… die neue Taktik scheint in Nordfrankreich entstanden zu sein. Sie war nicht nur weitgehend verantwortlich für die militärischen Erfolge der Franken beim ersten Kreuzzug, sondern auch für die Eroberungen der Normannen in so weit auseinander liegenden Gebieten wie Süditalien und England …"

ger zogen mit ihrer reichen Beute von dannen. Man hatte auch Gefangene gemacht, die dann Lösegeld zahlen mussten. Am Abend zog man sich dann in ein vorher bestimmtes, mit Schranken eingezäumtes neutrales Gebiet zurück, um sich auszuruhen und zu stärken. Die Verwundeten wurden verarztet, die Rüstungen wieder in Ordnung gebracht. Natürlich zogen solche „Spiele" viele Leute an, die nach dem Kampf an den Festlichkeiten verdienen wollten. Sieger und Besiegte feierten gemeinsam, wobei nicht selten das Lösegeld oder der Großteil der Beute daran glauben musste. Händler, Spielleute und Dirnen waren von Anfang an treue Begleiter der Turniere. Diese waren von Märkten begleitet und wurden mit der Zeit zu wahren Volksfesten.

Diese Kampftreffen werden mit dem Begriff *mêlée* bezeichnet, was nichts Anderes als eine Schlacht zwischen zwei Gruppen von Rittern bedeutet, die sich frei im Gelände bekämpften, ohne Rücksicht auf die bebauten Felder oder die Bevölkerung der Dörfer, die das Pech hatten, dazwischen zu liegen [135]. Man hatte nichts abgesprochen, der Kampf sollte auf eine wahre Schlacht vorbereiten, daher musste er auch genauso – d.h. mit Hinterhalt, Kampflist und Überraschungsangriff – ablaufen.

Die Folge solcher Turniere war auf einer Seite eine ungeheuere Popularität bei dem Adel, auf der anderen Seite eine tiefe Abneigung der Kirche, die von Anfang an versuchte, die Turniere einzudämmen oder sogar ganz zu verbieten[136]. Natürlich ohne großen Erfolg.

Im Laufe des 12. Jahrhunderts verfeinerte sich die Art zu „turnieren" grundlegend. Man versucht die spontanen Turniere zu genau organisierten und durchdachten Vorstellungen zu machen. Aus dem reinen Sport wird eine Zur-Schau-Stellung der Kampfkunst. Man will nicht nur den Kampf üben und Waffenfertigkeit erlangen, sondern man will diese auch vor einem Publikum zeigen – genauer gesagt, vor dem Lehensherrn und mit der Zeit immer stärker – vor den Damen. Wahrscheinlich war dies der Grund, der die Heraldik und die Herolde für die Turniere so wichtig macht. Aus einem spontanen Turnier unterhalb der Burgwehr- oder Stadtmauer, von denen die Damen zuschauten, wurde dann ein Turnier, zu dem man offiziell einlud, für das man Tribünen[137], Schranken und Märkte aufbaute. Damit man auch erkennen konnte, wer von den kämpfenden Rittern der mutigste und geschickteste im Umgang mit den Waffen war, dienten die Wappen auf den Schilden, Waffen-

135 Ebenda S. 35: „... die Landbevölkerung litt besonders unter der Unruhe und unter den Zerstörungen, die mit einem Turnier einhergingen."

136 Konzil von Clermont 1130, das zweite Laterankonzil 1139, Konzil von Reims 1148, das dritte Laterankonzil 1179 ..., siehe Krüger, S. Das kirchliche Turnierverbot im Mittelalter, in: Das Ritterliche Turnier im Mittelalter, S. 401f.

137 Es wird berichtet, dass bei dem Turnier von 1315 in Basel die Zuschauertribüne zusammenbrach, wobei viele Damen verletzt wurden und nebenbei sind auch viele Schmuckstücke bei dem entstandenen Chaos verschwunden ..., siehe Fleckenstein, Joseph, Das Turnier als höfisches Fest im hochmittelalterlichen Deutschland, in: Fleckenstein, Joseph (Hrsg.): Das ritterliche Turnier im Mittelalter, S. 245.

röcken und die Helmzier auf den Helmen, die die Herolde als Unterscheidungszeichen zu identifizieren hatten.

Es konnte nur eine Frage der Zeit sein, dass sich jemand bemühen würde, die Turniere zu kontrollieren, denn weder kirchliche noch fürstliche Verbote zeigten irgendeine bemerkbare (sichtbare) Wirkung. Einer der ersten, der eine gewisse Ordnung in den Turniersport zu bringen versuchte, war der englische König Richard I. Löwenherz, der 1194 ein die Turniere betreffendes Dekret erließ. Er regelt die Organisation und Durchführung der Turniere offensichtlich im strengen Widerspruch zu den kirchlichen Verboten. Er erkannte, dass geübte Ritter im Kampf auch erfolgreicher waren, und daher erlaubte er zu bestimmten Zeiten und in bestimmten Gegenden (es waren fünf Grafschaften) das Veranstalten von Turnieren. Jeder, der teilnehmen wollte, musste ein Einschreibegebühr zahlen. Teilnehmer durften nur Ritter mit Lehen sein. Die Wahl der Gebiete sollte offensichtlich, so gut wie möglich, große Schäden von der Bevölkerung fern halten.

Das Dekret Richards I. blieb eine Ausnahme. Auf dem Festland, besonders in Frankreich, haben die Könige in regelmäßigen Abständen die Turniere zu verbieten versucht, allerdings ohne jeglichen Erfolg[138]. Doch die Beliebtheit der Turniere erzwang im Laufe der Zeit ihre Legalisierung. In ganz Europa entwickelten sie sich zu Prestigedemonstrationen und binden sich – nicht zuletzt auch aus finanziellen Gründen – an die Fürstenhöfe, wo sie bis zum Ende des 16. Jahrhunderts veranstaltet wurden. Ein Anlass konnte eine Taufe, eine Hochzeit, der Ritterschlag oder der Geburtstag, aber auch ein anderes denkwürdiges Ereignis sein.

In Süddeutschland entstand im Turnierwesen eine Besonderheit – die Turniergesellschaften. Um sich nicht auf zufällige Anlässe verlassen zu müssen, bei denen ein Turnier abgehalten werden konnte, hatten die Adligen „Brüderschaften" gegründet, die einmal ihre politischen Interessen vertraten, aber auch Festlichkeiten und Turniere organisieren sollten. Sie entstanden sicher nicht zufällig im süddeutschen Raum, d. h. im Verbreitungsraum der Reichsritterschaft[139]. Die ersten Gesellschaften können wir schon am Ende des 13. Jahrhunderts antreffen, wo sie sich aktiv in den Streit zwischen Rudolf von Habsburg und dem Basler Bischof einmischen[140]. Im Laufe der Zeit treffen wir sie im ganzen süddeutschen Raum an, wo sie sich in vier Gebiete aufteilen: Rheinstrom, Schwaben, Franken, Bayern[141]. Aus den Statuten dieser Gesellschaften, deren Mitglieder in der erdrückenden Mehrheit dem nie-

138 R. Barber, J. Barker, Die Geschichte des Turniers, S. 39.

139 W. Mayer, Turniergesellschaften, S. 511.

140 Es handelt sich um die Gesellschaft der „Psitticher" und der „Sterner", ebenda S. 503; eine ausführliche Studie über die Adelsgesellschaften liefert A. Ranft, Adelsgesellschaften, wobei er sich mit den Gesellschaften: die Fürspänger und die Esel besonders eingehend beschäftigte.

141 W. Mayer, S. 507: „... Im Jahre 1485 entstand in Heilbronn eine Art Dachorganisation,

deren, selten auch mittleren Adel angehörten, geht eines klar hervor: Man wollte sich deutlich in der damaligen Gesellschaft definieren und abgrenzen und das nicht nur nach unten, woher die finanziell stärkeren und einflussreichen Patrizierfamilien drängten, sondern auch nach oben, gegenüber dem politischen Einfluss der Fürsten. Dieses Bestreben ist aus der militärischen Waffen- und Kampfentwicklung des 14. und 15. Jahrhunderts verständlich. Der Einsatz von Langbogen im englischen Heer, der Hellebarde bei den Schweizern und der Feuerwaffen in den Heeren der Städte und Fürsten machten den klassischen Einsatz der kämpfenden Ritter überflüssig. Auf diese Weise kann man das spätmittelalterliche Turnier nicht als eine Schlacht sehen, so wie es sicher ursprünglich war, sondern als Abbild der ritterlichen Ideale – der Ehre, Gerechtigkeit, Höflichkeit und nicht zuletzt der Minne.

Auf diese Weise wurde das Turnier ein prächtiges Fest für Auserwählte, die ihre Kampfkünste in ihrer farbenfrohen, kunstvoll erarbeiteten Rüstung[142], die für die wahre Schlacht mittlerweile ungeeignet war, zur Schau stellten.

Die Arten des Turniers

Das ursprüngliche Massen- oder Gruppenturnier – mêlée – war ein Kampf zwischen zwei verschieden großen Gruppen von Rittern, am Anfang im offenen Gelände, später auf einem vorher präparierten Turnierplatz. Das Turnier, das auf offenem Feld ohne Absperrungen veranstaltet wurde, wurde wohl nur bis zum Ende des 13. Jahrhundert praktiziert.

Der meist verbreitete Typ des Turniers war der Tjost oder das Gestech. Dabei ritten zwei Ritter anfangs frei, später entlang einer Planke aufeinander zu. Das Ziel war, den Gegner mit der Lanze aus dem Sattel zu werfen. Beim Zusammenstoß zersplitterte die Lanze dann in der Regel. Danach setzte man den Kampf mit dem Streitkolben oder dem Schwert fort. Die ersten Nachrichten tauchen schon am Ende des 12. Jahrhunderts auf, der Tjost entwickelte sich schnell zu einer der beliebtesten Turnierart, besonders nach der Einführung der Mittelplanke am Ende des 14. Jahrhunderts[143].

Als letztes soll auch der Buhurt erwähnt werden. Diese Kampfart existiert parallel zum Turnier und verschwindet allmählich, nachdem das Turnier eine „geregeltere und friedlichere Form annahm“[144]. Was genau beim Buhurt ablief, ist heute nicht ganz klar. Vermutlich war der Kampf nicht so gefährlich, wie bei einem normalen Turnier, es gab keinen Zwang eine Rüstung zu

indem die Ritterschaft dieser »vier Lande« eine gemeinsame Turnierordnung verabschiedete“.

142 Gamber, Ortwin, Ritterspiel und Turnierrüstung im Spätmittelalter, in: Das ritt. Turnier im MA, S. 513–531.

143 Barber-Barker, Die Geschichte d. T., S. 212.

144 Ebenda, S. 213.

tragen und auch die Teilnahme war nicht nur an den Adel gebunden. Der Buhurt ist vermutlich spontaner zu organisieren gewesen, da man ihn bei fast jedem größeren Fest beobachten kann. Es wird angenommen, dass man gepolsterte Stoff- oder Lederharnische mit aufgenähten Glocken oder Schellen trug und mit stumpfen Waffen kämpfte.

Anlässe für Turniere. Am Anfang wurden Turniere ganz einfach deshalb veranstaltet, weil es den Teilnehmern so gefiel, weil sie ihre Kampffähigkeiten verbessern wollten, und nicht zuletzt, weil sie Beute machen wollten. Mit der Zeit wurde praktisch jede Gelegenheit wahrgenommen, bei der eine größere Menge von Rittern zusammen kam. Wir wissen von Turnieren während einer Stadtbelagerung oder der Verhandlungen eines Waffenstillstandes. Turniere wurden regelmäßig bei den Reichstagen oder bei dem Einzug eines Herrschers in eine Stadt abgehalten, bei der Huldigung, beim diplomatischen Treffen zweier Herrscher, beim offiziellen Ritterschlag oder – und das besonders prächtig – bei Fürstenhochzeiten. Die Turniere gehörten zu jedem größerem Fest so selbstverständlich, dass man sie oft nicht einmal erwähnte, wenn es nicht zu besonders traurigen Ereignissen kam, wie dem Tod eines tjostierenden Ritters oder ähnlichem.

Die Aufgaben der Herolde bei der Vorbereitung der Turniere. Nachdem die Stadt gewählt wurde, in der das Turnier stattfinden sollte, wurden Herolde zuerst in die Stadt ins Rathaus geschickt, damit sie über das sichere Geleit der Teilnehmer, den Ordnungsdienst, über die Unterkunft, den Turnierplatz mit Schranken und Tribünen und nicht zuletzt über die Preise für Lebensmittel und Pferdeverpflegung während des Festes verhandelten, da dieses regelmäßig gute Geschäfte bei den zahlreichen Gästen versprach[145].

Danach wurden die Herolde zu den Fürsten geschickt, um sie einzuladen, es folgte der restliche Adel.

Diese Vorbereitungen wurden meist ein Jahr vorher getroffen. Nachdem der Adel zur festgesetzten Zeit zusammengetroffen war, mussten alle Teilnehmer ihre Helme mit der Helmzier gewöhnlich in einem Klosterkreuzgang samt ihrer Schwerter ausstellen. Die Schwerter wurden dann in ihrer Länge und Breite kontrolliert. Eine Kommission von Damen, die von Herolden begleitet wurde, entschied bei den einzelnen Helmen über die Turnierfähigkeit der Ritter; die Helme der nicht würdigen wurden hinunter geworfen[146].

145 Gamber, O., Ritterspiele und Turnierrüstungen im Spätmittelalter, S. 520: „bei oft über 1000 Gästen".

146 Gamber,O., ebenda: „... nicht zugelassen wurden: Verräter, Fahnenflüchtige, Meineidige und Siegelfälscher, Ketzer und Revolutionäre, Mörder, Straßenräuber und Kirchenschänder, Verleumder und Verbrecher gegen Frauenehre, in wilder Ehe lebende und unstandegemäß Verheiratete, ... dauerhafter Wohnsitz in einer Stadt und Handelstätigkeit schlossen ebenfalls vom Turnier aus ...".

Weiterhin fungierten Herolde als Berater bei den Kämpfen selbst (über ihre Rolle als Richter herrscht allgemein Unsicherheit[147]). Sie beobachteten das Geschehen und bei Verstoßen verständigten sie die Richter aus den Reihen der Ritter, die sog. „Grießwärtel" oder „Stabler"[148], die dann in den Verlauf des Kampfes eingreifen konnten. Auch diese trugen weiße Stäbe, sonst ein typisches Attribut eines Herolds.

Sie haben bei der Ermittlung der Sieger eine wichtige Rolle gespielt und zum Schluss organisierten sie die gewöhnlich prachtvolle und festliche Preisvergabe und Siegerprämiierung[149]. Sie verkündeten dann das Ende des Turniers.

Turniere, Herolde und Heraldik gehören unzertrennlich zusammen. Die Beliebtheit der Turniere, die dazu führte, dass die Kampfübung zum feierlichen gesellschaftlichen Ereignis wurde, bei dem Prunk und Pracht, Farben- und Symbolfreude wetteiferten, erlaubte den Herolden, ihre Künste, Kenntnisse und Dienste kontinuierlich zu pflegen und zu vervollkommnen, bis das „Heroldieren"[150] zu einem relativ angesehen Berufstand wurde. Es gäbe also die ritterliche Welt, wie wir sie heute kennen, ohne die Turniere nicht, genauso wie es die Heraldik, so wie sie bis heute überliefert ist, ohne die Tätigkeit der Herolde – nicht nur während der Hoffeste, sondern auch während der Kriege und besonders der Turniere – nicht hätte geben können.

2.3 DIE QUELLEN DER HERALDIK

Adam-Even, Paul, L'Armorial universal du héraut Gelre (1370–1395), in: Archives héraldiques suisses, 1971, S. 1–117 – Anglo, Sydney, The Great tournament Roll of Westminster, Oxford, 1968 – Armorial de France, Angleterre, etc. Composé vers 1450 par Gilles le Bouvier, dit Berry, premier Roi d'Armes de Charles VII., roi de France, par Auguste Vallet de Viriville, Paris, 1856 – Chronique de Jean Lefévre seigneur de Saint-Rémy, ed. François Morand, Paris, 1876–1881 – Cocheris, Hippolyte (ed.), Le blason des couleurs en armes, livrées et devises par Sicille héraut d'Alphonse V., roi d'Aragon, Paris, 1860 – Cod. Ross. 711. Stamm- und Turnierbuch aus der Kranichgauer Ritterschaft. Entstanden um 1615, Faksimile, Zürich, 1983 – Das Wappenbuch des Reichsherolds Casper Sturm. Bearb. von Jürgen Arndt etc., Neustadt a.d. Aisch, 1984 – Die Wappenbücher Herzog Albrechts VI. von Österreich, hrsg. von Charlotte Becher und Ortwin Gamber, in: Jahrbuch der Heraldisch-Genealogischen Gesellschaft Adler, der ganzen Reihe dritte Folge, Bd. 12, Wien – Köln – Graz, 1986 – Frank, Karl Friedrich von, Standeserhebungen und Gnadenakte für das Deutsche Reich und die Österreichischen Erblande bis 1806 sowie kaiserlich-österreichische bis 1823, Bd. 1–5, Senftenegg 1967–1974 – Frenz, Thomas, Wappendarstellungen auf Urkunden der römischen Kurie (mit 4 farbigen Abbildungen), in: Herold-Jahrbuch, Neue Folge 2, 1997, S. 37–49 – Heideloff, Carl-Alexander von, Deutsches Fürsten- und Ritteralbum der Marianischen Rit-

147 siehe H. Kruse, Herolde, S. 314f.

148 Gamber, O. Ritterspiele ..., S. 520.

149 Melville, Un bel office, S. 300.

150 Zu der Wortbildung: „heroldieren", siehe Melville, Un bel office, S. 294.

terkapelle in Haßfurt (Mit genealogischen Notizen und Vorrede von Dr. A. v. Eyne) (XV. Taf.), Stuttgart, 1868 – Jéquier, Léon, L'armorial Bellenville, in: Cahiers d'héraldique V., Paris, 1983 – Kraft, Wilhelm/Schwemmer, Wilhelm, Kaiser Karls IV. Burg und Wappensaal zu Lauf, in: Schriftenreihe der Altnürnberger Landschaft, Bd. VII., Nürnberg, 1960 – Paprocki, Bartosz, Herby rycerstwa polskiego, 1584, Warszawa, 1858 – Pastoureau, Michel, Armorial des chevaliers de la Table ronde, Paris, 1983 – Richenthal, Ulrich von, Concilium zu Constanz. Chronik des allgemeinen Concils von 1414 bis 1418, Augsburg, 1483. Facsimile Potsdam, 1922 – Salver, Johann Octavian, Die Wappen der Ritterkappele zu Haßfurt, Würzburg, 1750 – Siegenfeld, A. von, Die Wappenbriefe und Standeserhebungen des römischen Königs Ruprecht von der Pfalz, in: Jahrbuch Adler, 1895, S. 395–430 – Vallet de Viriville, Auguste (ed.), Armorial de France, Angleterre, Écosse, Allemagne, Italie et autres puissances, composé vers 1450 par Gilles Le Bouvier, dit Berry, premier roi d'armes Charles VII. roi de France, Paris, 1866 – Weisz, Szidonia-Anna, The Price of Fidelity: Donations of Coats of Arms for Nobles from Transylvania during the Reign of Sigismund of Luxemburg, Saarbrücken, 2009.

Die ältesten Quellen für das Studium der Heraldik sind heute die Siegel. Sie erscheinen in den frühesten heute bekannten Anfängen der Heraldik und überliefern die heraldischen Symbole, die sonst nicht hätten überliefert werden können, da die Kampfschilde, die Wappenröcke oder Banner meistens schon im Kampf oder im Laufe der Zeit durch Abnutzung zerstört worden sind[151].

Siegelstempel (Petschafte) sind sehr selten erhalten, da sie meist nach dem Tode des Besitzers oder nachdem ein neues Petschaft in Gebrauch genommen worden war, vernichtet wurden, um Fälschungen zu vermeiden. Die Siegel an den Urkunden, ob angehängt oder aufgedrückt, sind des öfteren verloren oder – besonders die älteren – stark beschädigt. Häufig kann man feststellen, dass ein Petschaft auch von mehreren Personen der gleichen Familie (z. B. Vater und Sohn oder zwei Brüdern) benutzt wurde. Das heißt, dass das Zeichen des auf dem Siegel dargestellten Schildes nicht unbedingt dem entsprach, das aktuell getragen wurde[152]. Trotzdem kann man auf Grund des Studiums der Siegel feststellen, dass die ersten heraldischen Zeichen und Symbole in der Mitte des 12. Jahrhunderts praktisch gleichzeitig in Frankreich, England, Holland, Deutschland und Italien vorkommen. Im Laufe der nächsten hundert Jahre setzt der Gebrauch von Wappen allgemein ein.

Für die heraldische Wissenschaft sind natürlich nur solche Siegel wichtig, die einen Wappenschild zeigen. Zu den ältesten Wappensiegeln gehören so genannte Reitersiegel, auf denen ein Reiter in voller Rüstung dargestellt ist. Am Anfang reitet der Reiter nach rechts, wobei allerdings der Schild, der am linken Arm getragen wurde, nicht zu sehen ist. Bald stellte man aber die

151 Im Museum in Marburg werden einige Originalschilde aus der Elisabethenkirche aufbewahrt. Sie tragen deutliche Kampfspuren.

152 Galbreath, Donald Lindsay/Jéquier, Léon, Lehrbuch der Heraldik, München, 1978, S. 22.

Reiter von links dar, und dabei konnte man die ganze Schildfläche mit den heraldischen Zeichen zeigen.

Praktisch vom Beginn an erscheinen viele der später bekannten Zeichen, ohne dass man entscheiden kann, ob heraldische oder natürliche Figuren den zeitlichen Vorrang haben. Verschiedene Schildteilungen kommen genauso vor wie der Adler, der Löwe, die Lilie oder die Rose. Für die folgende Zeit ist das Wappen der häufigste Inhalt eines Siegels bis in die heutige Zeit.

Nach der Konsolidierung des Wappenwesens im Laufe der zweiten Hälfte des 12. Jahrhunderts wurden Wappen immer mehr auch auf Münzen benutzt. Jeder, der das Münzprägerecht innehatte oder es usurpierte, verwendete auf einer Seite der Münze sein Wappen als Hoheitszeichen. Dabei können Darstellungen mit ganzem Schild oder nur der Schildfigur vorkommen. Auch dieser Brauch blieb bis in die heutigen Tage erhalten. Münzen geben uns heute sehr oft genauere Informationen, da sie meistens besser erhalten sind als die Siegel.

Zu den wichtigsten heraldischen Quellen gehören natürlich die Wappenrollen. Sie wurden meistens von Herolden angelegt, also von Personen, die sich professionell mit Heraldik beschäftigten. Auffällig ist, dass die ältesten Wappenrollen meist nur Schilde ohne Helmzier, seit der 2. Hälfte des 14. Jahrhunderts immer mehr auch Vollwappen zeigen.

Ihre Wappenkenntnisse hatten die Herolde als Organisatoren von Turnieren erworben und wahrscheinlich bei jeder ihrer Reisen, jedem Hoffest oder auch Krieg aktualisiert. Die Wappenrollen wurden systematisch als Orientierungsmittel geführt, und das hauptsächlich in zwei Formen. Zum einen sollten die zu einer bestimmten Gelegenheit angefertigten Wappenrollen als Beweismittel für die Teilnahme der einzelnen turnierenden Ritter an einem Turnier dienen (Occasional Rolls): dafür genügte die bloße Nennung des Namens nicht mehr – schon allein deshalb, weil nicht jedermann lesen konnte –, sondern für die Person sprach zusätzlich das Symbol; man konnte ja davon ausgehen, dass die Wappen des lokalen Adels den meisten bekannt waren.

Zum zweiten wurden Wappenrollen mit Symbolsystematik angelegt, das heißt nicht nach dem Rang, sondern nach der Art der Schildfigur angeordnet. Diese Wappenrollen dienten praktisch nur den Herolden als Vorbilder und zur schnellen Orientierung bei nicht so sehr bekannten Wappen (Ordinaries). Leider sind nicht sehr viele erhalten geblieben, da sie für Nicht-Heraldiker meist uninteressant waren, ausgenommen England, wo diese Wappenbücher im dortigen Heroldsamt aufbewahrt wurden. Im Laufe der Zeit findet man mit Wappen illustrierte Universitätsmatrikeln sowie Listen von Berufsgenossenschaften. Wappenrollen wurden aber nicht nur bei Turnieren geführt. Viele Ritterorden hatten einen Herold und eine eigene Ordenswappenrolle – der Hosenbandorden und der Orden vom Goldenen Vlies können als bekannte Beispiele angeführt werden. Auch Wappengesellschaften – besonders in Deutschland und in der Schweiz – führten ihre eigenen Wappenrollen.

Die Wappenrollen aus dem 13., 14. und 15. Jahrhundert sind für die Heraldiker von großer Bedeutung. Da sie in der Blütezeit der Wappenkunst entstanden sind, eignen sie sich sehr gut zu Studienzwecken für die heutigen Heraldiker und heraldischen Graphiker als Vorbilder für die moderne Heraldik.

Eine weitere wichtige Quelle sind Wappenbriefe. Bald nach der Verfestigung der Heraldik in der höfischen Kultur wurden die Wappen zum Gegenstand der Rechtsgeschäfte gemacht. Schon aus dem 13. Jahrhundert sind Verträge erhalten, in denen die Wappenführungsberechtigten einem anderen erlaubten, ihr gesamtes Wappen oder auch nur die Helmzier zu führen, meist gegen Bezahlung. Eins der berühmten Beispiele ist der Kauf der Brackenhelmzier durch Friedrich von Hohenzollern, Burggrafen von Nürnberg, im Jahr 1317 von Leutold von Regensberg für 36 Mark Silber[153]. Diese Verträge waren allerdings keine richtigen Wappenbriefe im späteren Sinne.

Die urkundlichen Wappenverbriefungen kommen während der Regierung Ludwigs des Bayer auf[154]. In der Regierungszeit Karls IV. gehören sie zum Aufgabenbestand der Kanzlei. Der Kaiser betrachtete das Recht, jemand in den Adelstand zu erheben oder einem Bürgerlichen ein Wappen zu verleihen, als sein Reservatrecht[155]. Dabei ging es bei den meisten Wappenbriefen nicht um eine wirkliche Verleihung[156], in den meisten Fällen bestätigte der Kaiser einer Familie nur das schon lange benutzte Wappen und versprach seinen Schutz vor dem Missbrauch unter der Androhung von Strafen. Karl IV. selbst erlaubte schon den Hofpfalzgrafen (comites palatini), die er selbst ernannte, Wappen zu bestätigen oder neu zu verleihen. Die urkundlichen Wappenverleihungen kann man bis zur Regierung des letzten Kaisers (1806) verfolgen, auch wenn im 18. Jahrhundert die kaiserliche Kanzlei bis auf wenige Ausnahmen keine Wappenbriefe mehr ausstellte und die Hofpfalzgrafen nur einige wenige[157]. Den letzten Wappenbrief für eine bürgerliche Familie stellte die österreichische Hofkanzlei im Jahre 1830 aus[158].

153 Neubecker, Ottfried, Heraldik. Wappen – ihr Ursprung, Sinn und Wert, Frankfurt am Main, 1977, S. 160; Seyler, Gustav A., Geschichte der Heraldik, Neustadt an der Aisch, 1970, S. 812ff.; Arndt, Jürgen, Die Entwicklung der Wappenbriefe von 1350 bis 1806 unter besonderer Berücksichtigung der Palatinatswappenbriefe, in: Herold 7, 1969/71, S. 162.

154 Die erste bekannte Urkunde stammte aus der Kanzlei Ludwigs des Bayern aus dem Jahr 1328, auch die erste erhaltene Urkunde ist aus der Zeit Ludwigs (1338), Jäger-Sunstenau, Über die Wappenverleihungen, S. 529, Scheibelreiter, Heraldik, S. 125.

155 Jäger-Sunstenau, Über die Wappenbriefe, S. 530.

156 Das freie Recht ein Wappen zu tragen, wurde praktisch in der ganzen Geschichte nicht angefochten. Siehe Kap. 5: Das Wappenrecht, auf S. 111.

157 Arndt (wie Anm. 106), S. 169f und 186. Die Hofkanzlei konzentrierte sich auf die Adelserhebungen.

158 Hildebrandt, Adolf Matthias, Wappenfibel, Neustadt an der Aisch, [18]1991, S. 34.

Als heraldische Quellen können auch illustrierte Handschriften angenommen werden. Besonders Bücher, die oft mit alltäglichen Szenen ausgemalt waren, weisen Wappen auf, die in diesem Fall allerdings mit Vorsicht zu betrachten sind. Abgesehen vom Wappen des Auftraggebers, gegebenenfalls seiner Familienangehörigen, könnte es sich auch um Phantasie- oder Zierwappen handeln[159], besonders bei biblischen Schlachtszenen[160].

Eine wichtige Quelle für die Wappenkunst und Gebrauchsheraldik sind Exlibris[161] und Supralibros.

Wappenexlibris, gezeichnet vom Heraldiker Jiří Louda

Aufschwörtafeln

Die sogenannten Aufschwörtafeln oder auch Ahnenproben und die dazugehörende Aufschwörbücher gehören zu den heraldischen Quellen, die heute noch nicht hoch genug geschätzt sind. Sie setzten sich im Laufe des 14. Jahrhunderts durch und blieben bis in die Neuzeit üblich. Diese garantierten adelige Abstammung bis in die dritte oder vierte Generation (es sind auch Aufschwörtafeln mit fünf und sechs Generationen von Ahnen erhalten) beson-

159 Galbreath, Donald Lindsay/Jéquier, Léon, Lehrbuch der Heraldik, München, 1978, S. 25f.

160 Als Beispiele könnte man die bekannteren Handschriften nennen – die Stundenbücher des Duc de Berry, die sog. Wenzelsbibel etc.

161 Z. G. Alexy, Ex libris Armales, 3 Bde., Wien, 1983–85.

ders bei Aufnahmen in die geistlichen Orden, in die Domkapitel oder bei Ernennung in ein höheres Amt.

Heute werden sie meist als Quellen für Genealogen betrachtet und in der heraldischen Literatur oft nur nebenbei erwähnt. Dabei enthalten diese „Ahnentafeln" häufig Wappendarstellungen, die als einzige noch erhaltene Zeugnisse eines Familienwappens gelten können. Besonders die Wappen des niederen, lokalen Adels, der keine prächtigen Paläste baute und seine Grablege in einfachen Dorfkirchen hatte, sind heute nur schwer, wenn überhaupt, aus Siegeln oder Grabsteinen (meist ohne Angaben von Farben) zu ermitteln. Dazu findet man auf den Aufschwörtafeln nicht selten auch Wappendarstellungen, die z. B. die Ritterordenmitglieder oder diverse Hofamtsträger heraldisch unterscheiden[162].

Dabei ist eines interessant: Die meisten heute in den Archiven erhaltenen Aufschwörtafeln bzw. Ahnenproben weisen eine unerwartet treue heraldische Darstellung der Wappen auf. Und dies auch in den Zeiten, in denen die Heraldik als solche einen Niedergang erlebt. Die meisten Exemplare sind sorgfältig nach den heraldischen Regeln gemalt und auch die Form des Schildes, Helms und der Helmzier entspricht der Spätrenaissance oder dem frühen Barock[163]. Hier spielt sicherlich die Prestige-Konkurenz unter den adligen Geschlechtern eine wichtige Rolle. Durch das Nachahmen der alten Formen wollte man das historische Alter der Familie unterstreichen und vom Neuadel abgrenzen.

Manchmal unterschreiben die Künstler (Wappenmaler) ihre Werke[164], seltener auch diejenigen, die den Ahnenstammbaum genealogisch erarbeitet haben[165]. Hier wäre vielleicht ein detaillierter, wissenschaftlicher und kunsthistorischer Einblick wünschenswert.

Aber nicht überall wurden die Aufschwörtafeln aufbewahrt, in manchen Stiften wurden sie als Vorlage für die so genannten Aufschwörbücher[166] benutzt. In diesen Büchern war die Zahl der Ahnen normalerweise reduziert. Bei der Übertragung der Informationen wurden diese kontrolliert und mit den

162 Stiftsarchiv in Merseburg, Aufschwörtafel Nr. 62, A. C. L. Bose (1768), Nr. 126, C. F. W. von Wollfersdorff (1796).

163 Es erscheinen auch reiche barocke Kartuschen, allerdings normalerweise ohne Helm und Helmzier, sondern nur mit einer Krone. Auf einer Aufschwörtafel in Merserburger Stiftsarchiv sieht man wunderschöne Rokokokartuschen, allerdings nur als Rahmen für jeweils ein Vollwappen, Nr. 32, Carl von Veltheim (1759).

164 Stiftsarch. Merseburg, hier erscheint der Hof-Wappen-Maler Joh. Gottlieb Haidt, oder Friedrich Facius, königl. Hof-Wappenmaler zu Dresden, F. F. Meyner pinx., Ant. Aug. Beck aus Braunschweig, H. C. Mumhardt, zum Schluss fertigte eine Aufschwörtafel L. Clericus, ein bekannter Heraldiker des 19. Jahrhunderts.

165 Als Genealogen erscheinen z. B.: M. Christ. Fried. Jacobi (Nr. 122), Heinrich August Lindner („concepit et propria manu scripsit …" Nr. 102a)

166 Siehe z. B. die Aufschwörbücher des Augsburger Domstifts heute im Hauptstaatsarchiv München, oder die Mainzer Aufschwörbücher im Würzburger Staatsarchiv.

schriftlichen Quellen verglichen[167]. Mit der Zeit wurden oft auch spätere Informationen hinzugefügt: die Ernennung in ein kirchliches Amt (Dekan, Probst, Bischof, Erzbischof etc.) und das Todesdatum.

Die Reihenfolge der dargestellten Wappen in den Aufschwörbüchern wurde schriftlich geregelt, und richtete sich normalerweise nach den genealogischen Angaben jedes Anwärters, die bei der Abgabe des Aufnahmeantrags verlangt wurden[168]. Was die Aufschwörtafeln betrifft, haben sie die Form eines Generations-Stammbaums. Die Ordnung der einzelnen Ahnen richtet sich heute genealogisch nach dem Kekulé'schen System[169]. Das heißt, die einzelnen Personen werden der Reihe nach jeweils nach Generationen durchgezählt und beziffert. Der Proband hat dann die Nr. 1, sein Vater Nr. 2, die Mutter Nr. 3, der Großvater und die Großmutter väterlicherseits 4 und 5, mütterlicherseits 6 und 7 usw. Dabei haben alle männlichen Familienmitglieder gerade, alle weiblichen ungerade Zahlen und jedes Elternpaar zwei nacheinander folgende Zahlen (Eltern 2 und 3, Urgroßeltern 8 und 9, 10 und 11 usw.)

Was allerdings die heraldische Ordnung betrifft, bietet sich eine andere Ordnung an. Hier sind die Wappen, die sich ja bei jedem Mitglied der selben Familie – mehr oder weniger[170] – wiederholen, selbst wichtig, d. h. es werden nicht mehr einzelne Personen beziffert, sondern nur die Familien. Auf diese Weise hat die Familie des Probanden die Nr. 1, seine Mutter die Nr. 2, weiterhin werden dann nur die Familien der angeheirateten Frauen beziffert, so kommen wir auf das folgende Bild[171]:

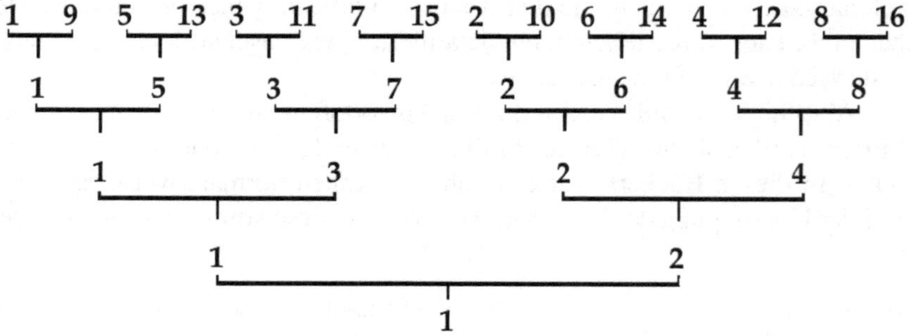

167 Dabei wurden Unstimmigkeiten z.B. bei der Darstellung der Helmzier beanstandet – siehe StA. Wü HU MS f 97 I. Fol. 28: das Wappen der Familie Wichsenstein ist beanstandet worden und in der Mitte eine Tintenzeichnung skiziert, Fol. 48: bei einem Wappen wird bemerkt, dass der Helm „gekrönt ist", etc.

168 siehe unten Fußnote Nr. 181, A. Eckhardt, Die Burgmannen …, S. 134.

169 Dieses System wurde 1898 in Deutschland von Stephan Kekulé von Stradonitz vorgestellt und eingeführt, Ribbe, Wolfgang – Henning, Eckart, Taschenbuch für Familiengeschichtsforschung, S. 34.

170 hier denke ich an Wappenbesserungen etc.

171 Galbreath-Jéquier, S. 269, siehe ebenfalls H.G. Ströhl, Heraldischer Atlas, Stuttgart, 1899, Taf. LXXVI. Texteite.

Man muss dabei beachten, dass die Bezifferung der Regel der Vater- vor Mutterseite folgt, d. h. dass in der fünften und den weiteren Generationen die Ziffern der Reihenfolge sehr weit voneinander stehen können. Wie aus der Tabelle zu ersehen ist, sind die Zahlen auf der Vaterseite diesmal (im Gegensatz zur Kekulé'schen Bezifferung) ungerade und auf der Mutterseite gerade. Um sich noch schneller in einer Aufschwörtafel orientieren zu können, kann man noch die Generationsreihen beziffern (der Proband ist dann die erste Generation, seine Eltern die zweite) und diese Zahlen durch einen Punkt getrennt miteinander verbinden. Auf diese Weise kann man sich auf ein bestimmtes Wappen beziehen – z. B. wenn es sich durch ein Beizeichen unterscheidet. Das Wappen des Großvaters väterlicherseits hat dann die Nr. 1.3, mütterlicherseits 2.3; die Urgroßväter folglich: 1.4 und 2.4 usw. Wenn man sowohl die genealogischen wie auch die heraldischen Informationen aufnehmen möchte, könnte die Tabelle wie folgt aussehen:

Nr.	**Posit.**	**Name**	**verheiratet mit**
001.	01.	Carl Gottlieb von Uchtritz, geb*oren* den 4. Julii, Anno 1731	
002.	01.2	Carl Gottlob von Uchtritz auf Mittel-Sohlandt, Königl*ich* Pohln*ischer* un Chur-Sächß*ischer* Hoff-Rath	003.02.2
004.	01.3	Wolff Carl von Uchtritz auf Ober-Mittel- und Nieder Sohlandt, Cönigl*ich* Pohln*ischer* und Chur-Sächß*ischer* Hauptmann, † den 20. Sept*ember* 1723	005.03.3
008.	01.4	Hiob von Uchtritz auf Ebersbach, Logau, See-Sohlandt und Gerßdorff, †1684	009.05.4
016.	01.5	Abraham v*on* Uchtritz auf Mittel-Sohlandt Paulßdorff	017.09.5
003.	02.2	Christiana Charlotte aus dem Winckel	002.01.2
006.	02.3	Hanß Gottlieb aus dem Winckel, Königl*ich* Pohln*ischer* und Chur-Sächß*ischer* Lieutenant	007.04.3
012.	02.4	Hanß Chistoph aus dem Winckel auf Brandiß	013.06.4
024.	02.5	Christoph aus dem Winckel auf Brandis und Wettin	025.10.5
005.	03.3	Maria Agnes von Lüttichau, † den 21. September 1750	004.01.3
		usw.	

Wobei die erste Zahl die Kekulé'sche Bezifferung beinhaltet, die folgenden dann die Position des Wappens auf der Aufschwörtafel (Familiennr. und die Generation).

Mit Hilfe eines Computers ist es deshalb nicht schwer entweder Ahnenlisten nach der klassischen Bezifferung oder komplette Wappenlisten zu erstellen, indem man sie aufsteigend ordnen lässt.

Eine nicht unwichtige heraldische Quelle ist die Wappenausschmückung auf den Wandteppichen oder am Möbel.

Grabmal des Grafen Heinrich von Pisnitz aus dem Museum in Eger (Cheb, Tschech. Rep.) Interessant ist die genealogische Symbolik: ein Todesengel, der den letzten noch grünen Zweig mit der Sense abschneidet = Tod des letzten Familienmitglieds; der Tod selbst, der den ganzen „Familien-Stamm“ mit dem Spaten aus der Erde aushebt = Ende der kompletten Linie; ein Vogel, der eine Blume abzwickt, eine gebrochene, erloschene Kerze etc. Das auf den Kopf gestellte Wappen bedeutet nach der heraldischen Symbolik = es starb der letzte im Mannesstamm.

Die oft einzige Vorlage für die Farbenbestimmung der Wappen sind viele noch erhaltene Kirchenfenster, besonders beim niederen Adel, der keine großen Bauwerke schaffen ließ und von dem sonst nur noch Siegel erhalten geblieben sind.

Eine jedem zugängliche und vielfach übersehene Quelle sind die Wappen an den Fassaden und auf Wandmalereien. Ihr Vorkommen ist für den heutigen Menschen so selbstverständlich, dass er sie fast nicht mehr wahrnimmt. Solche Wappen sind aber für uns das greifbarste Beispiel dafür, dass uns die Heraldik praktisch auf jedem Schritt begleitet.

Funeralheraldik. Der Begriff Funeralheraldik umfasst heute Wappen, die man nicht nur auf Grabmälern jeglicher Art, d. h. Grabsteinen, Epitaphien usw., in Grabkapellen und Grüften, sowie auch auf einem Totenschild finden kann. Dazu gehören aber ebenfalls schriftliche Quellen, die adlige, meist fürstliche Begräbnisse[172] beschreiben. Bei solchen Gelegenheiten erfahren wir, dass häufig ganze Städte oder mindestens ihre Stadtviertel mit heraldischen Symbolen ausgeschmückt waren, Trauerzüge zu einer wahren Schildschau wurden und das Ende mit heraldischer Symbolik dargestellt wurde[173]. Dies beginnt mit Reihen von, nicht selten, hunderten Trägern von Kerzen oder Fackeln – meist schwarz – die jeweils mit dem Wappen des Verstorbenen versehen sind. Danach folgen Bannerträger, Trauerpferde, die an jeder Seite ihrer Decken Wappenschilde mit den Wappen der Ahnen des Toten tragen[174]. Der Wagen mit dem Leichnam – Totenbahre – war reich mit Bannern und Wappen verziert[175]. Wenn der letzte des Adelsgeschlechts starb, wurden die Wappenschilde häufig „auf den Kopf" gestellt – das heißt „gestürzt" dargestellt.

172 Babendererde, Cornell, Sterben, Tod, Begräbnis ..., S. 129ff; Fey, Carola, Hochgrab und Wanddenkmal – Ausdrucksformen adeliger Sepulkralkultur im Wandel, in: Werner Rösener, Hg., Adelige und bürgerliche Erinnerungskulturen des Spätmittelalters und der Frühen Neuzeit (Formen der Erinnerung Band 8) Göttingen 2000, S. 125–143, dieselbe, Spätmittelalterliche Adelsbegräbnisse im Zeichen von Individualisierung und Institutionalisierung, in: Werner Rösener, Hg., Tradition und Erinnerung in Adelsherrschaft und bäuerlicher Gesellschaft (Formen der Erinnerung Band 17) Göttingen 2003, S. 81–106; dieselbe, Die Begräbnisse der Grafen von Sponheim. Untersuchungen zur Sepulkralkultur des mittelalterlichen Adels (= Quellen und Abhandlungen zur mittelrheinischen Kirchengeschichte Band 107) Diss. Mainz 2003; Zajic Andreas, „Zu ewiger gedächtnis aufgericht".

173 Dass daran maßgeblich Herolde beteiligt wurden, ist überflüssig zu erwähnen, es war ihre Aufgabe, alles zu organisieren und zu gestalten.

174 Heidelberg, Universitätsbibliothek, Batt 25 Folio RES, fol. 7r, Kupferstich.

175 Abbildungen zu einigen Begräbniszügen siehe: Slater, Stephen, Wappen, Schilde, Helme, S. 42f.

Der Grabstein des letzten Echter von Mespelbrunn (Johann Phillip, † 1665) im Würzburger Dom. Das Familienwappen ist „gestürzt" dargestellt.

Auf diesem Grabstein im Dom in Halle wurden vier Wappen vorbereitet, aber nur eins tatsächlich ausgeführt, siehe Fußnote Nr. 179.

Bei der Leichenpredigt hat der Prediger einen hölzernen Schild mit dem Wappen zerbrochen und von der Kanzel hinunter geworfen[176]. Nach dem Begräbnis wurden die Wappenbanner in der Kirche aufgehängt und später durch hölzerne oder auch aus kostbaren Stoffen gestickte[177] Wappenschilde ersetzt. Ebenfalls hing die Ausführung der Begräbnisstätte direkt mit dem Reichtum und Rang des Verstorbenen zusammen. Je höher der gesellschaftliche Rang, desto repräsentativer die Zurschaustellung des selben. Man erinnert sich an die königlichen und fürstlichen Grabkapellen und Grüfte[178]. Noch heute sieht

176 Beschreibung des Begräbnisses von Peter Wok von Rosenberg im Februar 1612, in: Václav Březan, Životy posledních Rožmberků, Praha, 1985, S. 634–640 (siehe auch Pagerl, M., Das Begräbnis …, in: MVGDB 13, 1875, S. 87–97), ebenfalls: Biewer. L. Wappen als Träger von Kommunikation im Mittelalter, S. 144.

177 Daselbst, S. 635, siehe auch Ströhl, Heraldischer Atlas, Tafel LXXI. – drei Totenschilde und einer auf der Textseite.

178 Es gibt viele Beispiele: Fürstengruft der Theatinerkirche in München, die Grabmäler der böhmischen Könige aus der Hand von Peter Parler im Prager St. Veitsdom, königli-

man in den Kirchen kunstvolle Grabmäler, die eher an „plastische“ Altäre erinnern – bis zu einfachen Grabsteinen oder Grabplatten, auf denen der Verstorbene im Relief entweder in prächtiger Bekleidung oder Rüstung abgebildet wurde. Alle diese Grabmäler beinhalten ein oder mehrere Wappen. Wenn mehrere Wappen dargestellt sind, handelt es sich um die Wappen der Ahnen. Dabei kann man entweder nur die Eltern (2) oder aber die Ahnen bis zur vierten Generation (8) sehen[179].

Dabei wird die heraldisch rechte Seite (d.h. vom Zuschauer links) als Schwert-, die linke als Spindelseite bezeichnet. Die Reihenfolge der Wappen wechselt, manchmal werden gerade Ahnenreihen dargestellt, manchmal „springen“ die Reihen[180] (siehe Abbildung). Die Reihenfolge wurde schriftlich geregelt[181]. Daher mussten die graphischen Darstellungen der genealogischen Wappentafeln immer mit schriftlichen Angaben zu den Ahnen begleitet werden[182]. In England entwickelte sich im Laufe der Zeit ein Beizeichensystem in der Funeralheraldik, das bis heute benutzt wird. Dabei wird auf eine rautenförmige Tafel entweder der Schild selbst (gegebenenfalls mit einer Krone) oder auch das Vollwappen gemalt. Der Hintergrund der Tafel ist nor-

che Gräber in der Westminster Abbey in London, die königlichen Gräber der spanischen Könige in Escorial (San Lorenzo de El Escorial), die Familiengrablege des französischen Königshauses in der Basilika in Saint-Denis bei Paris, die Grabeskirche (auch Hof- oder Franziskanerkirche) in Innsbruck für Kaiser Maximilian I., die meisten Habsburger der Neuzeit wurden in der Kapuzinergruft in Wien begraben, als besonders schön und interessant gelten die Grabmäler im Dom in Florenz oder die Grablege der Scaliger in Verona. Natürlich kann Rom oder Neapel mit seinen Kirchen nicht unerwähnt bleiben. Überall, wo der Adel zusammenkam, z.B. in verschiedenen Ritterorden, kann man heute reich verzierte heraldische Grablegen finden, eine für viele: die Kirchen in La Valetta auf der Insel Malta. Chiti, Antonella, Alcune osservazioni sull'araldica nelle lastre tombali dell'età gotica nella basilica di Santa Croce a Firenze, in: L'araldica. Fonti e metodi, Firenze, 1989, S. 139–144.

179 In dem Dom zu Halle findet man einen interessanten Grabstein aus der Zeit des Dreißigjährigen Kriegs: eine in Rüstung dargestellte männliche Figur ist von vier Wappen in jeder Ecke des Steins begleitet, aber nur das obere rechte Wappen ist tatsächlich ausgeführt, die drei restlichen blieben nur grobe Vorlagen. Vermutlich handelt es sich dabei um einen Neuadligen, der im Krieg zu Ruhm, Geld und auch Adelstand(?) kam, da er aber der erste war, sind die Wappen der Ahnen leer geblieben (siehe Abbildung).

180 Galbeath-Jéquier, Lehrbuch ..., bringt auf S. 270 mehrere Tabellen mit Wappenanordnungen.

181 Im Würzburger Archiv gibt es Ahnentafeln, die öfters mit dem Verweis darauf versehen sind, z.B. Fol. 190: „... N.B. ist gefehlet in dem die Wappen nach denen Numeros gemahlet seyn sollten, wie zu sehen in dem stammbaum bey denen auffschwöhrungs Acta“, ähnlich Fol. 193, dabei sind dann die Generationsbeziehungen aufgeschrieben; Würzburger Staatsarchiv, HV MS f 97 I.+II.

182 siehe Stiftsarchiv in Merseburg, wo die Probanden ein „Promemoria“ mit genauen Angaben dazu, was bei der Bewerbung zu beachten sei, bekommen haben, Wallthor, Alfred Hartlieb von: Die Aufschwörungstafeln, S. 209.

malerweise schwarz, bei Eheleuten wird er aber – je nachdem wer verwitwet ist – von Silber gespalten[183].

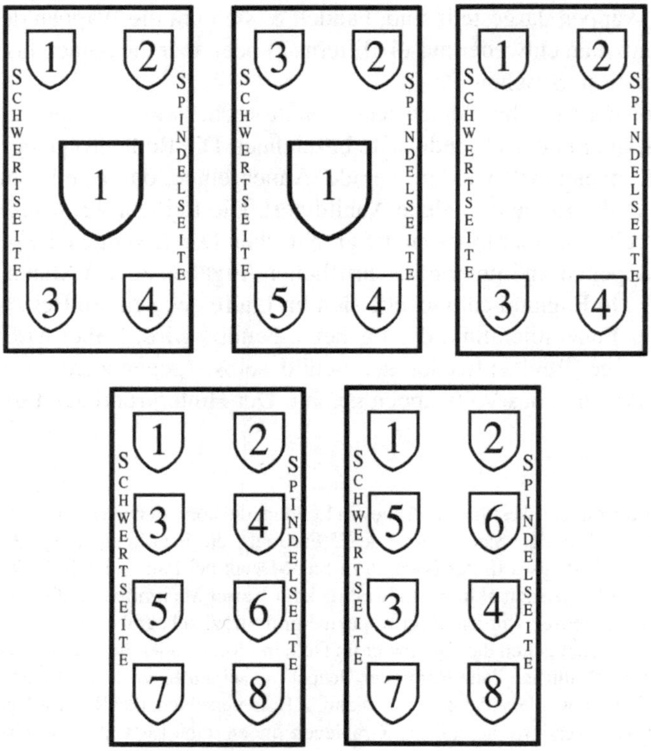

Anordnung der Wappen auf einem Grabstein

183 Bei einem unverheirateten Mann bleibt der Hintergrund schwarz, bei einem verheirateten Mann – der vor seiner Frau starb – wird er von Schwarz und Silber gespalten, bei einer verheirateten Frau – die vor ihrem Mann starb – wird er von Silber und Schwarz gespalten. Bei einem verwitweten Man, oder einer verwitweten Frau ist der Hintergrund schwarz. Slater, Stephen, Wappen, Schilde, Helme, S. 45; Friar, S. – Ferguson, J., Basic Heraldry, S. 98f.

3. DAS WAPPEN

3.1 DER SCHILD UND SEINE FORMEN

Was ist ein Wappen? Ein Wappen ist grundsätzlich ein Zeichen oder ein Symbol bestimmter Farbe, Form oder Darstellung, das, historisch gesehen, praktisch ausschließlich auf einem Schild dargestellt wurde und noch heute wird, und alles, was zu diesem Schild gehört. In der Regel sind die Grundbestandteile des Wappens: Schild, Helm mit Helmzier und Helmdecken, ferner Schildhalter, Würdenzeichen, Wahlsprüche und Schlachtrufe. Alle anderen Zeichen, die nicht unter diese Regel fallen – z.B. verschiedene Firmenzeichen – werden nicht der Heraldik zugerechnet, und alle Bemühungen, sie auch dazu zu rechnen, sind bis heute gescheitert[184]. Ein Wappen ist ein Schildzeichen. Obwohl die Entstehung des Wappens nicht unbedingt an einen Schild gebunden war, ist heute sicher, dass es in unserer europäisch-mittelalterlichen Tradition für einen Schild bestimmt war und überwiegend auf einem solchen dargestellt wurde. Dass man das Zeichen des Schildes auch schon auf den Wappenrock und die Rossdecken malte, lässt heute vermuten, dass der Ritter so auch von hinten oder nach dem Schildverlust zu erkennen sein sollte[185]. Schon kurz nach der Entstehung der Heraldik bildete sich ein weiteres charakteristisches Merkmal heraus: das Wappen wurde zu einem dauerhaften Zeichen des Trägers, ob es eine Person, ein Geschlecht[186], eine Stadt oder eine sonstige juristische Person war bzw. ist; es wurde endgültig zugewiesen. Das bedeutet natürlich nicht, dass das Zeichen nicht verändert werden konnte. Es war nur nicht möglich, dass der Besitzer willkürlich und jederzeit sein Wappen ändern konnte. Dazu waren bestimmte Gründe nötig, die nur dafür in den heraldischen Regeln vorgesehen waren[187]. So kann man am Ende des 13. Jahrhunderts feststellen, dass die Wappen eine feststehende Form haben, d.h. die Stilisierung der natürlichen Figuren geschieht einheitlich im „heraldischen“ Sinne, die Darstellung der Helme, Helmzier und

184 Gemeint sind hier schon altägyptische, antike, indische, japanische oder indianische Traditionen. Dadurch definieren wir Heraldik automatisch als ein Kulturelement westlicher Prägung. Denn alle anderen Traditionen, die bestimmte Zeichen benutzen, werden ausgeschlossen.

185 Wohl deshalb heißt das Wappen im Englischen auch coat of arms (Wappenrock).

186 Im Falle einer Person oder einer Familie liegt die besondere Personifizierung des Wappens mit seinem Träger in der Vererbbarkeit in der männlichen Linie auf die Nachkommen nahe.

187 In der Neuzeit wurde dies als das sog. Wappenrecht formuliert, das nicht nur die rechtliche Grundlage der Wappenführung und Wappenverwendung, sondern auch den Gebrauch des Siegels oder anderer Wappenteile regelt.

Helmdecken findet ihre endgültige Form, d. h. die Kleinode wachsen „aus" dem Helm, die Helmdecken bilden eine schmückende Draperie um den Helm[188].

Auch die Form des Schildes durchläuft eine dem Stil angepasste Entwicklung. Wenn die Wappen ursprünglich auf die normannischen Mandelschilde gemalt wurden, so verkürzt sich der Schild im Laufe der Zeit und wird unten breiter, die obere Rundung verschwindet. Nach der Gotik brachte jeder andere Kunststil eine Schildformveränderung mit sich. So werden die Ränder des Schildes mannigfaltig geformt, bis im Barock oder Rokoko der Schild zu einer Kartusche verkümmert.

Der Schild hat eine sehr alte Geschichte als defensive Waffe. Die älteste Form, die man antreffen kann, und das schon seit der Antike, ist der Rundschild. Er wurde aus verschiedenen Materialien hergestellt. Am häufigsten aus Holz, das man mit Leder oder Pergament bezog, aber ebenfalls aus Metallblech – das oft auf einer Holzunterlage befestigt wurde –, auch geflochtene Schilde waren vermutlich wegen ihrer Leichtigkeit weit verbreitet. Die runde Holzscheibe war in der Mitte gelocht, um dort Platz für die Faust zu schaffen, die den Halter, der am Schild befestigt war, hielt. Dieses Loch war von außen von einem Schildbuckel verdeckt. Der Rundschild wurde sowohl von den Reitern als auch vom Fußvolk getragen[189]. Der so genannte Viereckschild wurde nur von Fußsoldaten benutzt, da man ihn bequem auf den Boden stützen konnte. Er spielte in der Heraldik praktisch keine Rolle.

Die heraldischen Schildformen gehen auf die hoch- und spätmittelalterlichen Reiterschilde zurück.

Schildformen: 1. Normannenschild, 2.–4. gotische Schilde, 5. französischer Schild, 6. Rossstirnschild (italienischer Schild), 7. Tartsche, 8. Rundschild, 9. Damenschild

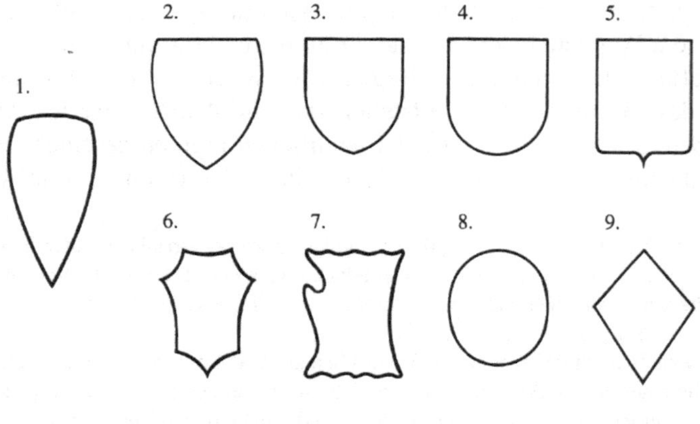

188 Die Darstellung der Helmdecken verändert sich mit dem Stil. Am Anfang ist nur der Helm bedeckt, später wehen die mannigfaltig geschnittenen Stofffetzen sehr kunstvoll gestaltet vom Helm in alle Richtungen.

189 Neubecker, Ottfried, Heraldik, Frankfurt am Main, 1977, S. 60.

Mit dem Aufkommen der ritterlichen Reiterkampfart, die besonders von den berittenen Normannen benutzt wurde, entwickelte sich die so genannte Mandelform des Schildes – auch Normannenschild genannt. Dieser Schild schützte den Reiter von den Knien bis zum Gesicht. Er war sehr lang, konkav, und außer dass man ihn am Arm (bzw. Unterarm) befestigen konnte, war es auch möglich, ihn mit einem langen Riemen über die Schulter zu hängen, um den Arm zu entlasten. Diese Schilde waren ebenfalls in der Mitte mit einem Schildbuckel – dem so genannten Umbo – versehen und oft mit Metallbeschlag gefestigt. Diese Form hielt sich in Italien besonders lange, noch während der Renaissance findet man sie nicht selten[190].

Parallel mit der Entwicklung der Rüstung, die der Ritter am Körper trug, veränderte sich das Aussehen des Schildes. Nachdem die Knie durch sog. Kniescheiben und der Kopf durch den Topfhelm ausreichend geschützt waren[191], verkürzte sich der Schild stark, und die obere Rundung wurde begradigt. Der Schild bekam die typische gotische Dreiecksform, die dann die am meisten benutzte Form wurde. „Die elegante Form (des Schildes) mag der Grund dafür sein, dass er allen Stilentwicklungen zum Trotz der eigentliche heraldische Schild geblieben ist und sich bis in die Gegenwart hinein erhalten hat, obwohl er mehrfigurigen Wappen nicht immer genug Platz bietet“[192]. Praktisch gleichzeitig – vermutlich auch auf Grund des aufkommenden Topfhelms, der dafür sehr günstige Voraussetzungen schuf – tauchte die Helmzier auf. So entstand die später als Vollwappen bekannte Grundform des Wappens – Schild, Helm mit Helmdecken und Helmzier.

Die Form des Schildes wurde mit der Zeit unten immer runder, bis er tatsächlich eine Rundung bekam. So war er besonders in Spanien beliebt, daher auch sein Name: spanischer Schild. Die Beliebtheit dieses Schildes hängt mit der Mode der gevierten Wappen zusammen. Im 16. und 17. Jahrhundert war eine praktisch quadratische Form des Schildes beliebt, die die unteren Ecken knapp abgerundet hat und in der Mitte der unteren Seite in eine kurze Spitze ausläuft. Da dieser Schild in den meisten in Frankreich gedruckten Werken benutzt wurde, behielt er den Namen französischer Schild. Aus Italien kam die sog. Tartsche: ein Turnierschild, der an der rechten Seite eine Ausbuchtung – die sog. Speerruhe – zum Lanzeneinlegen hatte. Diese Schildformen wurden besonders von den Wappenkünstlern des 17. bis 19. Jahrhunderts benutzt; gelegentlich geschieht dies auch heute noch. Eine andere Schildform, die allerdings bis auf Ausnahmen nur auf das Ursprungsland beschränkt blieb, kam aus Italien (genauer gesagt aus der Toskana). Es handelt sich um den sog. Rossstirnschild. Diese Schildform soll in den alten

190 Galbreath, Donald Lindsay/Jéquier, Léon, Lehrbuch der Heraldik, München, 1978, S. 79.

191 Hildebrandt, Adolf Matthias, Wappenfibel, Neustadt an der Aisch, [18]1991, S. 47.

192 Neubecker, Ottfried, Heraldik. Wappen – ihr Ursprung, Sinn und Wert, Frankfurt/Main, 1977, S. 74.

Römerschilden ihr Vorbild haben[193]. Wahrscheinlich aber hat sie ihren Ursprung in der Frührenaissance-Architektur Brunelleschis und Donatellos. Als ersterer die Pazzikapelle in Florenz baute, platzierte er die Pazzi-Wappen in die kleinen Felder, die in den Winkeln zwischen zwei Gewölbebögen und einem eingeschriebenen Medaillon entstanden. Die Begrenzungslinien der Gewölbe und des Medaillons ergaben die sog. „Rossstirnform“[194].

Weitere besondere Schildformen, die auch – obwohl nur selten – im Mittelalter benutzt wurden, sind sog. Ovalschilde, die später im Barock sehr beliebt waren. Der sog. Rautenschild erscheint schon im 13. Jahrhundert, und zwar als noch von Männern benutzt. Doch bereits seit dem Ende des 13. Jahrhunderts in England und dann später im Laufe des 14. Jahrhunderts auf dem Kontinent wurde er praktisch ausschließlich als Wappenschild für Frauen benutzt[195]. Allerdings hielt sich dieser Brauch überwiegend westlich des Rheines, im Römischen Reich und im Osten sieht man die Rautenschilde als Frauenwappen selten. In England benutzt noch heute eine unverheiratete Frau das Wappen ihres Vaters auf dem Rautenschild, ohne Helm, doch mit einer Krone (oder einem Amtszeichen, z.B. bei Äbtissinnen[196]). Verheiratete Frauen benutzen einen normalen oder ovalen Schild (gewöhnlich gespalten, rechts mit dem Wappen ihres Mannes und links dem ihres Vaters). Witwen benutzen weiterhin dieses Wappen allerdings wieder auf dem Rautenschild[197].

Seit dem 16. Jahrhundert, nachdem die Heraldik zur reinen Dekoration degradiert wurde, bekamen die Schilde phantasievolle, ja geradezu phantastische Formen, wie manche barocke, besonders aber Rokoko-Wappenkartuschen beweisen.

3.2 DER INHALT DES SCHILDES

Alte deutsche Reichsadler, hrsg. von Freerk Haye Hamkens, Brüssel, 1944 – Bedingfeld, Henry/Gwynn-Jones, Peter, Heraldry, Secaucus, New Jersey, 1993 – Beer, Rüdiger R., Einhorn – Fabelwelt und Wirklichkeit, München, 1972 – Biedermann, Detlev Freiherr von, Die

193 Galbreath, Donald Lindsay, Papal Heraldry, Cambridge 1930, S. 87.

194 Vor der Erbauung der Kapelle kommt diese Schildform nicht vor. Nach der Vollendung der Pazzikapelle und der Alten Sakristei am Dom in Florenz aber immer öfter, bis sie ihre typischen neuzeitlichen barocken Züge bekam. Siehe auch Joachim Poeschke, Donatello – Figur und Quadro, München 1980, s. 57–59.

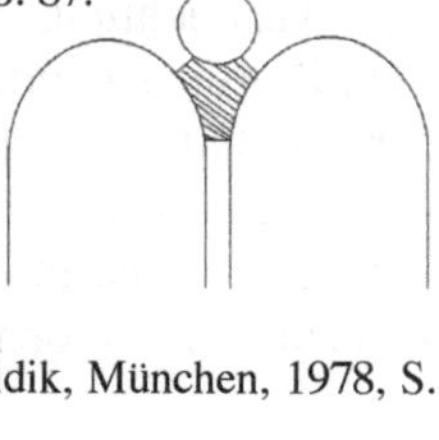

195 Galbreath, Donald Lindsay/Jéquier, Léon, Lehrbuch der Heraldik, München, 1978, S. 84, Anm. 5.

196 Segoing, Charles, Armorial universel …, Taf. Nr. 76, 77.

197 Fox-Davies, Arthur Charles, A Complete Guide to Heraldry, S. 572–579. Wenn das Wappen etwas kompliziert ist empfehlen die Heraldiker, die Form anzupassen, indem man die Rautenseiten in der Mitte bricht und ein wenig anhebt, so gewinnt man Raum zum zeichnen, Friar, S. A new Dictionary …, S. 337.

Kreuze in der Heraldik, in: Jahrbuch Adler, 1874, S. 59–68 – Bouly de Lesdain, Louis, Les Armoiries des femmes d'après les sceaux, in: Annuaire du Conseil héraldique de France, Saint-Amand, 1898, S. 176–205 – Doepler d. J., E., Heraldischer Formenschatz, Berlin, 1898 – Friesenegger, J. M., Der Dreiberg, eine heraldische Studie, in: Das schwäbische Museum 9, 1933, S. 85–91, 116–125 – Galbreath, Donald Lindsay/Jéquier, Léon, Lehrbuch der Heraldik, München, 1978 – Grenser, Alfred, Die Lilie in der Heraldik, in: Zeitschrift des Vereins Adler, 3, 1873, S. 4ff. – Hinkle, Willam M., The fleurs de lis of the kings of France, 12885–1488, Carbondale, 1991 – Hohenlohe-Waldenburg, Friedrich Karl Fürst zu, Zur Geschichte des heraldischen Doppeladlers, Stuttgart, 1871 – Korn, Hans-Enno, Adler und Doppeladler, Göttingen, 1969 – Ledebur, H. Freiherr von, Die Turnierkragen in der deutschen Heraldik, in: Archiv für Adelsgeschichte, 1863, S. 1 ff., 372 ff. – Leonhard, Walter, Das große Buch der Wappenkunst, München, ^{3}1984 – Lombard-Jourdan, Anne, Fleur de lis et oriflamme. Signes célestes du royaume de France, Paris, 1991 – Prinet, Max, Les Variations du nombre des Fleur de lis dans les armes de France, Caen, 1912 – Retberg, Ralf von, Die Geschichte der deutschen Wappenbilder, Frankfurt/Main, 1888 – Schöler, Eugen, Würfel in einem Schild. Eine Fallstudie am Beispiel des Topler-Wappens in Rothenburg ob der Tauber und Nürnberg, in: Der Herold N. F. 18, 2010, S. 25–41 – Schroeder, Johann Karl von, Dreiköpfige Reichsadler, in: Der Herold N. F. 7, 1970, S. 106–112 – Schwarzenberg, Karl Fürst zu, Adler und Drache. Der Weltherrschaftsgedanke, Wien – München, 1958 – The Symbols of heraldry explained, Dublin, 1980 – Tilenau, D. von, Lilienhaspel und dessen Entstehung, in: Monatszeitschrift Herold, 1873, S. 42, 68 – Viel, Robert, Du léopard en tant que panthée, de sa véritable origine et de son sens profond, in: Archivum heraldicum 72, 1958, S. 18–25 – ders., Influence du cycle Lancelot-Graal sur le symbolisme du léopard et du lion, in: Archivum heraldicum 73, 1959, S. 18–23, 50–52 – Volborth, Carl-Alexander von, Fabelwesen der Heraldik in Familien- und Städtewappen, Stuttgart, Zürich, 1996 – Waldner, Heinz, Die ältesten Wappenbilder. Eine internationale Übersicht, Berlin, 1992

Die Wappenzeichen teilen sich in zwei Hauptgruppen: in die Heroldsbilder (französisch: *pièce héraldique)* und die gemeinen Figuren *(meuble).* Ein Wappen ohne eine Figur nennt man „ledig“ *(plain).*

3.2.1 Heroldsbilder

Die Heroldsbilder sind alle geometrischen Objekte im Schild: von Teilungen über Balken und Pfähle bis hin zu Sparren, Spitzen und Kreuzen. Heroldsbilder erreichen eine Wechselwirkung der Farben und Metalle durch verschiedene Teilungslinien im Schild oder ihre Kombinationen. Die wichtigsten sind:

- Waagerechte Schildteilungen, und zwar einfache und mehrfache. Einmal „geteilt“ *(coupé)* bedeutet: in der Mitte des Schildes. Es gehören hierher noch das „Schildhaupt“ *(chef)* und der „Schildfuß“ *(champagne).* Es heißt „zweimal geteilt“, wenn der Schild drei verschiedene Farben und Metalle aufweist, ein „Balken“ *(fasce),* wenn nur eine Farbe und ein Metall vorkommen. Einen schmalen Balken nennt man „Leiste“ *(burèle),* Bei mehrmaliger Teilung gibt man grundsätzlich die Zahl der Linien an.

Bekrönter Damenschild mit Schildhaltern: Lady Diana Spencer Princess of Wales. Am 9. 9. 1998 stellte das College of Arms posthum für die in Paris verunglückte Prinzessin einen Wappenbrief aus. Der Grund war vermutlich die Befürchtung, dass man auf Denkmälern das Ehewappen der damals schon von Prince Charles Prince of Wales geschiedenen Diana gebrauchen könnte. So sieht man auf dem Damenschild das Wappen ihres Vaters – Edward John Earl Spencer –: von Silber und Rot geviert mit in 2 und 3 je einer Fensterraute von einem Schragen durchflochten (fr. frette, engl. fret) gold, das ganze mit einem Schrägbalken schwarz, mit drei Muscheln silber, der Figur nach belegt. Schildhalter: zwei Greifen Hermelin, beflügelt Goldhermelin, Schnabel und Klauen gold, bezungt und bewehrt rot, hals bekrönt mit der Schildkrone mit einer Kette gold, die sich um den Körper schlingt. Dieser Greif stammt von ihrem Ehewappen, wo er links stand und ist von einem der Schildhalter ihres Vaters abgeleitet. Über dem Schild die Krone, die normalerweise die Kinder des Königs gebrauchen: auf dem mit Edelsteinen verzierten Reif zwischen drei Kreuzen zwei Lilien (ohne rote Fütterung). Diese Krone ist die einzige symbolische Verbindung zur königlichen Familie, wahrscheinlich als Zeichen dessen, dass sie die Mutter des zukünftigen Königs ist.

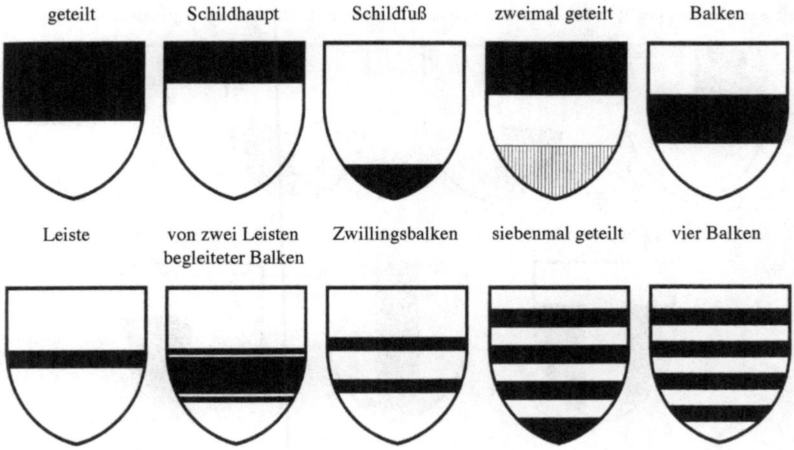

– Senkrechte Teilungen, einfache und mehrfache, bezeichnet man immer als „gespalten" (*parti* – Spaltung). Es heißt „zweimal gespalten" oder ein „Pfahl" *(pal)* – unter den gleichen Bedingungen wie bei „geteilt" und „Balken". Einen schmalen Pfahl nennt man „Stab" *(vergette)*. Zu den senkrechten Teilungen gehören noch die rechte und die linke „Flanke".

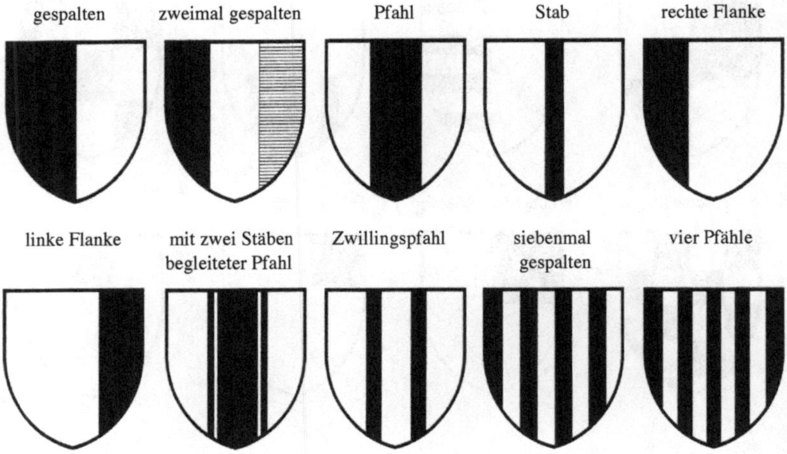

– Kombinationen von Teilung und Spaltung: a. halbgespalten und geteilt *(parti mi-coupé);* b. halbgeteilt und gespalten *(mi-coupé parti);* c. geteilt und halbgespalten *(coupé mi-parti);* d. gespalten und halbgeteilt *(mi-parti coupé);* e. Schildhauptpfahl *(chef-pal);* f. Schildfußpfahl *(pal-champagne);* g. Stufe *(chef-quartier dextre).*

halb gespalten und geteilt | halbgeteilt und gespalten | geteilt und halbgespalten | gespalten und halbgeteilt

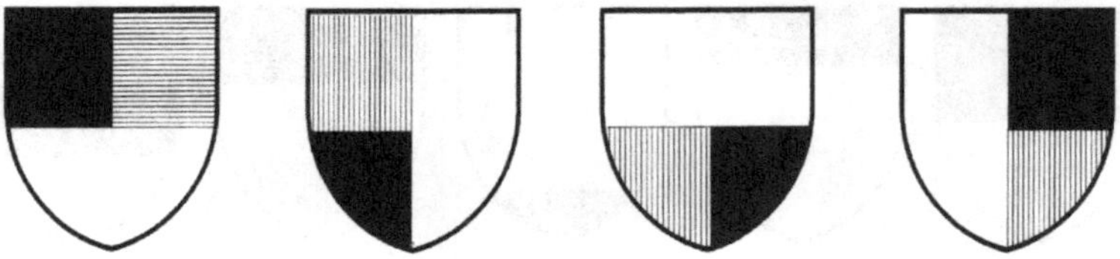

Schildhauptpfahl | Schildfußpfahl | Stufe

– Vierungen: a. Quadrierung *(écartelé);* b. Spaltung und mehrfache Teilung; c. Teilung und mehrfache Spaltung; d. Schach *(échiqueté);* e. Obereck *(canton dextre du chef),* Freiviertel *(franc-quartier);* f. Ort *(ajouré au chef).*

geviert | gespalten und siebenmal halbgeteilt | geteilt und drei Halbpfähle | neunmal geschacht

geschacht | rechte obere Vierung | rechtes Obereck | Ort

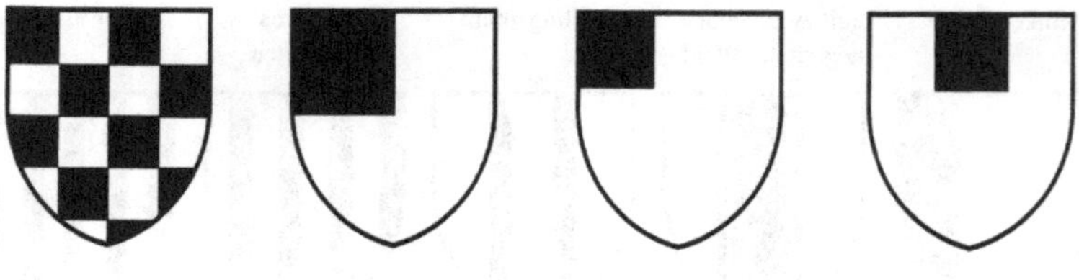

– Kreuze *(croix).* Durchgehende Kreuze in allen Sonderformen. Schwebende Kreuze in allen Sonderformen. Schrägkreuze etc.

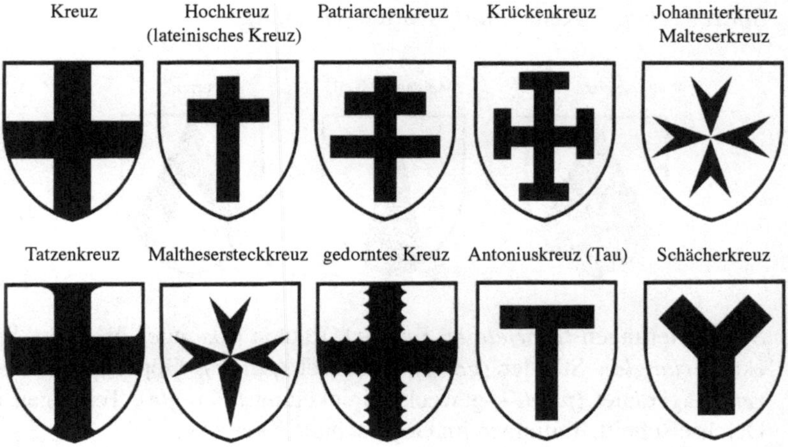

– Schrägteilungen: a. Teilungen (einfach und mehrfach), Schräg(rechts) balken *(bande),* Schrägleisten *(cotice),* Schräghaupt (linkes: *chef senestre*), Schrägfuß (linker: *champagne senestre*)*;* b. Schräglinksteilungen (einfach und mehrfach), Schräglinksbalken *(barre)* (einfach, mehrfach), Schräglinksfaden (-leisten).

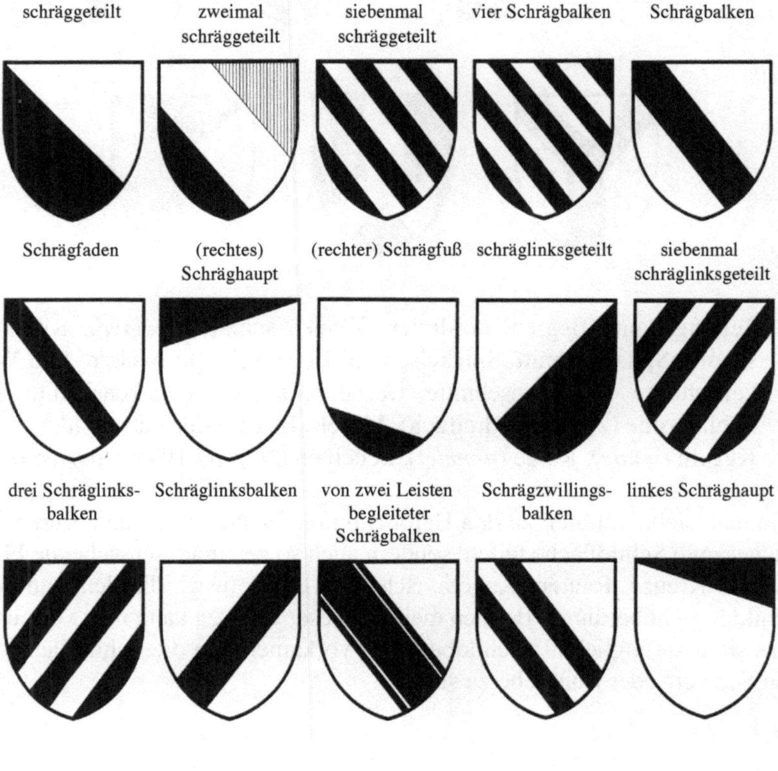

- Spitzen *(chapé)*, Keile *(pile)*, Sparren *(chevron)*.

- Schrägvierungen *(écartelé en sautoir)*, Rauten *(losange)*, Wecken, Spickel *(triangle)*, Ständer *(giron)*, Deichsel *(pairle)*, Göpel *(pairle renversé)*, gerautet *(fuselé)*, geweckt, Spickelung *(trianglé)*, Teilungen im Deichselschnitt, Teilungen im Göpelschnitt, Dreiecke.

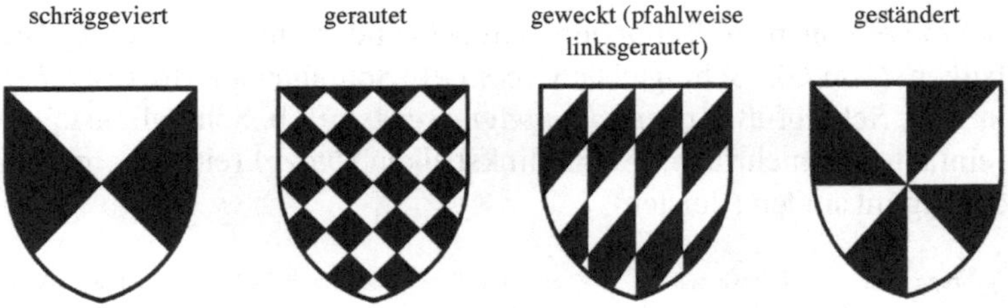

- Teilungs- und Begrenzungslinien: Zinnen schnitt *(enclavé)*, Krückenschnitt, Spitzenschnitt, Spickelschnitt, Bogenschnitte, Wellen- und Wolkenschnitte, Flammenschnitte, Dornenschnitte, Schneckenschnitte etc. Schildborde (zweifach, dreifach), Mittel-, Brust- oder Fußschild.
- Kugeln *(boule)*, Ringe *(annelet)*, Scheiben *(besant)*, Bälle *(tourteau)*.

Wie man sieht, gehören zu den Heroldsfiguren nicht nur solche Figuren, die die gesamte Schildfläche teilen, sondern auch so genannte schwebende Figuren wie Kreuze, Rauten, Kugeln, Scheiben, Ringe usw., die den Rand des Schildes nicht berühren. Bei den meisten dieser Zeichen kann man vermuten, dass sie ursprünglich als Schildbeschlag vorkamen, um die Schildfläche gegen Schwert-oder Beilhiebe zu stärken.

3.2.2 Gemeine Figuren

Gemeine Figuren sind Schildbilder, die aus der Natur übernommen wurden. Die grundsätzlich heraldisch stilisierten Figuren[198] haben Vorbilder sowohl in der lebendigen als auch in der leblosen Natur, und oft kommen sie aus einer phantasievollen Fabelwelt. Sie lassen sich in mehrere größere Gruppen einteilen:

– Himmelskörper und unbelebte Erde: Sonne *(soleil),* Mond, Sterne *(étoiles),* Komet *(comète),* Wolke *(nuage),* Dreiberg *(mont à trois coupeaux)*. Jede der genannten Figurengruppen hat ihre heraldischen Besonderheiten. Bei Sonne und Mond wird unterschieden, ob sie mit einem Gesicht oder ohne („ungebildet“: *soleil non figuré*) dargestellt werden. Der Mond ist immer als Sichel zu sehen (Vollmond ist eine seltene Ausnahme). Die Sonne im oberen rechten Eck heißt aufgehende, in der Mitte des Schildes Mittagssonne, in der unteren rechten Ecke untergehende; wenn sie zweifarbig gezeichnet wird, z. B. bei einer Kombination mit einer Teilung in verwechselten Farben, heißt es Sonnenfinsternis. Die Mondsichel mit den Spitzen nach unten heißt sinkend, mit den Spitzen nach oben steigend, nach rechts zunehmend, nach links abnehmend. Sterne haben in Deutschland meistens 6, in Frankreich und England 5 Strahlen; im allgemeinen wird die Anzahl der Strahlen mit einer Zahl in Klammern angegeben. Flammenstrahlende Sterne sind eine typisch englische Erscheinung. Ein Komet ist ein Stern mit einem Schweif, der als ein langer Flammenstrahl dargestellt wird. Wolken haben eine typisch heraldische Stilisierung in verschlungenen Wellenlinien. Berge werden meistens als Dreiberg (in Italien auch Sechsberg) gezeichnet.

198 Leonhard, S. 126.

– Pflanzen: Lilie *(fleur-de-lis),* Rose, Seeblatt *(feuille de nénuphar),* Distel *(chardon),* Klee *(trèfle),* verschiedene Bäume. Neben der Lilie und Rose werden praktisch alle bekannten Blumen, Bäume oder Teile davon in der Heraldik benutzt. Man versucht, sie meistens stark zu stilisieren, d. h. bei den Bäumen werden neben dem bzw. auf dem Astwerk große deutliche Blätter dargestellt. Das Astwerk ist meistens symmetrisch. Besondere Pflanzenarten werden oft mit typischen Früchten oder Blüten charakterisiert. Rose und Lilie haben eine charakteristische heraldische Form. In der englischen Heraldik kann die Lilie auch aus Tierformen dargestellt werden[199]. Auch hier spielt die Phantasie eine große Rolle.

Lilie Rose Baum (entwurzelt)

– Tiere: Löwe *(lion),* Leopard *(léopard),* Bär *(ours),* Pferd *(cheval),* Biber *(castor),* Eber *(sanglier),* Krebs *(écrevisse),* Muschel *(coquille),* Fisch *(poisson),* Delphin *(dauphin).* Der Löwe wird immer aufgerichtet und rechts schauend, der Leopard immer schreitend und herschauend dargestellt. Wenn er aufgerichtet und herschauend ist, heißt es gelöwter Leopard *(léopard lionné);* schreitend und rechts schauend nennt man ihn leopardierter Löwe *(lion léopardé)*[200]. Er kann auch sitzen, liegen oder schlafen. Bei allen anderen Tieren werden ihre besonderen Merkmale, z. B. ihre charakteristische Pose oder ihr typisches Verhalten, bis zur Übertreibung betont. So werden Greiftiere meistens in der Attacke, Hochwild im Lauf, Pferde im Sprung etc. dargestellt. Ein Wolf wird in der Regel schwarz, ein Fuchs rot tingiert, wobei natürlich auch andere Farben vorkommen können[201]. Bei Fischen werden häufig die Flossen mit einer anderen Farbe als der Körper gefärbt.

199 Bedingfeld, S. 111.

200 Die Stellung des Kopfes ist maßgebend. In der englischen Heraldik spricht man nicht von Leoparden, sondern gibt die Stellung des Löwen an (*lion passant* etc.).

201 So ist der Passauer Wolf rot.

Löwe

zwei Leoparden

Bär

Pferd

Wildschweinkopf (abgerissen)

drei Muscheln

Fisch

Geweihstück (nach rechts gedreht)

Tatzenflügel

– Vögel: Adler *(aigle),* Falke *(faucon),* Amsel *(merle),* (gestümmelt Merlette), Rabe *(corbeau),* Schwan *(cygne),* Strauß (*autruche*), Gans *(oie),* Hahn *(coq).* Neben dem Adler, der am häufigsten in seiner heraldischen Form vorkommt, werden alle bekannten europäischen Vogelarten als Wappenfiguren benutzt. Auch hier werden einzelne Arten, wenn es möglich ist, durch besondere Körperform oder -haltung charakterisiert und bestimmt.

Adler

Schwan

Hahn

– Fabelwesen: Doppeladler *(aigle éployé),* Basilisk *(basilic),* Drache *(dragon),* Greif *(griffon),* Panther *(panthère)* – wobei man den „natürlichen“ nicht mit dem heraldischen verwechseln kann – Einhorn (*licorne*), Pegasus *(pégase),* Seelöwe *(lion marine),* Meerjungfrau *(sirène).* Die Welt der Fabelwesen kennt eine Unzahl an phantastischen Wesen, die von den klassischen bekannten bis zu den typisch heraldischen Fabelwesen reicht. Nirgendwo sind so viele phantastische Geschöpfe geschaffen worden wie in der Heraldik. Schon die einfache Zugabe von Flügeln oder Fledermausflügeln zu einer Tier- oder Fischfigur schafft eine neue unbekannte Kreatur. Weiter kann durch Verbindung zweier geteilter Wesen ein neues gebildet werden. So kann man sich die große Zahl von Fabelwesen mit

Fischschwanz oder Löwenunterkörper erklären. Der Phantasie sind hier praktisch keine Grenzen gesetzt. Schließlich belebt eine Menge von Drachen, Lindwürmern, Basilisken und anderen sagenhaften Wesen die Heraldik[202].

Doppeladler Drache Greif Seelöwe Melusine (Seejungfrau)

- Menschen: Mann *(homme),* wilder Mann *(sauvage),* Mohr *(more),* Frau *(femme),* Teile des menschlichen Körpers. Auch hier gibt es bei der Darstellung keine Grenzen. Es erscheinen alle möglichen menschlichen Figuren, gleich welchen Alters, Ranges oder Berufs, nackt oder kostümiert, mit verschiedenen Attributen, ob nur Kopf, Büste oder einzelne Körperteile, es findet sich praktisch alles aus unserer bekannten Welt. Beliebt sind auch antike Helden und Heilige, da man sie deutlich an ihren Attributen erkennen kann.
- Bauwerke: Burg *(château),* Turm *(tour),* Haus *(maison).* Bei allen Bauwerken gilt das, was schon gesagt wurde: man soll keine Perspektive und keine bestimmten Werke darstellen[203].
- Allgemeine Gegenstände: Wagen (und seine Teile), Schiff (und seine Teile, z. B. Anker), Möbel, Gerät, Nahrungsmittel, Waffen, weltliche Würdezeichen, geistliche Würdezeichen, verschiedene Instrumente.

Pfeil Jagdhorn achtspeichiges Rad Streitbeil Harfe

202 Volborth, Carl-Alexander von, Fabelwesen der Heraldik in Familien- und Städtewappen, Stuttgart, Zürich, 1996; Bedingfeld, S. 79–96; Leonhard, S. 239–244; Dennys, Rodney Onslow, The heraldic imagination, London, 1975, S. 113–193; Bascapè, Giacomo C./Del Piazzo, Marcello, Insegne e simboli, Rom, 1983, S. 415–431.

203 Mit der heraldischen Darstellung der Architektur beschäftigt sich Leonhard, S. 127.

- Buchstaben, Zahlen, Hausmarken. Bei Buchstaben und Zahlen gilt, dass sie so selten wie möglich verwendet werden sollen. Beim Blasonieren sollte man stets die Art der Buchstaben angeben – lateinische, gotische Letter etc.

Alle Figuren (sowohl die Heroldsbilder mit den gemeinen Figuren als auch diese miteinander) dürfen auf die mannigfaltigste Weise kombiniert werden. Die besondere Stellung oder Anordnung der Figuren im Schild muss ausdrücklich erwähnt werden[204].

Wappen mit Figuren, die auf den Namen des Wappenträgers schließen lassen, nennt man „redende“ Wappen.

3.2.3 Beizeichen

Schon bald nach der Entstehung der Heraldik sah man die Notwendigkeit, das Wappen in mehreren Linien eines Geschlechts zu unterscheiden. Es war die Aufgabe der Herolde, zu vermeiden, dass es zu Verwechslung verwandter Personen kam, sei es in der Schlacht oder bei einem Turnier[205]. Diese unterscheidenden Zeichen entwickelten sich praktisch in jedem Land anders, und zwar abhängig vom Brauch der regierenden Familien. So werden bis heute in England, Schottland, Frankreich und Deutschland verschiedene Methoden benutzt, um z.B. die Wappen der einzelnen Linien eines weit verzweigten Geschlechts zu unterscheiden. Die Veränderung des Wappens geschah in der Regel freiwillig, ohne den Wert des Wappens zu mindern[206].

In Deutschland wurden häufig nur die Farben im Wappen verändert, und zwar im Sinne der verwechselten oder auch verschiedenen Farben. In nicht seltenen Fällen wurde das Wappen ganz verändert bzw. ein neues angenommen. Der letztere Fall ist bei Adels- oder Rangerhebungen bekannt, wobei das bis dahin getragene Wappen aus unbekannten Gründen durch ein völlig neues ersetzt wurde. Eine ebenfalls vorkommende Möglichkeit ist, das Zeichen im Schild zu belassen und die Helmzier zu ändern[207]. In England werden bis heute sog. Cadencies benutzt. Dies sind fest bestimmte Zeichen für bis zu neun Söhne. Der älteste trägt bis zum Tod seines Vaters einen Turnierkragen, der zweite eine steigende Mondsichel usw. Dieses auf den ersten

204 Dazu werden Begriffe benutzt, wie z.B. pfahlweise, wenn die Figuren senkrecht übereinander angeordnet sind – ebenso balkenweise, wenn sie nebeneinander stehen.

205 Galbreath/Jéquier, S. 235: „Grundsätzlich behielt das Familienhaupt das geerbte Wappen, während es seine Söhne und Brüder mehr oder weniger abänderten“.

206 Leonhard, S. 345. Galbreath/Jéquier, S. 238f., Heim, Bruno Bernhard, Über Wappenverschlechterung und die Gold-Silber-Regel, in: Viribus unitis. Festschrift für Bernhard Stillfried, Wien, o.J., S. 163–167.

207 Galbreath/Jéquier, S. 238f.

Blick übersichtlich wirkende System erweist sich in den nachfolgenden Generationen als völlig chaotisch. In der königlichen Familie werden nur Turnierkragen benutzt, die durch die Zahl der Lätze unterschieden werden, die mit kleinen Kreuzen, Lilien, Dreiblättern, Ankern, Rosen oder Herzen differenzierend belegt sind.

In Schottland und Spanien kommen häufig Bordüren vor, die in Frankreich noch durch Schrägbalken und Brüche ergänzt werden können. Diese können mit Heroldsbildern oder gemeinen Figuren kombiniert werden, d. h. ein Bord kann gespalten, geteilt, geständert oder mit verschiedenen kleinen Figuren belegt werden.

Weitere Veränderungen des Wappens konnte man durch folgende Methoden erreichen: durch die Bestreuung des Grundes mit kleinen Figuren; durch Änderung der wichtigen Heroldsstücke, indem man sie mit verschiedenen Schnitten versieht oder sie z. B. bricht (vom Balken zum Zickzackbalken usw.); durch Veränderung von kleinen Figuren; durch Vermehrung oder Verminderung der Zahl der begleitenden Heroldstücke[208]; durch die Hinzufügung einer oder mehrerer kleiner Figuren zum Stammwappen.

Das Beizeichen unterliegt nicht der Regel über die heraldischen Farben. Am häufigsten kommen Turnierkragen vor, gefolgt von Schrägfaden und Schildrand. Die Beizeichen werden immer seltener, wenn man sich in Richtung Osten bewegt, in Böhmen sind sie nur sehr selten, in Polen unbekannt[209]. In Italien wurden sie praktisch nur dazu benutzt, um die politische Zugehörigkeit zu demonstrieren: durch ein goldenes Schildhaupt mit einem schwarzen Adler ergriff man die Partei des Kaisers, durch ein blaues mit einem roten von drei goldenen Lilien begleiteten Turnierkragen belegtes Schildhaupt bekannte man sich zur Partei der Anjou[210].

3.3 DER HELM UND DIE HELMZIER

Hohenlohe-Waldenburg, Friedrich Karl Fürst zu, Über den Gebrauch der heraldischen Helm-Zierden im Mittelalter, Stuttgart, 1868 – Hye, Franz-Heinz von, Zur Geschichte der Helmzier des Kärntner Landeswappens, in: Tiroler Heimat 57, 1993, S. 111–114

208 Ulrich Lehnart, Die Teilnehmer der Schlacht bei Worringen, S. 185f. Der Graf von Luxemburg und seine Vasallen: der Bruder des regierenden Grafen Heinrich VI., Walram, führte im luxemburgischen Wappen ein goldenes Schildhaupt (vom Löwen überdeckt), der Bastardbruder Heinrichs VI., Heinrich von Houfftalize, führte einen goldenen rechten oberen Ort.

209 Szymon Konarski, Armorial de la noblesse Polonaise titrée, Paris, 1958; E. von Zernicki-Szeliga, Die polnischen Stammwappen, Hamburg, 1904.

210 Sog. *capo angiò, capo imperiale etc.*, Bascapè, Giacomo C./Del Piazzo, Marcello, Insegne e simboli, Rom, 1983, S. 397–413.

Der Helm spielt in der Entwicklung der Heraldik eine sehr wichtige Rolle. Indem man den Helm immer mehr schloss, so dass das Gesicht des Reiters nicht mehr zu sehen war, wurde der Schild mit seinem Zeichen um so wichtiger für die Identifizierung des Reiters.

Die Form des Helmes änderte sich parallel zu der Entwicklung der Kampfführung. Mit dem Einsatz von zahlreichen Bogenschützen in der Schlacht, die durchaus eine entscheidende Rolle gespielt haben, zwang man die Kämpfenden dazu, ihren Kopf stark zu schützen.

Der konisch nach oben in eine Spitze zulaufende Helm, der nur einen Nasenschutz hatte und vor Schwerthieben schützen sollte, bekam das Aussehen eines Topfes – daher der Name Topfhelm. Man fing an, den Helm zuerst aus zwei, dann aus vier starken Metallplatten zusammenzunieten, so dass der Reiter nur durch zwei kleine Schlitze nach draußen sehen konnte. Die Form war zylindrisch oder oben leicht gewölbt. Man trug darunter noch eine eiserne Kappe und/oder ein über den Kopf gezogenes Panzerhemd[211]. Dieser Helm erscheint schon zur Zeit der Kreuzzüge[212], Allerdings war der Schutz gegen die Schwerthiebe, die auf den Kopf zielten, durch diesen Helm nicht ganz optimal gewährleistet. Man verstärkte als nächstes die Metallplatten und rundete die obere flache Platte konisch ab. So konnten die Schwerthiebe an die Seiten abgeleitet werden. Da der Helm dadurch immer schwerer wurde, verlängerte man seine Seiten nach unten, so dass er auf den Schultern aufsaß und von diesen getragen wurde. Er war mit Ketten am Brustpanzer befestigt, die in die kreuzförmigen Öffnungen am Helm eingehakt wurden. Der so entstandene Helm wird Kübelhelm genannt. Er war relativ sicher, aber auch äußerst unbequem. Da er nur kleine Sichtöffnungen und im Wangenbereich einige kleine Löcher hatte, um die Luftzirkulation zu ermöglichen, hatte der Träger nur ein ganz eng beschränktes Sichtfeld, und im Kampf muss es darunter sehr heiß gewesen sein. Er wurde das ganze 14. Jahrhundert benutzt.

Der Topf- und der Kübelhelm sind tatsächliche Kampfhelme. Die weitere Entwicklung des Helms ist dann allerdings durch das Turnier beeinflusst. Helme, die zum sog. Gestech benutzt wurden, liefen vorne spitz zu und hatten die linke Seitenplatte oft verstärkt, um so die Spitze der gegnerischen Lanze besser abzuleiten. Der sog. Stechhelm ist ein typischer Turnierhelm, saß ebenfalls auf den Schultern des Ritters auf und wurde auf der Brust und auf dem Rücken zum Panzer – meist mit Schrauben – befestigt. Er wurde im 15. und 16. Jahrhundert benutzt.

211 Funken, Liane und Fred, Historische Waffen und Rüstungen, München, 1990, S. 26–32. Siehe auch verschiedene Grabsteine: z. B. Graf Günter von Schwarzburg im Dom in Frankfurt am Main, der Marschall Hüglin von Schöneck in der Leonhardskirche in Basel und viele andere. Der Topfhelm wurde bis ins 12. Jahrhundert benutzt.

212 Neubecker, Ottfried, Heraldik, Frankfurt am Main, 1977, S. 45f.

Petr Záhorka ze Záhorky: Sch.: in Rot ein Greifenkopf silber, bewehrt gold, Hz: zwischen rechts rotem und links silbernem Horn ein Pfeil gold, mit eiserner Spitze nach unten, Hd.: rot-silber.

Václav von Elsnicz, Heraldiker, Genealoge: Sch.: in Gold ein Schrägbalken rot belegt mit drei Kugeln silber, Hz: ein Flug mit der Schildfigur, Hd.: rot-gold.

Peter Gwynn-Jones († 21.08.2010), Heraldiker, Garter King of Arms: Sch.: in Silber mit Tropfen rot bestreut, eine Fensterraute schwarz, von Schragen schwarz, durchflochten, gedornt, Hz: ein Nasenbär nat., mit einem Halsband gold und Schnur gold, Hd.: rot-silber, Motto: Dyfalbara.

In der Mitte des 15. Jahrhunderts erschien ein neuer Helm bei den „Kolbenturnieren", in denen es nur darum ging, dem Gegner die Helmzier abzuschlagen. Bei dem sog. Bügelhelm (oder auch Rost- oder Spangenhelm) vergrößert sich die Sichtöffnung, die durch kleine Metallbügel zum Schutz der Augen geschlossen wurde, so weit, dass man auch von offenem Helm spricht. Im 17. und 18. Jahrhundert versuchte man durch die Zahl der Bügel auf dem Helm den Adelsrang zu bestimmen, besonders in Frankreich und England, aber auch in Italien – hier war wichtig, ob das Visier offen oder geschlossen war –; diese Bemühungen blieben allerdings erfolglos[213]. Auch die Annahme, in Deutschland sei der Bügelhelm nur für den Adel, der Stechhelm nur für das bürgerliche Wappen bestimmt und dies könne als Gewohnheitsrecht gelten[214], ist nicht haltbar. Es existieren unter den Darstellungen so viele bürgerliche Wappen mit dem Bügelhelm[215] und so viele Adelswappen mit dem

213 H. Jougla de Morenas, Grand Armorial de France, Paris, 1934, Bd. 1. Taf. I. (S. 12–15), Galbreath, Donald Lindsay/Jéquier, Léon, Lehrbuch der Heraldik, München, 1978, S. 174.

214 Hildebrand, AdolfMatthias, Wappenfibel, Neustadt an der Aisch, [18]1991, S. 78f.

215 Siehe E. Zimmermann, Augsburger Zeichen und Wappen, Augsburg, 1970 und O. Neu-

Stechhelm – z. B. auf vielen Grabsteinen[216] –, dass man hier kaum noch von Gewohnheitsrecht sprechen kann[217]. Wenn auch vielleicht die kaiserliche Hofkanzlei oder die Hofpfalzgrafen versucht haben, eine solche Regel zu schaffen, sind sie damit gescheitert, da diese praktisch nicht befolgt wurde[218]. Die Wappenbriefe sind nur sehr mangelhaft erhalten geblieben – besonders die der Pfalzgrafen[219] –, so dass man kaum irgendwelche Schlüsse auf ein Gewohnheitsrecht ziehen könnte.

Der heraldische Helm ist stets stahlfarben, bei Fürsten und Königen auch golden. Er hat immer Helmdecken, und bis auf nationale Ausnahmen – z. B. Italien, Frankreich und Spanien – trägt er immer eine Helmzier. Die Größe des Helms muss immer in einem „richtigen“ Verhältnis zum Schild stehen. Die heutigen Graphiker benutzen das Verhältnis 3 : 2, da sie glauben, eine Regel zu benötigen; die Geschichte zeigt allerdings, dass es kein regelmäßiges Größenverhältnis gab. Je nach Kunststil ändert sich die Größe des Schilds, des Helms und der Helmzier[220].

Wenn mehrere Helme auf einen Schild gestellt werden, „sehen“ sich zwei „an“, bei drei Helmen schaut der mittlere nach vorne, die anderen sind ihm

becker, Großes Wappenbilder Lexikon der bürgerlichen Geschlechter Deutschlands, Österreichs und der Schweiz, Augsburg 1993.

216 Etliche Beispiele finden sich in den Wappenrollen, die in Berchem, E. Freiherr von – Galbreath Donald Lindsay – Hupp, Otto – Mayer, Kurt, Beiträge zur Geschichte der Heraldik. Teil 1: Die Wappenbücher des deutschen Mittelalters etc. behandelt werden.

217 Wie willkürlich Helme benutzt wurden, kann man vielleicht an einem praktischen Beispiel demonstrieren. An der Fassade des Merseburger Schlosses oder auf den Grabsteinen der Merseburger Bischöfe im Dom daselbst sieht man, dass die Bischöfe normalerweise ihr eigenes Familienwappen mit dem Bistumswappen geviert haben, dabei setzten sie auf den Schild zwei Helme, einen mit der Helmzier des Bistums (in die Höhe gestreckte beärmelte Arme), den zweiten mit dem Kleinod der Familie. Dabei erscheinen häufig zwei verschiedene Helme, derjenige des Bistums meist als Stechhelm, der mit der Familienhelmzier als Bügelhelm. Auf diese Weise könnte man sagen, dass das Amt des Bischofs richtigerweise einen Stechhelm trägt, denn kirchliche Ämter waren selbst im Mittelalter nicht nur für den Adel reserviert, obwohl oft nur theoretisch, denn in vielen Bistümern wurden die Bischöfe nicht anders als aus den Reihen der Domherrn gewählt, die allerdings adlig sein mussten! Nun vielleicht deshalb gibt es auch unter den oben genannten Wappendarstellungen ebenfalls solche, die zwei Bügelhelme tragen, und an der Fassade des Alten Rathauses, in der Stadt erscheint ein Wappen von Thilo von Trotha, auf dem zwei Stechhelme ruhen. Eine Hierarchie in der Form der Helme ist hier nicht zu erkennen.

218 Jäger-Sunstenau, Über die Wappenbriefe, S. 532: „… die erwähnte Unterscheidung zwischen adeligem Spangenhelm und nichtadeligem Stechhelm ist sehr oft nicht beachtet worden, namentlich auch in den Urkunden der Hofpfalzgrafen …“, siehe auch Schreibelreiter, Heraldik, S. 100.

219 Arndt, Jürgen, Die Entwicklung der Wappenbriefe von 1350 bis 1806 unter besonderer Berücksichtigung der Palatinatswappenbriefe, in: Herold 7, 1969/71, S. 190.

220 Leonhard, Walter, Das große Buch der Wappenkunst, München, ^{3}1984, S. 114.

zugewendet. In England können zwei Helme beide nach rechts schauen[221]. Die Form des Helms sollte mit der des Schilds und der Helmdecken stilistisch in Übereinstimmung stehen.

Jeder heraldische Helm hat Helmdecken. Diese sind aus Stoffstücken entstanden, die als Kopf- und Nackenschutz des Helms dienten. Sie wurden in jeder Stilrichtung entsprechend dargestellt. Sie können von außen mit Bilddevisen oder kleineren Figuren aus dem Schild geschmückt und mit Schellen, Glöckchen, Fransen oder Quasten verziert sein. Die graphische Darstellung der Helmdecken ist immer der Phantasie des Künstlers überlassen. Die Farben der Helmdecken wiederholen in der Regel die Haupttingierung des Schilds[222].

Die Helmzier setzt sich seit Beginn des 13. Jahrhunderts als Ergänzung der Schildfigur durch. Die ersten können direkt auf dem Helm aufgemalt gewesen sein, später wurden sie auf der flachen Decke des Topf- und Kübelhelms plastisch ausgearbeitet. Die ersten wurden wahrscheinlich in einer Art Kamm dargestellt, daher auch der französische und englische Name (crête bzw. crest, vom lateinischen crista – Kamm[223]).

Die Helmzierden waren ursprünglich Persönlichkeitszeichen, die es erlauben sollten, verschiedene Mitglieder eines Geschlechts, die an einem Turnier teilnahmen, zu unterscheiden. Im Laufe des 13. Jahrhunderts gilt auch für die Helmzier die Regel der Unveränderlichkeit, und sie werden als Teil des Vollwappens mit dem Wappenschild erblich. Die Helmzier konnte in den Anfangszeiten eine völlig frei gewählte Figur sein, die mit der Schildfigur nichts Gemeinsames haben musste. Dies war durch die Kurzlebigkeit der Helmzierden bedingt, die bei den Turnieren wahrscheinlich oft durch Fall, Lanzen oder Schwertschlag zerstört wurden So war es durchaus möglich, dass mehrere verschiedene Helmzierden nacheinander benutzt wurden. Mit der Erblichkeit kamen immer öfter Helmzierden vor, die einen Bezug zum Schild hatten – die sog. Hilfshelmzier. Entweder wiederholten sie die Schildfigur oder ihre Teile oder die Farben des Schilds.

Die Vielfalt der Helmzier steht derjenigen der Schildfiguren in nichts nach. Sehr beliebt sind Federn (Straußen- oder Pfauenfedern), Hörner, Flügel, Tiere oder Menschenrümpfe. Sie können entweder untereinander kombiniert werden – z. B. zwischen zwei Hörnern ein männlicher Rumpf – oder die Schildfigur wiederholen – z. B. auf den Flügeln oder mit verschiedenen Kleinfiguren besteckt. Auch hier sind der Phantasie keine Grenzen gesetzt. Besonders in Italien waren im 15. und 16. Jahrhundert phantastische Helmzierden in Mode[224].

221 Brooke-Little, John Philipp, Bouttel's Heraldry, London, 1983.

222 Siehe Kap. 1.4.7: Der Blason, auf S. 32.

223 Hildebrandt, Adolf Matthias, Wappenfibel, Neustadt an der Aisch, [18]1991, S. 84.

224 Siehe Kap. 4.2 Spanien und Italien, auf S. 101.

John Julius Norwich, Historiker: Sch.: unter einem Schildhaupt blau, darin zwischen zwei Lilien gold ein Fallgatter seitig mit zwei Ketten gold, in Gold drei Löwen rot, Krone: Grafenkrone, Hz: auf einer Zinnenmauer silber, ein Stier schwarz, bewehrt und behuft gold, schreitend, Hd.: rot-gold, Motto: Odi et amo, Schildhalter: zwei Einhörner, silber, bewehrt und bemäht gold, mit einem Halsband mit einer sich um den Körper schlingenden Kette gold, auf dem bei dem rechten das Fallgatter, bei dem linken die Lilie vom Schildhaupt hängt.

Familie von Hoensbroech: Sch.: von Silber und Rot sieben Mal geteilt darauf ein Löwe schwarz, bewehrt und bekrönt gold, Hz: 1: Adler schwarz, doppelköpfig, gekrönt gold; 2: ein Löwe schwarz; 3: ein Löwe gold, Hd.: 1: rot-silber; 2: rot-silber, 3: rot-silber, Schildhalter: zwei Löwen, gold.

Bardassare Castiglione, Autor von „Il cortigiano“: Sch.: in Rot ein Löwe silber, bewehrt gold, auf der rechten Pranke zweitürmige Burg gold, mit offenem Tor haltend, Hz: der Löwe vom Schild wachsend, Hd.: rot-silber.

Familie von Brockhusen: Sch. in Blau ein Fuchs nat, bewehrt rot, Hz: drei Pfauenfedern, jede in der Mitte mit einem Stern (6) gold belegt, Hd.: blau-gold.

Die ältesten Figuren waren echt – wie Hörner, Pfauen- oder Straußenfedern –, später aus Draht, Stoff, Holz, Gips, Leder oder Pappe plastisch herausmodelliert und auf dem Helm befestigt. Um die Stelle zu verdecken, an der sie am Helm angebracht waren, benutzte man entweder den sog. Wulst oder die Helmkrone. Die Helmzier muss immer der Richtung des Helms folgen, d. h. sie muss dorthin gedreht sein, wohin der Helm schaut.

Die Helmzierden spielten eine große Rolle bei der sog. Helmschau. Am Tag vor dem Turnier wurden alle Helme ausgestellt und durch einen Herold, der meistens durch Damen begleitet wurde, inspiziert; wenn ein Turnierunfähiger teilnehmen wollte, wurde sein Helm entfernt und dem Kandidaten die Teilnahme verwehrt[225].

3.4 DIE KRONE

Mitis, Oskar Freiherr von, Zur Geschichte der Rangkronen, in: Jahrbuch Adler, 1907 – O'Grady, Gilbert, Die Entwicklung der Rangkronen – ein heraldisch-soziologisches Problem, Berlin, o. J. (um 1983)

Die Krone erscheint als heraldisches Zeichen schon im 13. Jahrhundert. Zuerst auf die Helme der regierenden Souveräne gesetzt, verbreitet sie sich im Laufe des 14. Jahrhunderts und etabliert sich als Helmkrone auf dem Wappen des Ur- und Briefadels. Die Farbe der Krone muss dabei nicht unbedingt golden sein, wie wir es heute gewöhnt sind, sondern wechselt von Rot bis Purpur[226]. Die dreiblättrige Laubkrone, die ursprünglich tatsächlich eine getragene Königskrone war, wie man auf zahlreichen Siegeln (Reiter- und Majestätssiegel) sehen kann, ist die älteste bekannte und wurde zu der allgemein dem Adel zugeschriebenen Krone. Im Laufe des 14. Jahrhunderts setzten sich dann die nationaltypischen Königskronen durch. So sieht man auf der Krone des französischen Königs Lilien, auf der des englischen neben Lilien Tatzenkreuze. Die Kaiserkrone hat mit einer Mitra und Bügel ihr charakteristisches Aussehen erst im 15. Jahrhundert bekommen.

Besonders aus Frankreich und England breitete sich dann der Brauch aus, statt des Helmes mit der Helmzier eine Krone auf den Schild zu setzen. Diese Rangkronen waren anfangs uneinheitlich, erst im 17. und 18. Jahrhundert bildete sich ein festes Rangordnungssystem, wobei jedem Adelstitel eine bestimmte Rangkrone zugeordnet wurde. Das Aussehen der Kronen variiert natürlich auch von Land zu Land. Mit dem Gewicht, das man dem adeligen

225 Galbreath, Donald Lindsay/Jéquier, Léon, Lehrbuch der Heraldik, München, 1978, S. 42.

226 Siehe P. Adam, L'armorial universel du héraut Gelre, Archives Héraldiques Suisses 1969–70, Fol. 46r, 56v, 64v, 80; Annorial Belleville Fol. 62v; Galbreath, Donald Lindsay/Jéquier, Léon, Lehrbuch der Heraldik, München, 1978, S. 184.

Rang zumaß, wurden die Kronen komplizierter. Aus einem einfachen Reifen mit 4 (3 sichtbaren) Fleurons (blattartig ausgebildeten Zacken) werden Kronen mit vier und mehr Bügeln, gefüttert und mit Pelz eingerahmt. In Deutschland wurden folgende Kronen benutzt: die allgemeine Adelskrone, die praktisch der Helmkrone gleicht; die Freiherrnkrone, die aus sieben sichtbaren mit Perlen besteckten Zacken (von 12) besteht; die Grafenkrone, die neun sichtbare Perlenzacken (von 16) aufweist[227]. Die Fürstenkrone bzw. der Fürstenhut, die sich nur dadurch unterscheiden, dass der Fürstenhut statt eines Kronenreifs einen Hermelinreif hat, weist im oberen Teil drei sichtbare mit Perlen besetzte Bügel (von 4) mit einem oben daraufgesetzten Reichsapfel über einer roten oder purpurnen Fütterung auf. Aus dem Fürstenhut entwickelte sich der sog. Kurhut der Kurfürsten. Die Herzogskrone hat neun sichtbare Kronzacken, davon fünf Fleurons und vier Perlen, und fünf sichtbare mit Perlen besetzte Bügel, mit dem Reichsapfel überhöht; das Futter ist rot oder purpurn.

Die Königskrone gleicht der Herzogskrone, jedoch ohne das Futter zwischen den Bügeln. Die Kaiserkrone ist eine Bügelkrone mit einer eingeschobenen, um 90° gedrehten Mitra.

Giacomo C. Bascapè, Heraldiker: Sch.: unterhalb eines Schildhauptes gold, darin ein Adler schwarz, gekrönt schwarz, von Rot und Blau geteilt, Krone: Marquiskrone.

227 Die reichsständischen „erlauchten“ Grafen trugen oft für die Familie spezifische Kronen, Hildebrandt, Adolf Matthias, Wappenfibel, Neustadt an der Aisch, [18]1991, S. 91.

In Frankreich, England, Spanien und Italien kommen noch besondere Kronen hinzu, z. B. die Vikomt-, Marquis- oder Patrizierkrone. In der napoleonischen Heraldik wurden offiziell sog. Mauerkronen für die Stadtwappen eingeführt, obwohl schon früher solche Beispiele in Deutschland bekannt sind[228]. In der modernen Heraldik kommen auch Astral-, Schiffs-, Palisadenkronen etc. vor.

In Deutschland darf man in die Krone keinen Helm setzen, was aber in England durchaus erlaubt ist und praktiziert wird. Rangkronen sollten nicht als Helmkronen benutzt werden. Die Krone soll über dem Schild nicht schweben, sondern auf ihm ruhen. Es sollte keine Helmzier aus der Krone wachsen, was gelegentlich in Frankreich oder Italien vorkommt.

Kronen: 1. Königskrone, 2. Herzogskrone, 3. Fürstenkrone, 4. Herzogshut, 5. Grafenkrone, 6. Freiherrnkrone (Baronskrone), 7. Adelskrone, 8. Helmkrone (auch Adelskrone), 9. Helmwulst.

228 Z. B. Nürnberg, Hildebrandt, Adolf Matthias, Wappenfibel, Neustadt an der Aisch, ^{18}1991, S. 89.

3.5 DIE PRUNKSTÜCKE

Galbreath, Donald Lindsay/Jéquier, Léon, Lehrbuch der Heraldik, München, 1978 – Leesenberg, A., Die Liebesknoten in der Heraldik, in: Monatszeitschrift Herold, 1886, S. 111 – Loehe, Max, Wahlsprüche. Devisen und Sinnsprüche deutscher Fürstengeschlechter des 16. und 17. Jahrhunderts, Leipzig, 1883 – Savorelli, Alessandro, Brisure nell'araldica civica, in: Schweizer Archiv für Heraldik 110, 1996, S. 159–170

3.5.1 Schildhalter

Die Vorbilder bei dem Gebrauch der Schildhalter sind mit Sicherheit in den Siegeln zu suchen. Schon im 12. Jahrhundert sind Wappenschilde zu finden, die von Löwen, Bären oder Adlern, später von den Besitzern selbst, an einem Riemen um den Hals getragen werden[229]. Im Laufe des 13. und 14. Jahrhunderts erscheinen die Schildhalter immer öfter. Sie wurden zunächst frei gewählt, d. h. zwei Brüder einer Familie benutzten verschiedene Schildhalter oder der Sohn nicht die gleichen Schildhalter wie der Vater. Oft wählte man Schildhalter, die der Bilddevise *(badges)* entsprachen. Erst in der Neuzeit bleiben auch die Schildhalter als fester Teil des Wappens unverändert in der Familie und werden so wie das Wappen selbst vererbt.

Die Zahl der Schildhalter ist nicht festgelegt. Obwohl sie am häufigsten zu zweit – einer jeweils an jeder Seite des Schildes – auftreten, sind Wappen mit einem[230] oder mehr als zwei Schildträgern keine Seltenheit. Die am meisten verwendeten Schildhalter waren wahrscheinlich die Löwen und Adler, gleich danach kommen die Menschen, und zwar beider Geschlechter und aller Rassen. Besonders beliebt waren menschliche Fabelwesen wie wilde Männer und wilde Frauen, Engel, Seejungfrauen oder Seemänner. Weiter kommen alle Tiere und Vogelarten, von Reptilien bis zu Insekten, und natürlich alle Fabelwesen vor. In manchen Fällen werden Wappenschilde auf verschiedene Pflanzen und Bäume gehängt. Wenn die Schildhalter im Paar erscheinen, müssen sie nicht beide gleich sein, auch hier sind der Phantasie keine Grenzen gesetzt.

In manchen Ländern werden die Schildträger nur dem Hochadel erlaubt, aber es wurde praktisch nie eingeschritten, wenn auch beim niederen Adel oder sogar bei den bürgerlichen Wappen Schildhalter verwendet wurden[231].

229 Galbreath/Jéquier, S. 34, 195, Seyler, Gustav A., Geschichte der Heraldik, Neustadt an der Aisch, 1970, S. 72, 74. In Gelres Wappenbuch werden auch manche durchaus witzige Beispiele angeführt.

230 Nicht selten stülpt man einem Schildhalter den Helm mit der Helmzier über den Kopf, siehe das Wappen des Grafen von Flandern in Armorial Bellenville, Fol. 36. In der modernen Heraldik tendiert man bei neuen Wappen dazu, entweder keine Schildhalter oder nur einen zu gebrauchen.

231 Galbreath/Jéquier, S. 198. In der Schweiz und in Frankreich ist jedem erlaubt, Schild-

Auch bei den Städten sieht man oft Schildhalter als einen Teil des Wappens. In der Regel werden sie auf eine Unterlage gestellt. In diesem Fall meldet man nur die Beschaffenheit, nicht aber das Aussehen des Bodens. Die Ausführung wird dann dem Künstler frei überlassen. Als Unterlage können Rasen, Mauer, Erdboden, Brett, Ranken usw. verwendet werden. Flugfähige Schildhalter können auch schwebend dargestellt werden.

3.5.2 Wappenzelte und Wappenmäntel

Der Ursprung des Wappenmantels ist nicht sicher bekannt. Eine Theorie vermutet, dass er sich aus den kurzen Helmdecken des 14. Jahrhunderts entwickelt hat[232], die aus einem Stück bestanden und hochgebunden werden konnten. Eine andere Theorie sieht in dem sog. Thronmantel den Vorläufer des späteren Wappenmantels (und -zeltes)[233]: Philipp Moreau habe 1609 die Figur des Königs im königlichen Siegelbild durch das Wappen ersetzt und so gemäß der damaligen Auffassung den König durch sein Zeichen dargestellt, das gleichzeitig auch das Zeichen des Staates war. Somit bildete der Thronbaldachin hinter dem Wappen eine schmückende Stoffdrapierung, die in der folgenden Zeit zu Wappenmantel und -zelt wurde[234]. Diese Darstellung des königlichen Wappens wurde zwar nie vom König offiziell anerkannt oder angenommen; durch die Verbreitung im Druck wurde sie aber in den Ländern, für die Frankreich als Vorbild galt, sehr beliebt. Besonders in Spanien, Italien und Deutschland stellte man die Wappen des Königs, der Prinzen aus königlichem Geblüt oder auch des Hochadels gern mit einem Wappenzelt bzw. -mantel dar. Dabei wurde mit der Zeit zwischen Wappenzelt und -mantel als Rangzeichen unterschieden. Das Zelt steht nur dem Souverän zu, der Mantel praktisch jedem aus hochadeligem Stand.

Das Wappenzelt hängt von einer Kuppel herab, auf der die Kaiser- oder Königskrone sitzt. Es kann purpurn, rot oder golden und innen mit Hermelin gefüttert sein. Die Außenseite kann mit Figuren des Wappens (Adler, Löwe, Lilie), den sog. Badges oder Buchstaben besät sein. Das Wappenzelt umgibt das komplette Wappen mit sämtlichen Rang- und Würdezeichen und den Schildhaltern.

halter zu gebrauchen: „… er (der Gebrauch) stellt weder eine Verpflichtung noch ein Vorrecht dar“.

232 Galbreath/Jéquier, S. 203.

233 Neubecker, Ottfried, Heraldik, Frankfurt am Main, 1977, S. 204.

234 Eine wappenmantelartige Stoffdrapierung sieht man allerdings schon auf dem Siegelbild des Louis II. de Bourbon vom Jahre 1394. Man sieht klar eine Zeltbedachung, die mit einer Lilie überhöht ist, und darunter steht der Siegelinhaber selbst mit einem Schwert in der rechten Hand, und an seiner rechten Seite ist sein Vollwappen zu sehen. Jean Bernard de Vaivre, Un document inédit sur le décor héraldique de l'ancien hôtel de Bourbon à Paris, Archivum Heraldicum 86, 1972, S. 4, Fig. 3.

Der weniger prunkvolle Wappenmantel hängt von einer Rangkrone hinter dem Wappen herunter. Die Außenseite kann auch purpurn, rot, blau, grün, oder golden sein, die Innenseite ist mit Hermelin gefüttert[235].

3.5.3 Amtszeichen

In Frankreich und England begann man im 16. Jahrhundert, sog. Amtszeichen zu verwenden. Diese erscheinen entweder seitlich des Schildes oder hinter ihm. Es handelt sich um Szepter[236], Marschallstäbe, Anker, Schwerter usw., die auf das Amt des Trägers deuten. Der Großstallmeister *(grand écuyer)* in Frankreich stellt ein oder zwei Schwerter an die bzw. jede Seite des Schildes. Der Großmarschall *(grand maréchal)* kreuzt zwei Marschallstäbe hinter seinem Schild, den Admiral *(amiral)* erkennt man an einem oder zwei Ankern, den Connétable an zwei Händen, die je ein Schwert halten, der Großkämmerer *(grand chambellan)* stellt zwei gekreuzte Schlüssel hinter den Schild, der Großmundschenk *(grand échanson)* zwei Kannen, der Großbrotmeister *(grand panetier)* rechts eine Schüssel mit einem Salzfass und links einen Pokal, der Großjägermeister *(grand veneur)* zwei Jagdhörner an dieSeiten des Schildes, der Großwolfjagdmeister *(grand louvetier)* zwei Wolfs köpfe an die Seiten des Schildes usw.

In Gegensatz dazu nahmen die deutschen Kurfürsten die Symbole ihrer Kurwürde direkt in ihren Wappenschild auf. So führte der Markgraf von Brandenburg als Erzkämmerer ein goldenes Szepter im blauen Mittelschild; der Herzog von Sachsen als Erzmarschall zwei schräggekreuzte rote Schwerter; der Herzog von Bayern als Erztruchsess (dieses Amt erhielt er im Dreißigjährigen Krieg vom Kaiser, der es dem Pfalzgrafen bei Rhein aberkannte) einen goldenen Reichsapfel. Eine historische Darstellung des böhmischen Wappens mit dem Amtszeichen des Erzmundschenks im Schild ist nicht bekannt.

3.5.4 Bild- und Wortdevisen

Bilddevisen (englisch *badges,* italienisch *impresa*) sind besondere persönliche Zeichen, die heraldisch stilisiert sind und neben dem eigentlichen Wappen existieren. Sie verbreiteten sich besonders im 14. und 15. Jahrhundert und wurden an allen möglichen Stellen angebracht. Häufig wurden sie zu ei-

235 Eine Ausnahme bilden die Mäntel in der Napoleonischen Heraldik, die auch Feh als Futter verwenden.

236 Die französischen Könige begannen im 15. Jahrhundert, neben ihr Wappen das Szepter und die main de justice – Symbole der weltlichen Macht – zu stellen. Galbreath-Jéquier, S. 201.

nem Rébus kombiniert, d. h. die Bilddevise wurde von einem oder auch mehreren Wörtern begleitet und ergab so einen besonderen Sinn. So sollte sie mit wenigen Zeichen und Worten Wesentliches über den Wappenträger aussagen, über seine Lebensauffassung und Geisteshaltung. Der Sinnspruch kann auch zum Schildbild, zu einer Tat, zu einem besonderen Ereignis oder zu einer Person in irgendeiner Beziehung stehen[237].

Die Bilddevisen wurden häufig nur von einer Person benutzt (eine Person konnte sogar mehrere führen), und erst infolge meist politischer Ereignisse wurden sie zu vererbbaren Familienzeichen neben dem Wappen und manchmal zum Zeichen einer politischen Partei (siehe etwa die Rosenkriege in England, in denen alle Anhänger der rivalisierenden Familien das jeweilige Badge trugen – die weiße bzw. rote Rose).

Mit der Renaissance verschwanden – außer in England – die Bilddevisen langsam wieder, bis auf wenige Ausnahmen bei den regierenden Souveränen. In England entwickelte sich im Laufe der Zeit sogar ein eigenes System, das bis heute benutzt wird. Ein besonderer Teil der Bilddevisen sind die sog. Liebesknoten. Sie werden aus Bändern, Seilen oder auch Tüchern phantasie- und kunstvoll geschlungen.

Zu den berühmtesten Bilddevisen gehören das Stachelschwein König Ludwigs XII., der Salamander König Franz' I., die Sonne Ludwigs XIV., die drei Straußenfedern mit dem Spruch „Ich dien" des Prinzen von Wales, die sog. Tudorrose (die aus der roten Lancaster- und der weißen Yorkrose kombiniert ist), der Feuerstahl mit dem Feuerstein und dem Ast-Andreaskreuz der Herzöge von Burgund, die Herkulessäulen Karls V. und viele andere.

Diese Bilddevisen wurden gern als Kettenglieder bei vielen Ritterorden gebraucht[238] (z. B. beim Orden vom Goldenen Vlies).

237 Leonhard, Walter, Das große Buch der Wappenkunst, München, [3]1984, S. 338.
238 Galbreath/Jéquier, S. 211.

4. BESONDERHEITEN DER HERALDIK IN DEN EINZELNEN LÄNDERN UND INSTITUTIONEN

4.1 WEST- UND NORDEUROPA

Adam, Paul, Noblesse et armoiries devant les tribunaux français, in: Archives héraldiques suisses 65, 1951, S. 93 – D'Haucourt, Geneviève/Durivault, Georges, Le Blason, Paris, 1965 – Genouillac, Gourdon de, L'Art héraldique, Paris, 1890 – Bedingfeld, Henry/Gwynn-Jones, Peter, Heraldry, Secaucus, New Jersey, 1993 – Brooke-Little, John Philipp, Boutell's Heraldry, London, New York, 1983 – Denholm-Young, N., History and Heraldry 1254 to 1310, Oxford, 1965 – Dennys, Rodney Onslow, The heraldic imagination, London, 1975 – Learney, Sir Thomas Junes of, Scotland's Heraldry, Edinburg, 1965

Frankreich hatte sich bis zur Französischen Revolution eine klare und sehr einfache Heraldik bewahrt. Die Schilde blieben meist ohne zahlreiche Teilungen, die Vierung war in der überwiegenden Zahl der mehrfeldrigen Wappen die komplizierteste Teilung (natürlich gab es auch Ausnahmen). Besonderer Beliebtheit erfreuten sich die Pelzwerke und Heroldsbilder. Mit dem ausgehenden Mittelalter und in der frühen Neuzeit wird der Gebrauch der Helmzier praktisch völlig aufgegeben und diese durch die Rangkrone ersetzt, allerdings wurde mancherorts der Helm – ohne Helmzier – weiter benutzt. Seit dem 17. Jahrhundert sind Schildhalter besonders beliebt. Die Französische Revolution verbot den Gebrauch der Wappen und ließ sie vielerorts vernichten[239].

Marc de Vulson de la Colombière, heraldischer Theoreriker: Sch.: in Silber ein Sparren rot, begleitet von drei Sternen (5) rot.

239 Galbreath, Donald Lindsay/Jéquier, Leon, Lehrbuch der Heraldik, München, 1978, S. 55f., 63.

Im Gegensatz zu Frankreich spielt die Helmzier in der *englischen* Heraldik eine große Rolle. Man hat sie sogar ohne Helm und in manchen Fällen anstelle des Schildes verwendet. Das System der Beizeichen, besonders der Differenzierungszeichen bei den Söhnen, ist in England und auch in Schottland sehr genau festgelegt und wird meist bis heute befolgt. (Der Gebrauch des Beizeichens bei den Söhnen ist zwar keine Pflicht, wird aber als ein Zeichen der Höflichkeit und Achtung gegenüber dem Vater benutzt). Eine englische Besonderheit ist das sog. Marshalling. Dabei werden in einem Schild die Wappen der verwandten Ahnen zusammengefasst[240]. Solche Wappen können auch weit über 100 Felder haben. Der Helm wird in der Regel nach rechts gewendet dargestellt, und das auch bei mehreren Helmen. Typisch ist auch die Benutzung der Badges, die bis heute in Gebrauch und inzwischen seit vielen Generationen erblich sind. In der englischen Heraldik entwickelte sich eine große Menge an phantasievollen Fabeltieren, die oft als Helmzier, aber noch häufiger als Schildhalter benutzt werden[241].

Die Heraldik in den Niederlanden und Belgien dokumentiert durch die mannigfaltigen Schildfiguren die wechselvolle Geschichte beider Länder. Einflüsse aus der englischen, französischen, deutschen oder spanischen Heraldik verleihen der niederländischen und belgischen ihren typischen Charakter. Vielleicht deshalb erfreut sich die Heraldik in den Niederlanden so regen und breiten Interesses gerade beim Bürgertum.

Die Heraldik in den skandinavischen Ländern unterscheidet sich im wesentlichen nicht sehr von der deutschen Heraldik, was wahrscheinlich durch den Einfluss der vielen deutschen Einwanderer zu begründen ist. Typisch sind die vielen Meer- oder Waldfabelwesen, wie z. B. Trolle.

4.2 SPANIEN UND ITALIEN

Cascante, Ignacio V., Heráldica general y fuentes de las armas de España, Barcelona, 1956 – Garcia Garraffa, Alberto Arturo, Enciclopedia Heráldica y Genealógica Hispano-Americana. Bd. 1, Ciencia Heráldica o del Blasón, Madrid, 1958 – Menéndes Pidal de Navascués, Faustino, Los emblemas heráldicos. Una interpretación histórica, Madrid, 1993 – Messia de la Cerda y Pita, L. F., Heráldica española. El diseño Heráldico, Madrid, 1990 – Bascapè, Giacomo C./Del Piazzo, M., Insegne e Simboli. Araldica pubblica e privata medioevale e moderna, Roma, 1983 – Caratti di Valfrei, Lorenzo, Araldica, Mailand, 1996 – ders., Dizionario di Araldica. I significati e le figure di 3200 termini araldici, Milano, 1997 – Chiusano, A., Elementi di Araldica, Roma, 1995 – Di Crollalanza, G., Enciclopedia araldico-cavalleresca. Prontuario nobiliare, Pisa, 1876–77 – ders., Dizionario storico-blasonico delle famiglie nobili e notabili italiane, Pisa, 1886–90

240 Neubecker, Ottfried, Heraldik, Frankfurt am Main, 1977, S. 94f.

241 Dennys, Rodney Onslow, The heraldic imagination, London, 1975, S. 113–184; Volborth, Carl-Alexander von, Fabelwesen der Heraldik in Familien- und Städtewappen, Stuttgart, Zürich, 1996, S. 114–121.

In Spanien war sicherlich die Einwirkung der französischen Heraldik, was die Schildfiguren betrifft, ausschlaggebend. Unter dem Einfluss der nicht festen Namengebung, bei der auch die Namen der Mutter oder der Großeltern dem Namen des Vaters zugegeben wurden, wurden bald vielfach geteilte Schilde mit den Feldern dieser Ahnenfamilien benutzt. Dies bedeutete, dass z. B. der Sohn ein anderes Wappen trug als der Vater.

Der Gebrauch der Schildborde ist typisch und bei der spanischen Heraldik auffallend. Sie sind häufig mit kleinen Figuren oder Buchstaben (bzw. ganzen Inschriften) belegt. Die Helmzier spielt keine wichtige Rolle, und daher sind die Helme auch sehr selten.

Die italienische Heraldik[242] spiegelt die politische Vielfalt des Landes und den politischen Kampf zwischen Frankreich, Deutschland und Spanien wider. Sie weist starke Beeinflussungen aus Frankreich und Deutschland im Norden und aus Spanien im Süden des Landes auf. Sie leidet unter dem Fehlen einer übergreifenden heraldischen Obrigkeit, die es erlaubt hätte, eine einheitliche Richtlinie in das heraldische Gesamtbild zu bringen. Daher wird die Heraldik in Italien durch die prunkvolle Machtentfaltung des Adels in den zahlreichen Stadtstaaten, der Päpste und des päpstlichen Hofes bestimmt. Dem päpstlichen Hofstaat verdankt die kirchliche Heraldik ihre so charakteristische Entwicklung.

Einige Besonderheiten bilden sich im Laufe der Jahrhunderte zu typischen Merkmalen der italienischen Heraldik heraus. Es ist der Brauch, die politische Zugehörigkeit im Schildhaupt des Wappens – sog. Parteizeichen – zu demonstrieren. So existiert das sog. *capo dell'impero* – in Gold ein schwarzer Adler –, das von den Ghibellinen benutzt wurde, und das *capo d'Angiò* – in Blau drei (manchmal auch mehrere) goldene Lilien unter einem roten Turnierkragen, ähnlich auch das *capo di Francia* – in Blau drei (manchmal auch mehrere) goldene Lilien ohne den Turnierkragen – für die Guelfen, manchmal erscheinen hier in Rot die Petrusschlüssel mit der päpstlichen Tiara – als *capo della chiesa* –, oder auch in Rot die goldenen Buchstaben + S. P. Q. R. als *capo di Roma*[243]. Daneben konnte man im Schildhaupt akademische oder militärische Grade und natürlich auch kirchliche Hierarchie darstellen[244]. Die Beliebtheit des Schildhauptes nahm sogar solche Ausmaße, dass dieses sogar doppelt vorkam. Dies kam vor, wenn ein Mitglied einer Familie, die ein „capo dell'impero" schon im Schild trug, Ritter des Malteserordens wurde und das Malteserkreuz als Schildhaupt annahm, oder wenn bei Adelserhebungen oder anderen „Verbesserungen" das Wappen des Lehnsherrn als

242 Caratti di Valfrei, Lorenzo, Araldica, Mailand, 1996; Bascapè, Insegne.

243 Amayden, Fam. Romane, 2. Bd. S. 165 – Fam. Rilli-Orsini.

244 Bascapè, Insegne, S. 397–413; Caratti di Valfrei, Araldica, S. 42, 44, Ginanni, Marc'Antonio, L'Arte del Blasone, z. B. Taf. XXXIII., Nr. 823 das Wappen einer Priorin mit einem päpstlichen Schildhaupt, d. h. in Rot zwei gekreuzte Schlüssel, das rechte golden, das linke silbern.

Schildhaupt in das eigene angenommen wurde[245]. Die verschiedenen Helme konnten zur Darstellung der Adelsgrade dienen[246], wobei sogar zwei unterschiedliche Rangkronen (die eine auf dem Schild, die andere auf dem Helm) erlaubt waren. Beim Blasonieren ist wichtig zu beachten, dass bei „gekrönt" die Krone über dem Kopf der Figur schwebt, beim Drei- (bzw. Sechs-)Berg muss man die besondere Form der italienischen „monti" (montini) beachten[247]. In der Renaissance waren besonders in Norditalien phantasievolle Fabelwesen als Helmzier sehr beliebt[248]. Ebenfalls ist der Gebrauch von Buchstaben charakteristisch, wahrscheinlich diente hier das Wappen von Rom als Vorbild.

Was die italienische Schildform betrifft, wurde die sog. Tartsche bereits im 14. Jahrhundert benutzt. Der als typisch italienische Schildform geltende Rossstirnschild stammt höchstwahrscheinlich von den Bildhauern und Architekten Brunelleschi und Donatello, die sie das erste Mal in einem Gewölbe in der Kapelle de' Pazzi und in der Alten Sakristei benutzten[249]. Das Festhalten am sog. französischen Schild, der bis in die jüngste Zeit in den italienischen heraldischen Werken benutzt wurde, wird in der heutigen Zeit allmählich aufgegeben. Man kehrt, so wie in den anderen Ländern, zum gotischen Schild zurück[250]. Dieser kann unten sowohl spitz als auch rund sein.

245 Ginanni, Marc'Antonio, L'Arte del Blasone, z.B. Taf. I., Nr. 1, Taf. IV., Nr.: 89 (Malteserschildhaupt), Taf. IV., Nr. 84 (eine Wappenbesserung durch den Papst Paul V. mit der Annahme des Borghese-Wappens, Text S. 188), es ist möglich, dass sogar das „capo dell'impero" und das „capo d'Angiò" gleichzeitig vorkommen, Taf. V., Nr. 102 und Taf. XXX., Nr. 740.

246 Die letzten gesetzlichen Bestimmungen stammen noch aus der Zeit kurz vor dem Ende der Monarchie – d. h. aus den 40er Jahren. Ihre Wirkung ist heute sicher mehr eine theoretische als eine reale. Sie entsprachen den mittelalterlichen heraldischen Regeln nicht, und es ist fraglich, ob sie noch heute anzuwenden sind. Caratti di Valfrei, Araldica, Mailand, 1996, S. 111–118.

247 Im italienischen Blason wird für den in der west- oder mitteleuropäischen Heraldik üblichen Drei- bzw. Sechsberg die Bezeichnung *a la tedesca* benutzt, um den Unterschied klarzustellen.

248 Siehe z.B. die verschiedene Helmzier der Visconti – in Archivum heraldicum 110, 1996, S. 132–158 – der Baglioni (in der Rocca maggiore in Assisi), der Malatesta (im Tempietto in Rimini), ein schönes Beispiel liefert Rogier van der Wanden auf seinem Sforza Triptychon, ca. 1460 (das Wappen von Alessandro Sforza), heute im Musées Royaux des Beaux-Arts, Brüssel etc.

249 Siehe Anm. 124.

250 Caratti di Valfrei, Araldica, S. 30f.

4.3 OSTEUROPA

Bertenyi, István, Kis magyar Címertan (Kleine ungarische Heraldik), Budapest, 1983 – ders., Die Funktion des mehrmals geteilten Feldes in den Wappen einiger ungarischen Städte (13. bis 20. Jahrhundert), in: Jahrbuch der Heraldisch-Genealogischen Gesellschaft Adler 1986/87, Bd. 13, Wien, 1987, S. 5–27 – Brzezina Winiarski, Andrzej, Herby szlachty Rzeczypospolitej, Warszawa, 2006 – Fiala, Michal – Hrdlička, Jakub – Županič, Jan, Erbovní listiny Archivu hlavního města Prahy a nobilitační privilegia studentské legie roku 1648, Praha, 1997 – Gajl, Tadeusz, Herby szlacheckie Rzeczypospolitej Obojga Narodów, Gdansk, 2003 – Král z Dobré Vody, Vojtěch, Heraldika. Souhrn pravidel a předpisův znakových (Heraldik. Zusammenfassung von heraldischen Regeln und Vorschriften), Praha, 1901 – Mašek, Petr, Šlechtické rody v Čechách, na Moravě a ve Slezsku od Bílé hory do současnosti – I. díl (A–M), Praha, 2008 – Novák, Jozef, Die Entstehung des Wappens in Ungarn, in: Archivum heraldicum 85, 1970, S. 12–14 – ders., Rodové erby na Slovensku. I. (Familienwappen in der Slowakei) Kubínyho zbierka pečatí, Martin, 1980 – ders., Rodové erby na Slovensku. II. (Familienwappen in der Slowakei) Peťkova zbierka pečatí, Martin, 1986 – Tompos, Ernö, Wappensymbolik und Wappenbriefe im Archiv des Komitates Vas (Eisenburger Komitat), in: Archivum heraldicum 86, 1972, S. 18–29 – Vajay, Szabolcs de, L'héraldique hongroise, Lausanne, 1961 – ders., Chevaux et cavaliers dans l'héraldique hongroise, in: Archivum heraldicum 76, 1962, S. 50–52 – ders., La flèche dans l'héraldique hongroise, in: Archivum heraldicum 77, 1963, S. 37–39 – Kolář, Martin/Sedláček, August, Českomoravská heraldika I., II. (Tschechisch-mährische Heraldik), Praha, 1902–1925 – Konarski, Szymon, Armorial de la noblesse Polonaise titrée, Paris, 1958 – Vajay, Szabolcs de, L'héraldique hongroise, Lausanne, 1961 – Zernicki-Szeliga, E. von, Die polnischen Stammwappen, Hamburg, 1904 – Sturdza-Saucesti, Marcel, L'héraldique roumaine, in: Archivum heraldicum 85, 1971, S. 32–38

Die Heraldik in Böhmen und Mähren unterscheidet sich im Wesentlichen nicht von der Heraldik im mittelalterlichen Römischen Reich, der böhmische Adel unterlag stark dem westlichen Einfluss der höfischen Kultur, die er zuerst unter den letzten Premisliden vom Reichshochadel, später – unter den Luxemburgern – vom französischen königlichen Hof übernahm. Im Nordosten Mährens nimmt man einen geringen Einfluss der polnischen Heraldik wahr.

In der nationalen Bewegung im 19. Jahrhundert entsteht ein reges Interesse für den böhmisch-mährischen Uradel (man macht einen Unterschied zwischen dem Adel vor und nach der Schlacht am Weißen Berg 1620). Neben der Arbeit von Meraviglia-Crivelli[251], heben sich besonders zwei Heraldiker hervor: der Graphiker V. Král z Dobré Vody (A. Král von Gutwasser)[252] und der Mittelalterhistoriker und Burgenforscher A. Sedláček[253]. Dieser sammelte sein ganzes Leben Informationen über den Adel und besonders über die heraldischen Quellen, die er aber wegen des Umfangs (über 8000 Wap-

251 Meraviglia-Crivelli, Rudolf Johann Graf, Die Wappen des böhmischen Adels …

252 Heraldika. Král illustrierte mit Wappenzeichnungen auch die ersten Bände Sedláčeks Hrady, zámky a tvrze …

253 Siehe z. B. Českomoravská heraldika I., II. (Tschechisch-mährische Heraldik).

penaufzeichnungen und fast 2800 Siegelaufzeichnungen mit Quellenangaben usw.) nie endgültig auswerten konnte. In den 90er Jahren des letzten Jahrhunderts bearbeitete der Historiker und Archivar V. Růžek mit Hilfe eines Computers und geeigneter Datenbanksoftware das ganze Material und brachte es in fünf Bänden[254] heraus. Dieses Werk ist um so wichtiger, da es sich um Quellen handelt, die nicht nur Böhmen oder Mähren betreffen, sonder den ganzen Einflussbereich des Böhmischen Adels, d. h. sie befinden sich oft in Archiven in den Nachbarländern, mit denen damals der Adel schriftliche Kontakte pflegte. Da der böhmische und mährische Adel stark mit dem österreichischen und deutschen verwandt und verschwägert war, ist dieses Werk sicher auch für die deutschen Historiker, Heraldiker und Genealogen von Interesse.

In der osteuropäischen Heraldik spielt die polnische eine herausragende Rolle. Sie machte eine besondere und isolierte Entwicklung durch, die sie von der westeuropäischen Heraldik unterscheidet. Die Wappeninhaber, in den meisten Fällen der Adel, sind in nahezu zweihundert große Wappengruppen aufgeteilt, die jeweils ein Wappenzeichen – sog. „herb" – gemeinsam haben. In diesen Gruppen sind zahlreiche Geschlechter vertreten, die verschiedener Abstammung sind, verschiedene Namen, aber das gleiche Zeichen – herb – tragen, sonst allerdings keine nachweisbare genealogische Gemeinsamkeit aufweisen. Die Wappenfiguren haben oft geometrische Formen und erinnern an Hausmarken oder Steinmetzzeichen. Sie sollen runenartige Symbole skandinavischen Ursprungs sein, wo sie als Fahnenbilder verwendet wurden[255]. Manche von ihnen wurden seit dem Ende des 14. Jahrhunderts heraldisiert die einfachen Zeichen bekamen die Form von Jagdhörnern, Pfeilen, Sternen, Sparren usw. –, aber eigentlich nur in Gebieten mit starkem westeuropäischem Einfluss, d. h. an den Grenzen zum Römisch-deutschen Reich und dem Gebiet des Deutschen Ordens.

Die ungarische Heraldik stand unter starkem Einfluss der deutschen Wappenkunde. Dieser wurde durch die engen, meist kriegerischen Kontakte der ungarischen Könige mit Österreich und Böhmen im 13. Jahrhundert und dann seit der Regierung Sigmunds direkt mit dem Reich begünstigt. In der ungarischen Heraldik spiegelt sich der Kampf mit den Türken wider in Form von abgeschlagenen Türkenköpfen, Säbel schwingenden Armen, begleitet von Sternen, Mond und/oder Sonne[256].

Der russische Adel kennt im Mittelalter eine Heraldik im westeuropäischen Sinne nicht. Das russische Wappenwesen beginnt sich erst zu entwi-

254 Sedláček, August, Atlasy Erbů a pečetí české a moravské středověké šlechty, I. Beinhaltet nicht nur einfache Wappenzeichnungen, sondern auch detaillierte Angaben zu Fundstellen, Archivbeständen usw., wobei neben den Zeitgenössischen Aufbewahrungsorten auch die heutigen aufgeführt sind.

255 Leonhard, Walter, Das große Buch der Wappenkunst, München, ^{3}1984, S. 370.

256 Novák, Rodové erby.

ckeln, als sich in Westeuropa die lebendige Turnierheraldik schon ihrem Ende zuneigt. Erst im Laufe des 16. und im 17. Jahrhundert drang die Kanzleiheraldik nach Russland ein, meist mit den Einwanderern, später – unter Peter I. – als Folge der politischen Öffnung des Landes gen Westen. Die russische Heraldik kränkelt an dem zeitgemäßen wenig heraldischen Stil des Verfalls des westeuropäischen Wappenwesens am Ende des 17. und im 18. Jahrhundert. Es kommen nicht stilisierte, oft dreidimensional dargestellte Figuren vor, und als realistische Landschaftsdarstellungen haben diese „Wappen" mit der klassischen Heraldik nur entfernt etwas gemeinsam[257].

4.4 DIE NAPOLEONISCHE HERALDIK

Lamarque, Philippe, L'héraldique napoléonienne, préf. par le Prof. Michel Pastoureau, index armorum par Michel Popoff, Saint-Jorioz, 1999 – Lamarque, Philippe, Armorial du Premier Empire, index armorum, Michel Popoff, iconographie héraldique, Grzegorz Jakubowski-Barthel de Weydenthal, Lathuile, 2008 – Pinoteau, Hervé, Héraldique napoléonienne, Paris, 1954 – ders., Les Sources de l'héraldique napoléonienne, in: Archives générales du royaume, 1985, S. 140–156, (= „Sources de l'héraldique en Europe occidentale", actes du 4e colloque international d'héraldique, Bruxelles, 6–10 mai 1985) – Révérend, Albert/Villeroy, E., Album des armoiries concédées par ...Napoléon Ier, Paris, 1911 – Révérend, Albert, Armorial du Premier Empire, 4 Bde., Paris, 1894–1897 – Simon, Jean Henri, Armorial général de l'Empire François, 2 Bde., Paris, 1812

Als Napoleon I. vier Jahre nach der Gründung des Kaiserreichs einen neuen Adel schuf, bestimmte er auch die Regeln einer neuen Heraldik. Die neuen Titel ordneten sich nicht nur der adeligen Hierarchie unter, sondern auch dem System der politischen Ämter im Imperium. Die königlichen Lilien verschwanden und wurden durch die napoleonischen Bienen ersetzt. Es wurde ein präzises System an Beizeichen ausgearbeitet, durch das man die Ämter- und Adelsstruktur heraldisch neu organisieren konnte. Der Helm und die Krone wurden durch die *toques* (Federbarette) ersetzt, die sich nach Rang unterscheiden. Im Schild erschien ein Freiviertel, an dem man weiter die genaue Amtseinstufung des Wappeninhabers erkennen konnte. Das blaue rechte Freiviertel war für den Grafen-, das rote linke Freiviertel für den Freiherrenstand (Baron) bestimmt. Nach den besonderen Amtsfunktionen wurden die Freiviertel dann mit Beizeichen belegt. Der Graf-Senator hatte in Blau einen goldenen Spiegel, um den sich eine silberne Schlange wand, der Graf-Minister hatte einen goldenen Löwenkopf, der Graf-Staatsrat trug ein gold-blau geschachtes Freiviertel, der Graf-Erzbischof in Blau ein goldenes Tatzenkreuz usw. Ähnlich war es bei den Baronen: der Baron-Bischof hatte in Rot ein schwebendes goldenes Kreuz, der Baron-Militär ein silbernes Schwert, der Baron-Präsident und der Baron-Generalprokurator des Appellationsge-

257 Leonhard, (wie Anm. 255), S. 371.

richtshofes hatten in Rot eine silberne Waage, der Baron-Präsident und der Baron-Generalprokurator des kaiserlichen Hofes hatten in Rot eine hermelingefütterte schwarze *toque* etc.

Für die Prinzen, Fürsten und Herzöge war das Schildhaupt bestimmt, wobei die Prinzen in Blau einen goldenen napoleonischen Adler, die Fürsten Blau besät mit goldenen Bienen und die Herzöge Rot besät mit silbernen Sternen (5) trugen. Dazu gehörte noch die *toque,* die durch verschiedene Pelzfütterung und die Anzahl der Straußenfedern unterschieden wurden. So trug ein Herzog sieben, der Graf fünf und der Baron drei Straußenfedern.

Obwohl die Napoleonische Heraldik nach der Zeit der Französischen Revolution, die der Heraldik abweisend gegenüber stand, eine gewisse Renaissance und zweifellos auch eine Weiterentwicklung bedeutete, blieb sie in den beschränkten Grenzen der Kanzleiheraldik erstarrt, die sich ein Beispiel an der Heraldik des 18. Jahrhunderts und nicht an der klassischen mittelalterlichen Wappenkunst nahm. Die Schilde wurden oft mit Figuren überladen, militärische Kriegstrophäen ersetzten die heraldischen Figuren und degradierten das Wappen zur reinen Dekoration.

Nach der Restauration wurde die napoleonische Heraldik nicht abgeschafft, sondern diejenigen, die ein napoleonisches Wappen besaßen, durften es auch weiterhin führen.

4.5 DIE KIRCHLICHE HERALDIK

Paravicini Bagliani, Agostino, Le Chiavi e la Tiara. Immagini e simboli del papato medievale, Roma, 1998, ^{2}2005 – Galbreath, Donald Lindsay, Papal Heraldry, Cambridge, 1930 – Heim, Bruno Bernhard, Heraldry in the Catholic Church, its Origin, Customs and Laws, Buckinghamshire, 1981 – ders., Wappenbrauch und Wappenrecht in der Kirche, Olten, 1947 – Martin, Jacques, Heraldry in the Vatican, Buckinghamshire, 1987

In der Kirche ist der Gebrauch des Siegels sehr alt und rechtlich wichtig, da das Siegel als Beweis für die Glaubwürdigkeit eines Schriftstücks galt. Wappen fanden schon im 13. Jahrhundert Eingang in die kirchlichen Siegel. Da jeder kirchliche Amtsträger ein Siegel führen musste (dies gilt übrigens bis heute), benutzten die vielen Kirchenmänner, die vom Adel abstammten, ihr Familienwappen. Dies führte dazu, dass auch die Nichtadligen ein Wappen annahmen. Ursprünglich spielte der Wappenschild im Siegel eine unwesentliche Rolle, er begleitete in den meisten Fällen die Figur des Amtsinhabers; erst später erschien er auch allein als Personifizierung des Besitzers. Im Laufe der Zeit wurden Wappen auch für einzelne Bistümer oder Klöster benutzt. Diese wurden dann mit dem persönlichen Wappen des Bischofs bzw. Abtes (etc.) kombiniert.

Zu den charakteristischen Eigentümlichkeiten der kirchlichen Heraldik gehört – bis auf Ausnahmen – das Verschwinden des Helmes und der Helmzier. An die Stelle des Helms treten kirchliche Würdenzeichen. Zu den ältesten gehören die Tiara und Mitra. Später noch sog. Pilgerhüte, die durch verschiedene Farben und durch die Anzahl der Quasten, die vom Hut an zwei Schnüren hängen, den kirchlichen Amtsgrad andeuten.

Der Papst ist der einzige kirchliche Würdenträger, der das Recht hat, die Tiara – das Zeichen der weltlichen souveränen Macht der Päpste – zu tragen. Die Tiara, auch Regnum oder Triregno genannt, ist die außerliturgische Kopfbedeckung des Papstes. Es handelt sich um eine hohe Mütze, die eine lange Entwicklung durchmachte, bis sie die heutige Form erlangte. Zwischen dem 9. und 11. Jahrhundert erschien am unteren Rand ein schlichter Kronreif[258]. Den zweiten und dritten Kronreif fügte Bonifaz VIII. (1294–1303)[259] hinzu, wobei der erste, älteste Kronreif die geistliche, die zweite Krone die königliche, die dritte die kaiserliche Macht des Papsttums darstellen sollte. Unter Klemens V. (1305–1314) erscheint die Tiara schon als Triregno im päpstlichen Hofschatz-Inventar[260].

Weitere Zeichen der päpstlichen Gewalt sind die sog. Petrusschlüssel als Symbole der Binde- und Lösegewalt der Kirche. Die Schlüssel werden gekreuzt entweder über oder hinter dem Schild des Papstes dargestellt, wobei der goldene – der die Macht hat zu lösen oder aufzuschließen – rechts, der silberne – mit der Macht zu binden und zu schließen – links zu sein hat. Sie sind die Zeichen der päpstlichen Jurisdiktion[261], und als solche darf sie sonst niemand benutzen.

Als drittes Zeichen ist der sog. Ombrellino oder Pavillon zu nennen, der zusammen mit den Petrusschlüsseln in der Zeit der Sedisvakanz vom Kardinalkämmerer getragen wird. Nach der Wahl eines Papstes verschwinden sowohl der Ombrellino als auch die Schlüssel aus dem Siegel des Kardinals. Der Pavillon kann z. B. auch im Schild einer Familie dargestellt werden, die sich um die Kirche verdient gemacht hat oder aus der ein Papst hervorgegangen ist und die dadurch in besonderer Weise ausgezeichnet wurde.

Ein weiteres kirchliches Zeichen, das in der Heraldik verwendet wird, ist die Mitra. Sie übernimmt gewissermaßen die Rolle der Rangkrone, da sie die Stellung des Bischofs und Erzbischofs symbolisiert; auch einigen Äbten und Domherren steht sie zu. In der Heraldik wird die Mitra über dem Schild oder

258 Heim, Wappenbrauch, S. 64f.; ders., Heraldry, S. 49ff. Darstellung Papst Innozenz' III. auf dem Fresko des 13. Jahrhunderts in Sacro Sepolcro in Subiaco oder Papst Silvester auf dem Fresko des 13. Jahrhunderts in der Silvesterkapelle in Santi Quatro Coronati in Rom.

259 Paravicini-Bagliani, Le chiavi e la tiara, S. 77f: Die Tiara Bonifaz' VIII. würde auf diese Weise die vollkommene päpstliche Macht repräsentieren.

260 Landner, Papstbildnisse II., S. 315, III., S. 303. Paravicini-Bagliani, Il trono di Pietro, Rom, 1996, S. 29f. Wobei die Zahl der Kronen in der Kunst durchaus nicht einheitlich war, wie die Darstellung von Papst Alexander III. mit zwei Kronen auf dem Fresko von Spinello Aretino in Palazzo Comunale in Siena, 14. Jahrhundert beweist.

261 Heim, Wappenbrauch, S. 69; ders., Heraldry, S. 54.

darauf sitzend dargestellt; sie kann reich verziert sein – z. B. mit Stickereien oder Edelsteinen. Als Grundfarben werden heute Weiß und Gold benutzt. Von der Mitra hängen hinten zwei weiße oder goldene, rot gefütterte Stoffstreifen herab. Im Mittelalter benutzten die Bischöfe und Äbte als Rangzeichen ihrer Jurisdiktion den Krummstab hinter oder neben ihrem Wappen. Die Äbte sollten am Knauf des Stabes ein *velum* tragen (auch *sudarium* genannt). Die Bischöfe hatten das Recht, Handschuhe zu tragen, und brauchten das *velum* daher nicht.

Das heute am häufigsten benutzte Würdezeichen in der kirchlichen Heraldik ist der Prälatenhut. Nach der Tradition bestimmte Papst Innozenz IV. 1245, dass die Kardinäle einen roten Hut zu tragen hätten, als Zeichen ihrer Bereitschaft, für den Glauben auch ihr Blut zu vergießen[262]. Die ersten Darstellungen eines solchen Hutes über einem Wappen sind schon vom Anfang des 14. Jahrhunderts bekannt[263]. Im 15. Jahrhundert wird die heraldische Verwendung des Kardinalshuts allgemein. Die Zahl der Quasten an den Kordeln, die vom Hut beidseitig herunterhängen, war am Anfang unbestimmt. Erst im 19. Jahrhundert wurde die Zahl der Quasten bei Kardinälen auf 15 festgelegt. Der Brauch, einen grünen Hut für die Erzbischöfe und Bischöfe zu benutzen, kommt vermutlich aus Italien oder Spanien. Bei den Erzbischöfen zählt man zehn, bei den Bischöfen sechs Quasten an jeder Seite des Schildes. Die Prälaten und Palastprälaten haben einen violetten Hut mit jeweils sechs Quasten, die Prälaten von niedrigerem Rang führen einen schwarzen Hut, aber verschiedenfarbige Quasten (violette oder schwarze).

Die Patriarchen, Erzbischöfe und Bischöfe stellen in der Regel noch das Vortragekreuz hinter den Schild (unterhalb des Hutes). Das Kreuz der Patriarchen und Erzbischöfe war ursprünglich einfach, aber nachdem es auch von Bischöfen getragen wurde, bürgerte sich der Brauch des doppelten oder Patriarchenkreuzes ein.

262 Heim, Wappenbrauch, S. 83; ders., Heraldry, S. 68.
263 Kardinal Riccardo Petroni (+ 1313) in der Kathedrale in Siena.

Erzbischof Bruno Bernhard Heim († 18.03.2003), Heraldiker: Sch.: in Silber auf einem Dreiberg grün, ein Löwe gold, bewehrt rot, rechts oben von einem kleinen Stern (6) gold, begleitet. Würdezeichen: Bischofshut mit zwei Kordeln mit jeweils 10 Fiochi, alles grün, ein Patriarchenkreuz gold mit Edelsteinen verziert.

5. DAS WAPPENRECHT

Bartoli a Saxoferrato Tractatus de insigniis et armis, hrsg. von Felix Hauptmann, Bonn, 1883 – Freier, Walter, Wappenkunde und Wappenrecht. Praktische Einführung in die Heraldik und Wappenrechtsfrage, Leipzig, 1934 – Hauptmann, Felix, Wappenrecht. Historische und dogmatische Darstellung der im Wappenwesen geltenden Rechtssätze, Bonn, 1896 – Klee, Otto, Das Wappen als Rechtsobjekt, in: Der deutsche Herold, 1907, S. 21–27 – Rechtsgrundlagen der Heraldik. Gesetze und Verordnungen des 19. und 20. Jahrhunderts, hrsg. von RolfNagel, Köln, 1988 – Upton, Nicolai, De studio militari libri quatuor. Johan. de Bado Aureo, Tractatus de armis. Henrici Spelmanni Aspilogia. Edoardus Bissaeus. e codicibus mss. primis publici juris fecit, notisque illustraxit.

Schon die Entstehung der Heraldik im hauptsächlich militärischen Umfeld bestimmte den Kreis derer, die das Recht auf ein Wappen hatten, nämlich die Waffentragenden. Nicht umsonst betont man immer wieder die Verwandtschaft der Worte Wappen und Waffen. Hierzu gehörten auch die „unfreien" Ministerialen, die im Dienst eines Feudalherren standen. Die Tatsache, dass sie bewaffneten Dienst leisteten, gab ihnen das Recht auf ein Wappen. Im Laufe der Zeit, wohl schon in den Anfängen der Heraldik, wurde dieses Recht auf jeden Freien, der Kriegsdienste leistete, erweitert, da er seine Freiheit und seinen Besitz schützen durfte. Dieser Zustand war schon in der zweiten Hälfte des 12. Jahrhunderts erreicht, und seit der Mitte des 14. Jahrhundert sind auch Wappen freier Bauern überliefert[264].

Mit der Erfordernis eines Siegels als Rechtssymbol – z. B. nach Amtsernennungen – wurde die Annahme eines Wappens durch eine bisher wappenlose Person die Regel. Dies bedeutete die Ausdehnung des Wappenwesens auch auf nicht-militärische Personenkreise, wie Geistliche, Gelehrte, Frauen, und auf Städte oder Korporationen als juristische Personen.

Somit entwickelte sich ein festes Recht. Jeder konnte ein Wappen nach seinem Geschmack wählen, mit der einzigen Einschränkung, dass es nicht mit einem anderen Wappen identisch sein durfte[265]. Bei zufälliger Ähnlich-

264 Leonhard, Walter, Das große Buch der Wappenkunst, München, ^{3}1984, S. 32f.; Galbreath, Donald Lindsay/Jéquier, Léon, Lehrbuch der Heraldik, München, 1978, S. 42f., 50, 52.

265 Schon in der Mitte des 14. Jahrhunderts beschäftigte sich mit dieser Frage der italienische Jurist Bartolo de Saxoferrato, der auch einige Zeit am Hofe Karls IV. wirkte. Er soll das Amt des Hofpfalzgrafen gehabt haben, und als Zeichen des Amtes erteilte ihm Karl IV. das böhmische Wappen in anderen Tinkturen: in Gold einen roten doppelschwänzigen Löwen, A. Zelenka, Heraldische Bemerkungen, in: Kaiser Karl IV. Staatsmann und Mäzen, Köln, 1978/79, S. 316. Auch er war der Auffassung, dass jeder das Recht hat, ein Wappen zu tragen und es frei zu wählen, allerdings verschieden von den schon existierenden, genauso wie jeder das Recht hat, frei seinen Namen zu wählen und zu tragen. Bartoli a Saxoferrato Tractatus: §4. *Quilibet potest assumere sibi arma et*

keit oder sogar Gleichheit – selbst in verschiedenen Ländern – konnte ein Schiedsrichter entscheiden, oder man einigte sich auf bestimmte Beizeichen zur Unterscheidung, ohne indes völlig verhindern zu können, dass einige miteinander nicht verwandte oder verschwägerte Geschlechter das gleiche Wappen trugen. Kaiser Karl IV. führte die Wappenverleihung in Form eines Wappenbriefes ein. Seitdem versuchten die Hofkanzleien immer wieder, die freie Annahme des Wappens zu unterbinden, jedoch ohne Erfolg[266]. Im Gegenteil, oft ignorierten alte Adelsfamilien verbriefte kaiserliche oder königliche Wappenbesserungen und benutzten weiterhin ihr altes Stammwappen[267].

Normalerweise hatten alle Familienmitglieder das Recht, das Familienwappen zu tragen. Dieses wurde vom Vater auf die Kinder vererbt. Beim Aussterben der Familie konnte das Wappen an den Gatten der Erbin und deren Kinder oder auf den nächsten Verwandten übergehen. Das moderne Wappenrecht richtet sich nach der Rechtslage des jeweiligen Staates[268].

Bartolus a Saxoferrato, Hofpfalzgraf, Rechtsgelehrter:
Sch.: in Gold ein Löwe rot, doppelschwänzig.

insignia, illa portare et in rebus propriis impingere. (Jeder kann Wappen und Abzeichen annehmen, sie tragen und auf ihm gehörige Sachen malen), § 10. *Arma seu insignia domus transeunt in omnes descendentes de illa agnatione*. (Wappen und Abzeichen eines Hauses gehen auf alle Nachkommen im Mannesstamm über), *§ 11. Bastardi non utuntur insigniis de jure, licet de consuetudine non servatur in Tuscia*. (Bastarde haben nicht das Recht, sich der Abzeichen zu bedienen, obgleich man sich in Tuscien nach Gewohnheitsrecht nicht an diese Regel hält). Noch im 17. Jahrhundert schreibt der englische Autor Nicolas Upton, De studio militari ..., S. 258: „Arma tamen propria auctoritate assumpta, si tamen alius illa per prius non portaverit, sunt satis valida".

266 Scheibelreiter, Heraldik, S. 125.

267 Louda, Jiří/Janáček, Josef, České erby (Tschechische Wappen), Praha, 1988, S. 308 (von Thun); Arndt, Jürgen, Die Entwicklung der Wappenbriefe von 1350 bis 1806 unter besonderer Berücksichtigung der Palatinatswappenbriefe, in: Herold 7, 1969/71, S. 183; siehe auch Heim, Bruno Bernhard, Über Wappenverschlechterung und die Gold-Silber-Regel, in: Viribus unitis. Festschrift für Bernhard Stillfried, Wien, o.J., S. 163–167.

268 In Deutschland wird auf das Wappen das gleiche Recht wie auf den Namen verwendet, Hildebrandt, Adolf Matthias, Wappenfibel, Neustand an der Aisch, [18]1991, S. 144–149.

6. NEBENGEBIETE DER HERALDIK

6.1 ORDEN UND EHRENZEICHEN

Boehm, Hans-Georg, Hochmeisterwappen des Deutschen Ordens 1198–1618, Tauberbischofsheim, 1990 – Ganz, P., Die Abzeichen der Ritterorden im Mittelalter, in: Schweizer Archiv für Heraldik, 1905/06 – Hartmann-Franzenshuld, H. von, Die Potence des Toison d'or, in: Jahrbuch Adler 10 – Hauptmann, Felix, Der Wappenbrauch in den Ritterorden des Mittelalters, in: Schweizerisches Archiv für Heraldik 24, Zürich, 1910, S. 49–55 – Oelsnitz, A. B. E. von der, Herkunft und Wappen der Hochmeister des Deutschen Ordens 1198–1525, Königsberg in Preußen, 1926 – Viel-Castel, Horace comte de, Statuts de l'Ordre du Saint Esprit, Paris, 1853

Die Ordenssymbolik ist mit der Heraldik sehr eng verbunden, obwohl die Ordenszeichen in ihr eigentlich nur eine unwesentliche Rolle spielen und in vielen Fällen – wenn es sich nicht um einen großen bedeutenden Orden handelt – nur eine dekorative und informative Aufgabe haben.

Die mittelalterlichen Ritterorden sollten dafür Sorge tragen, dass die Jerusalempilger in relativer Sicherheit die heiligen Stätten besuchen konnten. Zu ihnen zählen die Johanniter (später auch Malteser genannt) – ihr Zeichen war ursprünglich ein schwarzer Mantel mit einem weißen Kreuz, später ein roter Mantel mit einem achtspitzigen weißen Kreuz –, die Templer – ein weißer Mantel mit einem roten Kreuz – und der Deutsche Orden[269]. Auf der iberischen Halbinsel wurden im Verlauf der Reconquista mehrere Ritterorden gegründet (Orden von Alcantara, Calatrava, Christusorden usw.) und zum Kampf gegen die Mauren im Süden des Landes eingesetzt.

Seit dem 14. Jahrhundert häufen sich Gründungen von sog. Hoforden, die meist durch souveräne Herrscher begründet wurden und die Vertreter der politisch einflussreichen Adelsfamilien an den Herrscherhof binden sollten. Die berühmtesten sind der Hosenbandorden, der Orden vom Goldenen Vlies oder der italienische Annunziataorden. Auch im 17. und 18. Jahrhundert versuchten verschiedene europäische Souveräne, Orden zu gründen, die alte spätmittelalterliche Orden, wie den Hosenbandorden oder den Orden vom Goldenen Vlies, zum Vorbild hatten. Seit dem 18. Jahrhundert häufen sich Orden, die nur als Auszeichnung für Verdienste gedacht waren und sich so von dem ursprünglichen Ordensgedanken immer mehr entfernten. Mit der Gründung der Ehrenlegion 1802 war ein moderner Verdienstorden geboren, der den meisten im 19. und 20. Jahrhundert gestifteten Orden Pate stand.[270]

269 Wappen der Hochmeister in: H.-G. Boehm, Hochmeisterwappen des Deutschen Ordens 1198–1618, Tauberbischofsheim, 1990.

270 So z. B. der Militär-Carl-Friedrich-Verdienstorden, Baden, gegr. 1807; Militärverdienst-

In der Heraldik spielen die Orden die Rolle eines Prachtstücks. Das Ordenszeichen fand nur bei den militärischen Ritterorden Aufnahme im Wappenschild, wobei das Kreuz entweder mit dem Familienwappen geviert oder in einen Herzschild oder das Schildhaupt gesetzt wurde. Die Mitglieder der Hoforden hängten die Ordenskette um den Wappenschild. Manchmal wurde das Zeichen mit Hilfe eines Rings oder einer Kette an den Schild oder an den Helm angehängt[271] oder es wurde um den Hals des Helms gelegt. Wenn jemand mehrere Orden besaß, wurden die Ordenszeichen schwebend um das Wappen herum gemalt. Mehrere Ketten werden um den Schild gelegt, wobei die des höchsten Ordens am niedrigsten hängt.

6.2 FAHNEN

Herzog, Hans-Ulrich/Hannes, Georg, Lexikon Flaggen und Wappen, Leipzig, 1990 – Neubecker, Ottfried, Fahnen und Flaggen, Leipzig, 1939

Fahnen sind Stofftücher, die militärische Zwecke erfüllten. Um ein solches Stofftuch versammelten sich zusammengehörige Gruppen von Kämpfenden, die dann gemeinsam in die Schlacht zogen. Somit musste die Fahne eine markante Form, auffallende Farben bzw. Zeichen aufweisen.

Der Vorläufer der Fahne ist das römische Vexillum oder das byzantinische Labarum. Diese wurden an einem zur Stange quer aufgehängten Stab befestigt, später bekamen sie unten aufgeschnittene Lätze – damit hatten sie die Form des uns bekannten Gonfanons. Im Mittelalter wiederholten die Fahnen meistens das Wappen des Inhabers oder später die Farben aus dessen Wappen. Dabei galt in der Regel, dass bei zwei waagerechten Streifen oben die Farben der Figur, unten die des Feldes zu sein hatte. Die Fahne hatte einen einmaligen Wert. In den Kriegen musste sie besonders verteidigt werden. Der Verlust der Fahne brachte nicht nur Schande, sondern bedeutete in den meisten Fällen auch die Niederlage. Das Erbeuten einer Fahne war dagegen ein Triumph[272].

orden, Bayern, gegr. 1866; Ordre de Leopold, Belgien, gegr. 1832; Ordern do Cruzeiro, Brasilien, gegr. 1820; Ordre de la Légion d'Honneur, Haiti, gegr. 1852 durch Kaiser Faustin I. nach dem direkten Vorbild der Ehrenlegion; Ordine militare di Savoia, Italien – Kgr. Sardinien, gegr. 1815; Sanct Olavs Orden, Norwegen, gegr. 1847 (Verdienstorden); Kaiserlich Österreichischer Franz-Josef-Orden, gegr. 1849; Ordine del Merito Militare, Großherzogtum Toskana, gegr. 1853 (Großherzog Leopold II.) und viele andere.

271 Wie z. B. bei dem österreichischen Orden vom Zopf oder dem Salamanderorden, siehe Leonhard, Walter, Das große Buch der Wappenkunst, München, ^{3}1984, S. 332f.

272 Im Mittelalter kann man die Fahne mit dem Banner des Adeligen gleichsetzen; auch dieses war als einmaliger Symbolträger sehr wichtig. Es ist ein Fall bekannt, bei dem das Banner eines Adligen im Rathaus als Zeichen der Ehre ausgestellt wurde, und nachdem der Adlige die Stadt danach verraten hatte, hängte man sein Banner als Zeichen der

Die Form der Fahne wechselte im Laufe des Mittelalters öfters. Da sie auch von den berittenen Kämpfern getragen wurde, befestigte man den Stoff direkt an der Stange. Dabei war es bequemer, wenn er breiter als lang war. Später bekam die Fahne eine quadratische Form, wobei dann die Stofffläche als Schildfläche galt und direkt die Schildfigur des Wappens trug. Diese Form wurde im Mittelalter Banner (Panier) genannt. Der niedere Adel benutzte Wimpel, d. h. spitzzulaufende Banner. Wenn man im 14. und 15. Jahrhundert die Spitze der Wimpel feierlich abschneiden ließ und dem Stoffstück so die quadratische Form eines Banners gab, machte man, so wird vermutet, aus einem Ritter auf diese Weise einen Bannerherrn[273].

Eine Weiterentwicklung der Fahne ist die sog. Standarte. Das ursprünglich als ein Feldzeichen dienende quadratische, anfänglich nur einfarbige Stück Stoff wurde im Laufe des Mittelalters farbig sehr phantasievoll gestaltet. Die Farben wurden aus dem Wappen des adligen Anführers übernommen. Die so entstandenen Farbfelder zeigten dann nicht selten auch Bilddevisen *(badges)* oder Buchstaben. Manchmal sieht man auch komplette Wappendarstellungen.

Die Banner des Fußvolkes waren seit dem 15. Jahrhundert groß, quadratisch, mit kurzer Stange[274]. In der älteren Zeit – so im 13. und noch im 14. Jahrhundert – wurde die Wappenfigur, wenn sie auf dem Banner dargestellt wurde, vertikal zur Stange orientiert, später – im 15. Jahrhundert – stand sie parallel zur Stange und „schaute zu ihr". (Die Stangenseite ist die heraldisch rechte Seite, wenn die Figur zur Flugseite schaut, muss es beim Blasonieren gemeldet werden). Manchmal wurde an der oberen Seite des Banners ein sog. Schwengel befestigt, in Rot bedeutete er Blutbann oder Blutgerichtsbarkeit.

Wegen der Einmaligkeit der Fahne entstanden im Mittelalter sog. Duplikatfahnen (auch Duplikatbanner). Der vorwiegend militärische Gebrauch der Fahne setzte voraus, dass der Träger z. B. als Zeichen seines Sieges auf eroberten Plätzen seine Fahne aufpflanzte. Um sich dieser nicht entledigen zu müssen, benutzte man die Duplikatfahne, die den ersten Schritt in der Entwicklung zur Flagge bedeutete. Flaggen können bedenkenlos an mehreren Orten aufgepflanzt oder auf verschiedenen Schiffen benutzt werden. So dienten sie ursprünglich hauptsächlich bei der Schifffahrt als Erkennungszeichen des Staates, unter dessen Schutz ein Schiff fuhr.

Schande auf dem Pranger aus. Louda, Jiří/Janáček, Josef, České erby (Tschechische Wappen), Praha, 1988, S. 327 (von Wartenberg).

273 Galbreath, Donald Lindsay/Jéquier, Léon, Lehrbuch der Heraldik, München, 1978, S. 254f.

274 Diese werden bis heute bei historischen und kirchlichen Festen besonders in Italien benutzt, zum Beispiel beim Palio in Siena (und bei vielen anderen Festen), bei denen sog. „banduri" teilnehmen.

In der Heraldik werden Fahnen als Prachtstücke benutzt, falls sie nicht im Schild oder auf dem Helm erscheinen. Meistens werden sie von Schildhaltern getragen oder sind auf den Seiten des Schildes zu einer reichen Dekoration drapiert. Besonders im 17. und 18. Jahrhundert ließen die siegreichen Adeligen die von ihnen im Krieg erbeuteten Fahnen seitlich ihrer Wappenschilde darstellen. Heute werden oft Fahnen der Regionen eines Staates hinter dem Staatswappen drapiert[275].

Die Beschreibung der Fahnen ähnelt dem heraldischen Blason, was Farben und gemeine Figuren betrifft. Bei bestimmten Heroldsbildern wie Balken oder Pfahl sollte man eher von waagerechten oder senkrechten Streifen sprechen[276]. Bei schwarzweißen Darstellungen werden allgemein die heraldischen Farbschraffuren benutzt.

275 Z. B. beim belgischen Staatswappen.
276 Hildebrand, Adolf Matthias, Wappenfibel, Neustadt an der Aisch, [18]1991, S. 225.

7. DER WAPPENSCHWINDEL

Frhr. von Berchem, Egon, Wappenmissbrauch im In- und Ausland, in: Jahrbuch des deutschen Auslandsinstituts Stuttgart 1937, S. 37–43 – Reise, Heinz, Vom Wappenwesen und Wappenschwindel, Göttingen 1948 – Arndt, Jürgen, Der Wappenschwindel, seine Werkstätten und ihre Inhaber. Ein Blick in die heraldische Subkultur, Neustadt/Aisch 1997

In der Zeit der Romantik begann sich das Bürgertum für die mittelalterliche Geschichte zu interessieren und dabei natürlich für die Familiengeschichte – die Genealogie. Dies führte wiederum zur Neubelebung der Heraldik: „Es war also nicht nur Geltungsbedürfnis oder gar Eitelkeit, das den Wunsch nach Schaffung eines eigenen Familienwappens in breiten Schichten des Bürgertums wachrief."[277] Da die Fürstenhöfe seit dem Ende des Alten Reiches (1806) die Ausstellung der Wappenbriefe für Bürgerliche einstellten und das Amt eines Hofpfalzgrafen ebenfalls mit dem Reich unterging, entstanden vielerorts, besonders in größeren Städten[278], viele sog. heraldische Werkstätten, die die Nachfrage nach Familienwappen deckten. Die populäre Ansicht, man könne ein Wappen nur durch die Erhebung in den Adelsstand, mit dem auch die Wappenverleihung verbunden war, erlangen und die Annahme eines Wappens müsse irgendwo offiziell bestätigt werden, öffnete den sog. Wappenwerkstätten ein lukratives Wirkungsfeld. Die meisten dieser Wappenbureaus oder Heraldischen Institute arbeiteten mehr oder weniger am Rande der Legalität, und bis auf Ausnahmen waren sie historisch und heraldisch und oft auch künstlerisch ungebildet. Normalerweise behaupteten diese Wappenhändler ihren Kunden gegenüber, dass sich in einer Wappensammlung, die ausschließlich in ihrem Besitz sei, das Wappen der Familie des jeweiligen Kunden befinde und dass die Familie des Käufers dieses zu führen berechtigt sei. Oft schwindelte man durch eine kleine Namenskorrektur adlige Abstammung vor. Normalerweise führten die meisten Wappenhersteller eine alte Ausgabe des Siebmacherschen Wappenbuchs vor, in der man dann womöglich gleich oder ähnlich lautende Namen aussuchte. So verkaufte man ein Wappen ohne jeden Nachweis eines genealogischen Familienzusammenhangs an eine andere Familie des gleichen oder nur ähnlich lautenden Namens. Wenn man keinen Namen im einem solchen Wappenbuch fand, kreierte man ein gänzlich neues Wappen, das praktisch nur selten nach den heraldischen Regeln entstand. Dies ist auf die mangelnde heraldische Bildung der selbsternannten Heraldiker zurückzuführen.

277 Arndt, S. 20.
278 Berlin, Dresden, Karlsruhe, München, Wien und anderorts.

Interessant ist, dass die große Mehrheit der angesprochenen Personen diesen Betrug ohne kritisches Prüfen akzeptierte, ja vermutlich wissend vor der Wahrheit die Augen verschloss. Bis heute verdienen viele unseriöse Unternehmen in Amerika und auch noch in Europa an der heraldischen Unwissenheit der Leute. Die Erzeugnisse der Wappenwerkstätten haben bestimmte Merkmale, an denen man sie auch erkennen kann:

1) Der Stil der Wappenzeichnung ist in vielen Fällen primitiv und laienhaft. Er ist heraldisch fehlerhaft. Er ist typisch für bestimmte Werkstätten.
2) Quellenhinweise sind entweder nicht vorhanden, oder die angegebenen Quellen gab und gibt es nicht. Eine praktisch von allen Wappenfälschern angegebene nicht existierende Quelle ist die sog. „Europäische Wappensammlung". Bei der Angabe dieser Quelle handelt es sich mit hoher Sicherheit um ein Schwindelwappen.
3) Die genealogische und heraldische Beschreibung des Familienwappens ist fast ausschließlich erdichtet (d. h. unwahr) und unrichtig. Der Blason ist naiv, unheraldisch und höchst ungenau. Er beschäftigt sich mehr mit phantasievollen und unwichtigen Sinndeutungen der Farben und Figuren als mit der Beschreibung des Wappens.

Leider ist es heute sehr schwer, die Besitzer dieser Schwindelerzeugnisse davon zu überzeugen, dass diese unrichtig und wertlos sind. Da sie mittlerweile bereits mehrere Generationen im Besitz der Familie sind, werden sie für ein historisch und antiquarisch wertvolles Erbstück gehalten.

Es ist noch heute wichtig, dass man alle Angebote, in denen schon ein fertiges Familienwappen präsentiert wird, mit größtem Misstrauen entgegennimmt und prüft. Es darf als sicher gelten, dass diese Angebote unseriös und wertlos sind. Denn wenn man über die eigene Familiengeschichte, ggf. über das möglicherweise vorhandene Familienwappen, etwas erfahren möchte, sollte man sich an einen erfahrenen Genealogen bzw. Heraldiker wenden. Diese arbeiten systematisch nach wissenschaftlichen Prinzipien und liefern objektiv zuverlässige Ergebnisse. Das heißt, dass der Stammbaum systematisch aufgebaut ist, keine Zeitlücken und keine zu auffälligen Namensänderungen aufweist. Gegebene Lautverschiebungen im Namen sollten schon bei ein und derselben Person nachzuweisen sein, damit die Folge als sicher gelten kann. Dass ein Familienwappen bereits vorhanden ist, muss normalerweise durch eine Wappenurkunde oder jedenfalls durch einen als Quelle geltenden Gegenstand, z. B. Siegel, Stickereien oder in Stein gemeißelte Schlusssteine aus dem historischen Familienbesitz, bewiesen werden. Vermutungen und Annahmen werden nie als gegebene Tatsachen präsentiert. Weiterhin kann man sicher sein, dass man, wenn man sich von einem erfahrenen Heraldiker ein neues Wappen entwerfen lässt, auch ein heraldisch einwandfreies Wappen erhält, das den heraldischen Regeln tatsächlich entspricht.

8. ANHANG

8.1 ERNENNUNG EINES WAPPENKÖNIGS

Original im Státní oblastní archiv Třeboň (Wittingau) rukopisy Třeboň, sign. C3 (Summa cancellarie regis Bohemie, ohne Datum, publ. in F. Palacký, Über Formelbücher, Prag 1847) S. 114, Nr. 126.

Facit regem omnium heraldorum.
Wenceslaus etc. dilecto nobis etc. Fi. di. Cum jam multo temporis tractu ad nostra et celebris memoriae domini quondam Karoli, Romanorum imperatoris et Boemiae regis, genitoris nostri carissimi, obsequia gratum te reddere studueris, et quotidiano virtutis affectu te promptum exhibeas, pro hoc videlicet, ut te in omnibus terrarum finibus, ubi gentes armorum pro militarium actuum exercitio convenire volent frequenter, te constituas, inquirens solerter, prout hoc tui officii requirit conditio, qualiter a quolibet inibi opera militaria peragantur: idcirco diuturnitate laboris et inmota fidei tuae conditione pensatis, te veluti bene meritum, quem conversatio morum et vitae laudabilitas plurimum recommendant, regem omnium heraldorum seu servorum armorum in toto regno nostro Boemiae et ejus singulis principatibus, terris, dominiis et districtibus de Romanae regiae potestatis plenitudine statuimus, facimus, creamus et praesentibus elevamus, decernentes, quod universi et singuli heraldi seu armorum famuli praedicti nostri regni te tamquam ipsorum regem honorare debeant, et in locis singulis, quoties et dum eis conventus fuerit, cum solemnitate debite revereri, tibique in his, quae ad tui regiminis de consuetudine vel de jure spectant officium fideliter obedire, quodque vestes, robbas, equos et alia quaevis donaria, quibus specialibus nominibus exprimi valeant, quae tibi de regum, ducum, principum, comitum, baronum, militum, clientum aut quorumcumque imperii sacri fidelium, cujuscumque gradus seu nobilitatis existant, liberalitate fuerint erogata, libere vendere possis ubique locorum absque telonei seu alterius datii solutione, quae tibi de speciali nostrae celsitudinis favore praesentibus ad vitae tuae tempora relaxamus. Requirimus igitur universos nostros et imperii sacri fideles, praecipue regni nostri Boemiae fideles dilectos, quatenus te tamquam heroldum familiarem nostrum et aliorum heraldorum regni nostri Boemiae regem, dum ad ipsos et eorum loca declinaveris, contemplatione regia pertractent favorabiliter et amice, tibique de securo conductu per ipsorum terras et districtus provideant ad regiae majestatis etc. praesentium etc.

8.2 DIE ENTWICKLUNG DES WAPPENS FRIEDRICHS V. VON DER PFALZ

1. Otto II. der Erlauchte heiratete 1212 in Nürnberg Agnes, die Schwester des letzten rheinischen Pfalzgrafen Heinrich II. (†1214) und dessen Erbin. Er trat sein Erbe 1228 an. Im Jahre 1229 siegelte er schon mit einem Löwen. Es wird daher vermutet, dass der pfälzische Löwe aus dem Wappen der Welfen stammt[279], Da er so auch nach dem Tod seines Vaters, Ludwig des Kelheimers (†1231), siegelte, nimmt man an, dass er dessen Wappen nicht übernommen hatte[280] und somit auch als Herzog von Bayern den Löwen von der Pfalz führte.

2. Nach dem Aussterben der Grafen von Bogen (†1242) kam das Bogener Erbe an Otto II. und damit auch das Rautenwappen, das für die Bogener schon seit dem Jahr 1204 bezeugt ist. 3. Die Söhne Ottos II., Ludwig II. und Heinrich, siegelten 1247 mit dem Rautenwappen. So wurde der Löwe mit den Rauten seit der Mitte des 13. Jahrhunderts zum festen Bestandteil des Wittelsbacherwappens. Jede Linie ergänzte ihr Wappen jeweils mit dem Wappen ihrer Herrschaft. 4. Die pfälzische Linie, die das Kurrecht hatte, führte als Zeichen des Amtes in Rot einen goldenen Reichsapfel. 5. Der aus dieser Linie stammende Führer der protestantischen Union, Friedrich V. von der Pfalz, wurde 1619 zum böhmischen König gewählt (der sog. „Winterkönig“) und ergänzte sein wittelsbachisches Wappen durch die Wappen der Länder der böhmischen Krone.

Die Blasonierung des Wappens (gemäß der in Arndt, Jürgen/Seeger, Werner, Wappenbilderordnung, Neustadt an der Aisch, 1986 und 1996, Bd. 1, S. 34–43 vorgeschlagenen Formulierungsweise) lautet: gespalten und zweimal geteilt mit einem Herzschild, darin: geteilt, rechts in Schwarz ein Löwe gold, bekrönt und bewehrt rot, links von silber-blau geroutet, mit einer eingepfropften Spitze rot, belegt mit einem Reichsapfel gold, 1. in Rot ein Löwe silber, doppelschwänzig, bekrönt und bewehrt gold, 2. in Blau ein Adler von silber und rot geschacht, bekrönt und bewehrt gold, 3. in Gold ein Adler schwarz, bewehrt rot, mit einer Sichel silber, belegt, die in der Mitte mit einem Kreuzchen und an den Enden mit je einem Dreipass besteckt ist, 4. von Silber und Blau siebenmal geteilt, darüber ein Löwe rot, bewehrt gold, 5. in Blau eine Zinnenmauer mit drei Zinnen gold, gemauert, 6. in Silber ein Stier rot, bewehrt gold. Über dem Schild die böhmische St. Wenzelskrone. Schildhalter: zwei goldene Löwen.

279 Rattelmüller, Paul Ernst, Das Wappen von Bayern, München, 1989, S. 15.

280 Ludwig der Kelheimer führte in den Jahren 1214/16–1229 einen Zickzackbalken und davor einen Adler im Siegel.

1

2

3

4

5

Die Entwicklung des Wappens des sog. „Winterkönigs“ von Böhmen
Friedrich V. von der Pfalz

8.3 DIE ENTWICKLUNG DES WAPPENS DES KÖNIGREICHS SPANIEN UM 1500

1.-3. Nachdem Ferdinand III. von Kastilien im Jahre 1230 auch König von León geworden war, begann er die Wappen dieser Königreiche (in Rot eine goldene Burg mit blauen Fenstern und Tor für Kastilien und in Silber einen purpurnen, auch roten Löwen für León, in beiden Fällen ein redendes Wappen) in Form einer Vierung zu kombinieren.

4.–5. Nachdem Peter III. von Aragón im Jahre 1282 König von Sizilien geworden war, begann er das Wappen von Aragón (im Gold vier rote Pfähle) im Form einer Schrägvierung mit dem Wappen seiner Frau Konstanze (in Silber ein schwarzer Adler), der Tochter König Manfreds, zu führen. Dieses Wappen ist dann als das Wappen von Sizilien in die Heraldik eingegangen. Sein Königreich teilte er unter seinen Söhnen Alphons III. und Friedrich II. in zwei selbständige Königreiche. Allerdings wurden diese nach deren Tod von seinem dritten Sohn Jakob II. wieder vereinigt. Von dessen Söhnen wurde Alphons IV. König von Aragón und Peter II. König von Sizilien.

6. Nach dem Aussterben bei der Linien wurden beide Königreiche im Jahr 1412 nochmals in der Hand von Ferdinand I. König von Aragón und Sizilien vereinigt. Dies spiegelt sich in einer neuen Spaltung des Wappens wider, wobei man rechts die vier Pfähle von Aragón und links das schräggevierte Wappen von Sizilien sieht.

7. Im Jahre 1469 heiratete Ferdinand II. von Aragón die Erbin von Kastilien, Isabella die Katholische. Somit wurden die beiden spanischen Königreiche vereinigt. Das Wappen, das danach benutzt wurde, entspricht der damaligen heraldischen Regel, die in Spanien typisch war, der Form einer Vierung.

8. Nach der Eroberung des Emirats Granada im Jahr 1492 kam zu dem Wappen des Königreichs noch ein silbernes Feld mit einem grünem Granatapfel in der Spitze des Schildes dazu.

Die Blasonierung des Wappens (gemäß der in Arndt, Jürgen/Seeger, Werner, Wappenbilderordnung, Neustadt an der Aisch, 1986 und 1996, Bd. 1 S. 34–43 vorgeschlagenen Formulierungsweise) lautet: geviert mit einer eingepfropften Spitze silber, mit einem Granatapfel grün, geöffnet rot, 1. und 4. geviert von Rot und Silber: mit in Rot einem Kastell gold, mit drei Türmen, und in Silber einem Löwen purpur, bekrönt; 2. und 3. gespalten: rechts in Gold vier Pfähle rot, links schräggeviert: oben und unten in Gold vier Pfähle rot, rechts und links in Silber ein Adler schwarz.

Die Entwicklung des spanischen Wappens um 1500

8.4 DIE HERALDISCHEN UND GENEALOGISCHEN VEREINE BZW. GESELLSCHAFTEN

Die meisten heraldischen und genealogischen Gesellschaften haben eine Webseite, (besonders gelungene: Australien und Kanada) und eine E-Mail-Adresse.

Deutschland: Der HEROLD, Verein für Heraldik, Genealogie und verwandte Wissenschaften, gegr. 3.11.1869, Archivstr. 12–14, 14195 Berlin-Dahlem

Heraldischer Verein „Zum Kleeblatt", gegr. 4.12.1888, Sitz des Vereins Hannover, Geschäftsstelle Auf der Bünte 11, 27283 Verden

Österreich: Heraldisch-Genealogische Gesellschaft „Adler", gegr. 1.5.1870, Haarhof 4a, Wien I.

Schweiz: Schweizerische Heraldische Gesellschaft, gegr. 1891, Adresse des derzeitigen Präsidenten Markus Reto Hefti, Rankenhaus, CH-5062 Oberhof

Gilde der Zürcher Heraldiker, gegr. 1930, Kontakt über die Schweizerische Heraldische Gesellschaft

Australien: The Australian Heraldry Society, PO Box 107, Lawson NSW 2783, Australia (President: Richard d'Apice), gegründet: 1961

Kanada: The Royal Heraldry Society of Canada, P.O. Box 8128, Terminal T, Ottawa, ON K1G 3H9, Canada

USA: The American College of Heraldry, gegründet 1972, Kontakt über das Internet

The Augustan Society Inc. gegr. 1957, P.O. Box 771267, Orlando FL 32877-1267, United States

Niederlande: Koninklijk Nederlandsch Genootschap voor Geslacht- en Wapenkunde, gegr. 24.1.1883, Prins Willem-Alexanderhof 24, Postbus 85630, 2508 CH Den Haag

Skandinavien: Societas Heraldica Scandinavica, gegr. 27.5.1959, Copenhagen

Suomen Heraldinen Seura, PL-48, 00101 Helsinki

Norsk Heraldisk Forening, Oslo, Norwegen

Riddarhuset, (House of Nobility of Sweden), Riddarhustorget 10, Box 2022, 10311 Stockholm, Schweden

Großbritannien: The Heraldry Society, gegr. 1947, PO Box 772, Guildford, Surrey GU3 3ZX, England

The Heraldry Society of Scotland, gegr. 1977, 25 Craigentinny Crescent, Edinburg, EH7 6QA, Scotland UK,

Norfolk Heraldry Society, 26c Shotesham Road, Poringland, Norwich NR14 7LG

Irland: National Library of Ireland, Office of the Chief Herald of Ireland, Kildare Street, Dublin 2

Belgien: Office généalogique et héraldique de Belgique, gegr. 1942, Park du Cinquantenaire 10, Brüssel

Frankreich: Société Française d'Héraldique et de Sigillographie, gegr. 1938, 60, rue des Francs-Bourgeois, 75141 – Paris cedex 03

Italien: Collegio Araldico, gegr. 1853, via St. Maria dell'Anima 16, 00186 Roma

Istituto Araldico Genealogico Italiano, gegr. 1992, in piazza Caiazzo 2, I-20124 Milano. Nobiltà, Rivista di Araldica, Genealogia, Ordini Cavallereschi, Jahreszeitschrift

Spanien: Societat Catalana de Genealogia, Heràldica, Sigillografia, Vexillologia i Nobiliària, gegr. 30.06.1983, c. Jaume I, 33–51, 08190 Sant Cugat Del Vallès, (el Vallès Occidental) Barcelona, (Catalunya – Espanya)

Real Academia Matritense de Heráldica y Genealogía, gegr. 1.10.1988, Monte Esquinza, 16, Madrid, Spanien

Portugal: Instituto Portugés de Heráldica, Largo do Carmo, Lissabon 2

Polen: Polskie Towarzystwo Heraldyczne, Rynek Starego Miasta 29/31, PL 00-272 Warszawa Polska (Biuletyn Polskiego Towarzystwa Heraldycznego)

Tschechien: Česká genealogická a heraldická společnost, gegr. 1969, Fantova 1784/28, 155 00 Praha 13 - Stodůlky, Genealogické a heraldické listy

Heraldická společnost v Praze (Heraldische Gesellschaft in Prag), Kontakt an: Ing. Jan Loch, P.S. 252, CZ-111 21 Praha 1

Moravská genealogická a heraldická společnost, gegr. 1972, Brno, Genealogické a heraldické informace (seit 1989)

Slowakei: Slovenská genealogicko-heraldická spoločnost, Slovak Genealogical-Heraldic Society, gegr. 1991, nám. J. C. Hronského 1, 036 01 Martin, Slovensko

Ungarn: Magyar genealógiai és heraldikai társaság (Hungarian Genealogy and Heraldry Society), Dr. Pandula Attila, ELTE University of Budapest, Pesti Barnabás u. 1, 1052 Budapest V

Serbien: Српско хералдичко друштво „Бели Орао“ / Serbian Heraldic Society „White Eagle“, Serbische heraldische Gesellschaft „Weißer Adler“, gegr. 1991, Nevesinjska 7, Beograd, Srbija

Russland: Русская Геральдическая Коллегия (Das Heraldische Kollegium Russlands), wiedergegründet 1991 (eingetragen als Gesellschaft 1995) P.O. Box 2677, Kirov 610031, Russland

9. BIBLIOGRAPHIE

9.1 QUELLEN

Die wichtigsten heraldischen Quellen:

Matthew Paris, Historia Anglorum, Chronica Majora, Abbrevatio Chronicarum, Liber Additamentorum. ca. 100 Schilde, London, British Museum, Ms. Royal 14 C VII, bzw. Ms. Cotton Claudius D VI. Auch als Auszug: The Matthew Paris Shields, 1244, London, British Museum, Ms. Cotton, Nero D 1, fol. 170–170b.

Rôle d'armes Bigot, 1254. Original verloren, Kopie aus dem 17. Jahrhundert. 295 Wappenbeschreibungen auf Französisch. Paris, Bibliothèque Nationale, Ms. Français 18648, fol. 32–39. Veröffentlicht: Archives héraldiques suisses 63, 1949, S. 15–22, 68–75, 115–121.

Armorial Wijnbergen, 1265–1288. 1302 farbige Wappenschilde. 's-Gravenhage, Koninklijk Nederlandsche Genootschap voor Geslachten Wapenkunde. Veröffentlicht: Archives héraldiques suisses, 1951–1954.

Herolds' Roll, um 1270–80. 892 gemalte Wappenschilde. London, College of Arms, Ms. B 29, pp. 20–27, und Cambridge, Fitzwilliam Museum, MS. 297.

Rôle d'armes de l'ost de Flandre (Rôle d'armes Chifflet-Prinet), 1297. Original verloren, Kopien. Wappenbeschreibungen und Zeichnungen. Besançon, La Bibliothèque, Ms. 186. Veröffentlicht: Archives héraldiques suisses 73, 1959, S. 2–7.

Große Heidelberger Liederhandschrift, um 1300. Heidelberg, Universitätsbibliothek, cod. palat. germ. 848.

Wappenschilde im Hause »Zum Loch« in Zürich, 1306. Reste der wappengeschmückten Dachbalken in Zürich, heute im Schweizerischen Museum.

Turiner Wappenbuch, 1312. 119 Wappenbeschreibungen auf Französisch. Teilnehmer der Kaiserkrönung Heinrichs VII. in Rom. Turin, Archivio di Stato, Diplomi Imperiali, Mazzo 4 no. 12.

Falttisch aus dem Rathaus von Lüneburg, 1328. Farbige Vollwappen von Königen und Fürsten. Museum Lüneburg.

Wappenbuch „Van den Ersten", Skizzenbuch, um 1330. 450 Wappen. Original im 2. Weltkrieg verschollen, Kopie von 1578 in Brüssel, Herzoglich Arenbergisches Archiv.

Zürcher Wappenrolle, um 1340. 450 Wappen und 28 Banner. Zürich, Zentralbibliothek, deponiert im Schweizerischen Landesmuseum. Veröffentlicht als Faksimile mit Kommentaren, Zürich, 1930; veröffentlicht von Michel Popoff, mit einem Vorwort von Michel Pastoureau, in: Documents d'héraldique médiéval 9, Paris, 1986.

Balduineum oder die Romfahrt Kaiser Heinrichs VII., um 1345, Koblenz Landeshauptarchiv. Veröffentlicht: Die Romfahrt Kaiser Heinrichs VII. im Bilderzyklus des Codex Balduini Trevirensis, bearb. von Georg Irmer, Berlin, 1881 und Franz-Josef Heyen: Kaiser Heinrichs Romfahrt. Die Bilderchronik Kaiser Heinrichs VII. und Kurfürst Balduin von Luxemburg (1308–1313), Boppart, 1965; Il viaggio di Enrico VII in Italia, a cura di Antonio Dentoni-Litta, Città del Castello, 1993

Wappentafeln Kurtrierischer Burgmannen, um 1345.248 nach Burgen geordnete Wappenschilder. Gemalt auf der Rückseite der Chronik vom Romzug Kaiser Heinrichs VII., sog. Balduineum. Koblenz, Landeshauptarchiv.

Wappensaal zu Lauf/Pegnitz, 1360. 114 plastische kolorierte Wappenschilde.

Wappenurkunden deutscher Ritter in Italien, 1361. 106 farbige Wappenschilde in zwei Urkunden. Mantova, Archivio Gonzaga, Esterni B 27 no. 1, busta 48. Veröffentlicht: Karl H. Schäfer, Eine Wappenurkunde deutscher Ritter in Italien, Paderborn, 1911.

Armorial Bellenville, ca. 1364–1386. 1722 Wappenschilde, 487 mit Helm und Helmzier. Veröffentlicht von Léon Jéquier, Paris, 1985.

Armorial du héraut Navarre, 1368–1675. Wappenbuch des Martin Carbonnel. Wappen des französischen Adels. Kopie des 15. Jahrhunderts, Paris, Bibliothèque Nationale, Ms. fr. 14356. Veröffentlicht von Louis Douët d'Arcq, Paris, 1859.

Gelres Wappenbuch, 1370–1386. 1755 farbig gemalte Vollwappen. Brüssel, Bibliothèque Royale, Ms. 15652–56. Veröffentlicht: Archives héraldiques suisses 1961–1968 und separat.

Bejerens Holländische Chronik, um 1409. Arbeit des holländischen Herolds „Bayern". Brüssel, Bibliothèque Royale, Ms. 17914.

Ulrich Richenthals Chronik des Konzils zu Konstanz, 1414 bis 1418. Original verloren, Kopien z. B. in Konstanz, Prag (Faksimile Potsdam 1922).

Armorial Lalaing, Handschrift in der Bibliothèque Nationale, FR. 24049 (fol. 71 v°–80), 1420, veröffentlicht von Michel Popoff in: Documents d'héraldique médiéval 3, Paris, 1989

Erfurter Universitätsmatrikel, seit 1420. Erfurter Stadtarchiv, Cod. Erfurt, fol. 104.

Fondo Malvezziano della Nazione Germanica, Bologna, Museo dell'Università di Bologna, Annales seu Libri nationis, liber primus, Sez. In, n. 1; Matriculae, Sez. H, n. 1; Liber armorum primus, Sez. V, n. l, Liber armorum secundus, Biblioteca Universitaria di Bologna, Ms. 4201; Wappen der Studenten und Universitätslehrer der Universität in Bologna, die aus dem Gebiet des mittelalterlichen römischen Reiches kamen. Ca. 160 Wappen. Veröffentlicht durch Giuseppe Plessi, Araldica ultramontana a Bologna dal Fondo Malvezziano della Nazione Germanica, Bologna, 1980.

Armorial du héraut Sicile (Wappenbuch des Herolds Sicile) 1425. Original verloren, mehrere alte Kopien. Allgemeines Wappenbuch, 1976 Wappenschilde. 1. Paris, Bibliothèque Nationale, Ms. fr. 4366, 2. Paris, Bibliothèque de l'Arsenal, Ms. 4910.

Wappenbuchlein E(iner) E(hrbaren) Zunft zu Pfistern in Luzern, 1428. Luzern, Bürgerbibliothek.

Bruge's Garter Book, um 1430. Wappen der Ritter des Hosenbandordens. London, British Museum, Stowe 594.

Lehensbuch des Bistums Basel, 1441. Wappen der Lehensleute des Bistums. Karlsruhe, Familienarchiv des Großherzoglichen Hauses von Baden.

Armorial Gymnich, um 1445. Brüssel, Bibliothèque Royale, Ms. H 6567 (Fonds Houwaert).

Wappenbuch der österreichischen Herzöge, um 1446. 141 Wappen, 21 Wappenschilde, 4 Doppelwappen. Wien, Staatsarchiv, Nr. 157.

Hans Burggrafs Wappenbuch, um 1450. ca. 600 Wappen. London, British Museum, Ms. Additional 15681.

Hans Ingerams Wappenbuch (Codex Cotta oder Ingeram Codex), 1459. Ca. 1100 Wappen. Wien, Waffensammlung des Kunsthistorischen Museums, Inv. Nr. A 2302. Veröffentlicht durch Charlotte Becher und Ortwin Gamber (Hrsg.), Die Wappenbücher Herzog Albrechts VI. von Österreich (Ingeram Codex der ehern. Bibliothek Cotta), Wien, Köln, Graz, 1986

Gebhard Dachers Konstanzer Chronik, um 1465.646 Wappen, auf Konstanz und Umgebung bezogen. St. Gallen, Stiftsbibliothek, Cod. 646.

Baseler Universitätsmatrikel, Band I, seit 1460. Basel, Universitätsbibliothek, Ms. AN H 3–4a.

Lehenbuch des Bistums Speyer, 1465. Wappen der Lehensleute des Bistums. Karlsruhe, Generallandesarchiv, Kopialbücher, 300. Veröffentlicht: von Karl Freiherr von Neuenstein, „Wappenkunde“, Jg. 4, 1896.

Lehenbuch des Kurfürsten Friedrich I. von der Pfalz, 1471. Karlsruhe, Generallandesarchiv, Kopialbuch Inv. Nr. 6711057, über 400 Wappen der Lehensleute. Die Wappen wurden nach Pausen in lithographischer Wiedergabe veröffentlicht von Karl Freiherr von Neuenstein, Karlsruhe 1892, weiter von Alfred F. Wolfert (wie unten S. 138).

Warwick oder Rous Roll, 1477–1491. Illustrierte Familiengeschichte. Lat. Fassung: London. College of Arms; engl. Fassung. London, British Museum, Ms. Additional 48976.

Clemens Speckers Österreichische Chronik, 1479. 82 farbige Phantasiewappen. Bern, Stadtbibliothek, Ms. A 43.

Conrad Grünenbergs Österreichische Chronik, um 1480. 11 Vollwappen, 70 Allianzwappen und 14 Dreiergruppen der Herrscher von Österreich. Wien, Staatsarchiv.

Heroldsbuch des Jülicher Hubertus-Ordens, 1480. Über 1000 Vollwappen und mehr als 100 Schilde. Berlin, Staatsbibliothek, Ms. germ. quart. 1479.

Conrad Grünenbergs, Ritters und Bürgers zu Konstanz, Wappenbuch, 1483. Ca. 2000 Wappen. Berlin, Geheimes Staatsarchiv. Kopie: München, Staatsbibliothek. Veröffentlicht: Faksimile, Görlitz 1875.

Wernigeroder (Schaffhausensches) Wappenbuch, um 1490. München, Nachlass Otto Hupp.

Jörg Rugenns Wappenbuch, um 1492.3600 Wappen. Innsbruck, Universitätsbibliothek, Ms. 545.

Gerold Edlibachs Wappenbuch, um 1493. Wappen aus Zürich und Umgebung. Zürich, Antiquarische Gesellschaft, deponiert im Staatsarchiv.

Wappenbuch des Gallus Öhem, um 1496. Wappen mit Bezug auf das Kloster Reichenau. Freiburg im Breisgau, Universitätsbibliothek.

Marianische Ritterkapelle in Haßfurt. 15. Jahrhundert. Mehr als 250 farbige plastische Wappenschilder am Kranz und Fries des Chores. Veröffentlicht: Carl-Alexander von Heideloff, Deutsches Fürsten- und Ritteralbum der Marianischen Ritterkapelle in Haßfurt (Mit genealogischen Notizen und Vorrede von Dr. A. v. Eyne) (XV. Taf.), Stuttgart, 1868.

Armorial du héraut Berry (Wappenbuch des Gilles Le Bouvier, genannt Berry, Wappenherold König Karls VII. von Frankreich), 15. Jahrhundert. Paris, Bibliothèque Nationale, Ms. 4985. Veröffentlicht: durch Emmanuel de Boos, Armorial de Gilles Le Bouvier, Paris, 1995.

Armorial de la Toison d'Or et de l'Europe, frühes 15. Jahrhundert. Paris, Bibliothèque de Arsenal. Veröffentlicht als Faksimile, Paris, 1890.

Leipziger Wappenbuch, 2. Hälfte des 15. Jahrhunderts. Leipzig, Stadtbibliothek, Sig. 11, 12e, 164.

Gemaltes Wappenbuch der Staatsbibliothek München, um 1500. München, Staatsbibliothek, cod. icon. 309.

Bruderschaftsbücher von St. Christoph auf dem Arlberg, Anfang des 15. Jahrhunderts. Wappen der Mitglieder. Wien, Österreichisches Haus-, Hof- und Staatsarchiv.

Bruderschaftsbuch des Sankt-Hubertus-Ordens, Ende des 15. Jahrhunderts. Wappen der Ordensritter. München, Bayerische Staatsbibliothek, cod. icon. 318.

Wappenbuch der Gesellschaft „Zur Katze“, Konstanz 1547. Veröffentlicht: Karl Freiherr von Neuenstein, Karlsruhe, 1904.

Lord Crawford's Armorial (the Armorial of Sir David Lyndsay of the Mount Secundus, 1601, Scottish Armorial) hrsg. von Alex Maxwell Findlater, o.O., 2006

9.2 LITERATUR

9.2.1 Zu den einzelnen Kapiteln

Ursprung der Heraldik:

1. Adam-Even, Paul, Les usages héraldiques au milieu du XIIe siècle d'après le Roman de Troie de Benoit de Sainte Maure et la littérature contemporaine, in: Archivum heraldicum 77, 1963, S. 18–29
2. Brault, Gerard J., Early blazon. Heraldic Terminology in the Twelfth and Thirteenth Centuries ..., Oxford, 1972
3. Fenske, Lutz, Adel und Rittertum im Spiegel früher heraldischer Formen und deren Entwicklung, in: Fleckenstein, Joseph (Hrsg.): Das Ritterliche Turnier im Mittelalter, Beiträge zu einer vergleichenden Formen- und Verhaltensgeschichte des Rittertums, Göttingen, 1985, S. 75–160
4. Haase, Claus-Peter, Rezeption islamischer Kunst im staufischen Sizilien, in: Verwandlungen des Stauferreichs. Drei Innovationsregionen im mittelalterlichen Europa, hrsg. von Bernd Schneidmüller, Stefan Weinfurter, Alfred Wieczorek, Darmstadt, 2010, S. 446–461
5. Hupp, Otto, Wider die Schwarmgeister 1–3, München, 1918–1919
6. Kittel, Erich, Wappentheorien, in: Archivum heraldicum 85, 1971, S. 18–26, 53–59
7. Leaf, William – Purcell, Sally, Heraldic Symbols: Islamic Insignia and Western Heraldry, London, 1986
8. Louda, Jiří, The double-queued lion of Bohemia as symbol of sovereignty, in: L'Aigle et le lion dans le blason médiéval et moderne. Actes du IXe colloque international héraldique, Cracovie 1995, Warszawa, 1997, S. 99–110
9. Mayer, Leo Ary, Saracenic Heraldry, Oxford, 1933
10. Meinecke, Michael, Zur mamlukischen Heraldik, in: Mitteilungen des Deutschen Archäologischen Instituts Abteilung Kairo 28, 2 (1972). – S. 213–287
11. Meinecke, Michael, Die Bedeutung der mamlukischen Heraldik für die Kunstgeschichte, in: XVIII Deutscher Orientalistentag, Lübeck 1972 – Vorträge. = Zeitschrift der Deutschen Morgenländischen Gesellschaft, Supplement II. S. 213–240, Wiesbaden, 1974
12. Meinecke, Michael, Die mamlukische Heraldik in Ägypten und Syrien. Kurzfassung des Vortrags im Rahmen der 1979. Sitzung am 16. 1. 1990, in: Der Herold, N. F. 13,2 (1990) S. 38–40, 47
13. Leesenberg, A., Ursprung und erstes Vorkommen unserer heutigen Wappen, Berlin, 1877
14. Neubecker, Ottfried, Heraldik. Wappen – ihr Ursprung, Sinn und Wert, Frankfurt am Main, 1977
15. Pastoureau, Michel, L'apparition des armoiries en Occident. État du problème, in: Bibliothèque de l'École des chartes 134, 1976, S. 281–300
16. Pinoteau, Hervé, Les origines des armoiries, Paris, 1983
17. Prinet, Max, De l'origine orientale des armories européennes, in: Archives héraldiques suisses 26, 1912, S. 53–58
18. Rabbow, Arnold, Kaiser Otto IV. und sein deutsch-englisches Wappen – Anspruch und Konflikt, in Herold-Jahrbuch, N. F. 14, 2009, S. 171–188
19. Rader, Olaf B., Die Grablege der Staufer als Erinnerungsorte, in: Verwandlungen des Stauferreichs. Drei Innovationsregionen im mittelalterlichen Europa, hrsg. von Bernd Schneidmüller, Stefan Weinfurter, Alfred Wieczorek, Darmstadt, 2010, S. 20–33
20. Scheibelreiter, Georg, Das Tier als Symbolträger in vorheraldischer Zeit (bis ca. 1230),

in: Les Origines des Armoiries. IIe Colloque international d'Héraldique. Bressanone/ Brixen 5.–9.X.1981, Paris, 1983, S. 153–162
21. Scheibelreiter, Georg, Wappen und adliges Selbstverständnis im Mittelalter, in: Wappen als Zeichen. Mittelalterliche Heraldik aus kommunikations- und zeichentheoretischer Perspektive, hrsg. von Wolfgang Achnitz (= Das Mittelalter. Perspektiven mediävistischer Forschung, Zeitschrift des Mediävistenverbandes, Bd. 11, 2006, Heft 2) München, 2006, S. 7–27; erschienen neu in: Wappenbild und Verwandschaftsgeflecht.
22. Turnwald, Kristian, Die Anfange des Wappenwesens von Böhmen und Mähren, in: Der Herold 7, 1971, S. 265–303
23. Ulmenstein, Christian Ulrich Freiherr von, Der Ursprung des Wappenwesens, in: Forschungen und Fortschritte, Jg. 12, 1936, S. 320–321
24. Ulmenstein, Christian Ulrich Freiherr von, Über Ursprung und Entstehung des Wappenwesens. Eine rechtsgeschichtliche Untersuchung, (Forschungen zum deutschen Recht Bd 1., Heft 2), Weimar, 1935
25. Viel, Robert, Les origines symboliques du blason, Paris, 1972
26. Viel, Robert, Naissance du blason, in: Archivum heraldicum 72, 1958, S. 50–54
27. Warnstedt, Christopher Freiherr von, Über das Alter der Heraldik. Das heraldische Lebenswerk Wilhelms von Knobelsdorff, in: Jahrbuch der Heraldisch-Genealogischen Gesellschaft Adler, Wissenschaftlicher Jubiläumsband 1870–1970, Wien, 1970, S. 37–43

Die Entwicklung der Heraldik:
28. Biewer, Ludwig, Wappen als Träger von Kommunikation im Mittelalter, in: Beträge zur Kommunikationsgeschichte, Bd. 15.: Medien der Kommunikation im Mittelalter, hrsg. von Karl-Heinz Spieß, Stuttgart, 2003
29. Deutsche Wappen, Klemens Stadler. [Zeichn. v. Max Reinhart], 1 = Die Landkreiswappen, 1964
30. Deutsche Wappen, Klemens Stadler. [Zeichn. v. Max Reinhart], 2 = Die Gemeindewappen von Rheinland-Pfalz und Saarland, Bremen, Hamburg, Westberlin : Nachträge und Berichtigungen zu Bd. 1, 1966
31. Deutsche Wappen, Klemens Stadler. [Zeichn. v. Max Reinhart], 3 = Die Gemeindewappen des Landes Hessen, 1967
32. Deutsche Wappen, Klemens Stadler. [Zeichn. v. Max Reinhart], 4 : Die Gemeindewappen des Freistaates Bayern ; T. 1 = A – L, 1965
33. Deutsche Wappen, Klemens Stadler. [Zeichn. v. Max Reinhart], 5 = Die Gemeindewappen der Bundesländer Niedersachsen und Schleswig-Holstein, 1970
34. Deutsche Wappen, Klemens Stadler. [Zeichn. v. Max Reinhart], 6 = Die Gemeindewappen des Freistaates Bayern ; T. 2 = M – Z, Nachträge zu Bd. 4 u. 6, 1968
35. Deutsche Wappen, Klemens Stadler. [Zeichn. v. Max Reinhart], 7 = Die Gemeindewappen des Bundeslandes Nordrhein-Westfalen, 1972
36. Deutsche Wappen, Klemens Stadler. [Zeichn. v. Max Reinhart], 8 = Die Gemeindewappen des Bundeslandes Baden-Württemberg, 1971
37. Fenske, Lutz, Adel und Rittertum im Spiegel früher heraldischer Formen und deren Entwicklung, in: Das ritterliche Turnier im Mittelalter, (hrsg. von J. Fleckenstein), Göttingen, 1985, S. 75–169
38. Ganz, P., Geschichte der heraldischen Kunst in der Schweiz im 12. und 13. Jahrhundert, Frauenfeld, 1899
39. Gravett, Christopher, Knights at tournament, London, 1988
40. Höfler, Otto, Zur Herkunft der Heraldik, in: Otto Höfler, kleine Schriften: ausgewählte Arbeiten zur germanischen Altertumskunde und Religionsgeschichte, zur Literatur des

Mittelalters, zur germanischen Sprachwissenschaft sowie zur Kulturphilosophie und Morphologie, hrsg. von Helmut Birkhan in Zusammenarbeit mit Heinrich Beck, Hamburg, 1992, S. 83–154
41. Lexikon Städte und Wappen der Deutschen Demokratischen Republik, Leipzig, 1984
42. Lot, Ferdinand, L'art militaire et les armées au moyen-âge en Europe et dans le Proche-Orient, Paris, 1946
43. Ménestrier, Claude François, Nouvelle Méthode Raisonnée Du Blason, Pour L'Apprendere D'Une Manière Aisée: Réduite En Leçons, Par Demandes Et Reponses, Lyon, 1728
44. Scheibelreiter, Georg, Heraldik, Wien, 2006 (2. Auflage im Druck)
45. Seyler, Gustav A., Das heraldische Lehensrecht, Berlin, 1872
46. Seyler, Gustav A., Geschichte der Heraldik, (Siebmachers großes Wappenbuch Bd. A), Neustadt an der Aisch, 1970
47. Wappen und Flaggen der Bundesrepublik Deutschland und ihrer Länder, hrsg. Bundeszentrale für politische Bildung, Magdeburg, 1994 (3 Aufl.)

Die Grundregeln der Heraldik:
48. Hefner, Otto Titan von, Grundsätze der Wappenkunst. (Siebmachers großes Wappenbuch, Bd. C), Nürnberg, 1855
49. Král z Dobré Vody, Vojtěch, Heraldika. Souhrn pravidel a předpisův znakových (Heraldik. Eine Zusammenfassung der heraldischen Regeln und Vorschriften), Praha, 1901
50. Leonhard, Walter, Das große Buch der Wappenkunst, München, 1984
51. Petra Sancta, Silvester à, Tesserae gentilitiae, Rom, 1638
52. Schönfeld, Gero von, Rechts, links und gewendet, in: Herold 37, 1994, S. 157–159
53. Vulson de la Colombière, Marc de, Recueil de plusieurs pièces et figures d'armoiries obmises par les autheurs qui ont escrit jusques icy de cette science, blasonnées par le sieur Vulson de La Colombière, … suivant l'art des anciens roys d'armes, avec un discours des principes et fondements du blason, et une nouvelle méthode de cognoistre les métaux et couleurs sur la taille-douce. – Paris, 1639. – In-4°, pièces, limin., 14 p., armoiries, 75 pl. d'armoiries, la plupart coloriées, frontisp. gr. par Abraham Bosse
54. Vulson de la Colombière, Marc de, La science héroïque, Paris, 1644
55. Vulson de la Colombière, Marc de, Le vray théâtre d'honneur et de chevalerie, Paris, 1698

Stilisierung:
56. Hildebrandt, Adolf Matthias, Heraldisches Musterbuch. Für Edelleute, Kunstfreunde, Architekten etc., 2 Bde., Berlin, 1872
57. Hupp, Otto, Münchner Kalender 1889–1935, München, 1888–1934
58. Hussmann, Heinrich, Über deutsche Wappenkunst, Wiesbaden, 1973
59. Hussmann, Heinrich, Deutsche Wappenkunst, Leipzig, 1942
60. Kretschmar, Hans Alfred von, Anleitung zur Darstellung von Wappen, Dresden, 1913
61. Otto Hupp. 1859–1949. Wappenkunst, Schriftgestaltung, Gebrauchsgraphik, Kunsthandwerk, Ex libris, Marburg/Lahn, Witzenhausen, 1975 (Ausstellungskatalog)
62. Spohr, Oswald, Wappenbilder=Bogen. Vorlagen für Heraldiker und Familienforscher, für Kunst, Kunstgewerbe und verwandte Gebiete, Neustadt a.d. Aisch, o.J.
63. Warnecke, Friedrich, Heraldische Kunstblätter nach in Kunstdruck u.s.w. ausgeführten Entwürfen von Martin Schongauer, Israel van Mecken, Albrecht Dürer, Virgil Solis, Jost Amman und andern deutschen und ausländischen hervorragenden Meistern, Görlitz, 1876

64. Warnecke, Friedrich, Heraldisches Handbuch für Freunde der Wappenkunst, sowie für Künstler und Gewerbetreibende, Görlitz, 1880
65. Warnecke, Friedrich, Das Künstlerwappen, Berlin, 1887
66. Warnecke, Friedrich, Heraldisches Handbuch, Frankfurt/Main, 1887
67. Warnecke, Friedrich, Heraldische Meister, Berlin, 1894

Tinkturen:
68. Brocklebank, Ralph, The use of Color in Heraldry, in: The Coat of Arms, N. S. IX., 1991, S. 166–168
69. Hauptmann, Felix, Ein unbekanntes Wappen König Ottokars H. von Böhmen, in: Der Deutsche Herold 65, 1934, S. 32–34
70. Heim, Bruno Bernhard, Or and Argent, Buckinghamshire, 1994
71. Heim, Bruno Bernhard, Über Wappenverschlechterung und die Gold-Silber-Regel, in: Viribus unitis. Festschrift für Bernhard Stillfried, Wien, o.J., S. 163–167

Schraffierung:
72. Schroeder, Johann Karl von, Über Alter und Herkunft der Heraldischen Schraffierungen, in: Herold 7, N. F., Berlin, 1969/1971, S. 67–68

Pelzwerk:
73. Hohenlohe-Waldenburg, Friedrich Karl Fürst zu, Das heraldische Pelzwerk, o.O., 1867
74. Hohenlohe-Waldenburg, Friedrich Karl Fürst zu, Das heraldische decorative Pelzwerk im Mittelalter, Stuttgart, 1876

Heraldische Kunstsprache:
75. Berry, William, Encyclopedia heraldica, or complete dictionary of heraldry, 3 Bde, London, 1828–40
76. Neubecker, Ottfried, Deutsch und Französisch für Heraldiker, München, 1983
77. Querfurt, Curt O. von, Kritisches Wörterbuch der heraldischen Terminologie, o.O., 1872

Der Herold:
78. Adam-Even, Paul, Les fonctions militaires des hérauts d'armes, leur influence sur le développement de l'héraldique, in: Archives héraldiques suisses, Jahrbuch, 1957, S. 2–33
79. Arnold, Klaus, ‚Georg Rixner genandt Hierosalem Eraldo vnnd kunig der wappen' und sein Buch über Genealogie und Wappen der Herzöge von Mecklenburg, in: Studien zur Geschichte des Mittelalters, Jürgen Petersohn zum 65. Geburtstag, hrsg. von Matthias Thumser, Annegret Wenz-Haubfleisch und Peter Wiegand, 2000, S. 384–399
80. Barker, Juliet, Agincourt. The King – the Campaign – the Battle, London, 2005
81. Berchem, E. Freiherr von – Galbreath Donald Lindsay – Hupp, Otto – Mayer, Kurt, Beiträge zur Geschichte der Heraldik. Teil 1: Die Wappenbücher des deutschen Mittelalters; Teil 2: Die Herolde und ihre Beziehungen zum Wappenwesen, in: J. Siebmacher's großes Wappenbuch Bd. D, Neustadt /Aisch, 1972
82. Chesshyre, H. und Ailes, A., Heralds of Today, London, 1986
83. Contamine, Philippe, Office d'armes et noblesse dans la France de la fin du Moyen Age, in: Bulletin de la société nationale des antiquaires de France, 1994, S. 310–322
84. Davies, T. R., The Heralds in Mediaeval Warfare, in: Coat of Arms, 1967, S. 245–258
85. Dennys, Rodney, Heraldry and the Heralds, London, 1982
86. Fürbeth, Frank, ‚Vom Ursprung der Herolde'. Ein humanistischer Brief als heraldischer

Lehrtext, in: Beiträge zur Geschichte der deutschen Sprache und Literatur 117, 1995, S. 437–488
87. Gehe, Christian von, Eines Herolds kurtze Beschreibung, Dresden, 1668
88. Godrey, W. H. (and others), The College of Arms, London, 1963
89. Hiltmann, Torsten, Spätmittelalterliche Heroldskompendien. Referenzen adeliger Wissenskultur in Zeiten gesellschaftlichen Wandels (Frankreich und Burgund, 15. Jahrhundert), (= Pariser Historische Studien, 92), München, 2011 (im Druck)
90. Kittel, Erich, Herolds- und Wappenwesen in Brandenburg, in: Brandenburgische Siegel und Wappen, hrsg. von E. Kittel, Berlin, 1937, S. 190–197
91. Koch, Hannesjoachim Wilhelm, Medieval Warfare, London, 1978
92. Krejčík, Tomáš, Čeští heroldi za lucemburských panovníků, in: Heraldická ročenka, vydal Heraldicky klub české numismatické společnosti, Praha 1978
93. Kurras, Lotte, Ritter und Turniere, Stuttgart, Zürich, 1992
94. Melville, Gert, Der Brief des Wappenkönigs Calabre. Sieben Auskünfte über Amt, Aufgaben und Selbstverständnis spätmittelalterlicher Herolde (mit Edition des Textes), Majestas 3, Köln – Weimar – Wien, 1995, S. 69–116
95. Melville, Gert, Le Roy d'armes des François, dit Montjoye. Quelque observations critiques à propos de sources traitant du chef des hérauts de France au XVe siècle, in: Anthropologies juridiques. Mélanges Pierre Braun, hrsg. v. Jacqueline Hoareau-Dodinau/ Pascal Texier (= Presses Universitaires de Limoges), Limoges, 1998, S. 587–608
96. Melville, Gert, Das Herkommen der deutschen und französischen Herolde. Zwei Fiktionen der Vergangenheit zur Begründung einer Gegenwart, in: Kultureller Austausch und Literaturgeschichte im Mittelalter, hrsg. v. Ingrid Kasten/Werner Paravicini/René Pérennec, Sigmaringen, 1998, S. 47–60
97. Melville, Gert, „Un bel office". Zum Heroldswesen in der spätmittelalterlichen Welt des Adels, der Höfe und Fürsten, in: Deutscher Königshof, Hoftag und Reichstag im späteren Mittelalter, hrsg. von Peter Moraw (= Vorträge und Forschungen, Bd. XLVIII), Stuttgart, 2002, S. 291–322
98. Melville, Gert, … et en tel estat le roy Charles lui assist la couronne sur le chief. Zur Krönung des französischen Wappenkönigs im Spätmittelalter, in: Marion Steinicke / Stefan Weinfurter (hrsg.), Investitur- und Krönungsrituale. Herrschaftseinsetzungen im kulturellen Vergleich, Köln/Weimar/Wien, 2005, S. 137–161
99. Milton, Roger, Heralds and History, Newton Abbot, 1978
100. Noble, M., A History of the College of Arms, London, 1805
101. Parties inédites de l'oeuvre de Sicile, héraut d'Alphonse V roi d'Aragon, maréchal d'armes du pays de Hainaut, auteur du „Blason des couleurs" ; précédées d'une lettre en forme de préface et d'une introduction par feu le P. Ferdinand Roland, Mons, 1867
102. Semrád, Otto, Znak herolda Zlatého rouna (Das Wappen des Herolds des Ordens vom Goldenen Vlies), in: Genealogické a heraldické informace, Nr. 1–4, 1989, S. 94–98
103. Vaivre, Jean-Bernard de, Les trois couronnes des hérauts, in: Archivum heraldicum 86, 1972, S. 30–35
104. Verwohlt, Ernst, Kongelige danske herolder, in: Heraldisk Tidsskrift Bd. 3 – Nr. 25, 1972, S. 201–229
105. Vulson de la Colombière, Marc de, De l'office des rois d'armes, des hérauts et des poursuivants, Paris, 1645
106. Wagner, Anthony Richard, Heralds and Heraldry in the Middle Ages, Oxford, 2. Aufl. 1960
107. Wagner, Anthony Richard, The Heralds of England, London, 1967

Turniere:

108. Barber, Richard-Barker, Juliet, Die Geschichte des Turniers, Düsseldorf/Zürich, 2001
109. Barker, Juliet R., The Tournament in England: 1100–1400, Woodbridge u. a., 1986
110. Bumke, Joachim, Studien zum Ritterbegriff im 12. und 13. Jahrhundert, Heidelberg, 1972.
111. Clephane, Robert C., The Tournament, its periods and phases, London, 1914
112. Cripps-Day, Francis H., The history of the Tournament in England and in France, London, 1918, Reprint New York, 1982
113. Endrei, Walter, Spiele und Unterhaltung im alten Europa, Hanau, 1988.
114. Fleckenstein, Joseph, Das Turnier als höfisches Fest im hochmittelalterlichen Deutschland, in: Fleckenstein, Joseph (Hrsg.): Das ritterliche Turnier im Mittelalter, Beiträge zu einer vergleichenden Formen- und Verhaltensgeschichte des Rittertums, Göttingen, 1985, S. 229–256
115. Gamber, Ortwin, Ritterspiele und Turnierrüstung im Spätmittelalter, in: Fleckenstein, Joseph (Hrsg.): Das ritterliche Turnier im Mittelalter, Beiträge zu einer vergleichenden Formen- und Verhaltensgeschichte des Rittertums, Göttingen, 1985, S. 513–531
116. Gravett, Christopher, Die Welt der Ritter, Hamburg, 1996
117. Jackson, William Henry, Das Turnier in der deutschen Dichtung des Mittelalters, in: Fleckenstein, Joseph (Hrsg.): Das ritterliche Turnier im Mittelalter, Beiträge zu einer vergleichenden Formen- und Verhaltensgeschichte des Rittertums, Göttingen, 1985, S. 257–295
118. Keen, Maurice, Das Rittertum, New Haven, London 1984. (Hier verwand die dt. Übersetzung von H. Erhardt, Reinbek 1991)
119. Krüger, Sabine, Das kirchliche Turnierverbot im Mittelalter, in: Fleckenstein, Joseph (Hrsg.): Das ritterliche Turnier im Mittelalter, Beiträge zu einer vergleichenden Formen- und Verhaltensgeschichte des Rittertums, Göttingen, 1985, S. 401–422
120. Kurras, Lotte, Ritter und Turniere. Ein höfisches Fest in Buchillustrationen des Mittelalters und der frühen Neuzeit, Stuttgart, Zürich, 1992
121. Meyer-Hofmann, Werner, Mittelalterliche Turniere, in Sandoz-Bulletin 17 (1969), S. 27–48
122. Meyer, Werner-Lessing, Erich, Deutsche Ritter, Deutsche Burgen, München, 1976.
123. Meyer, Werner, Turniergesellschaften, Bemerkungen zur sozialgeschichtlichen Bedeutung der Turniere im Spätmittelalter, in: Fleckenstein, Joseph (Hrsg.): Das ritterliche Turnier im Mittelalter, Beiträge zu einer vergleichenden Formen- und Verhaltensgeschichte des Rittertums, Göttingen, 1985, S. 500–512
124. Mölk, Ulrich, Philologische Aspekte des Turniers, in: Fleckenstein, Joseph (Hrsg.): Das ritterliche Turnier im Mittelalter, Beiträge zu einer vergleichenden Formen- und Verhaltensgeschichte des Rittertums, Göttingen, 1985, S. 163–174
125. Niedermann, Erwin, Die Leibesübungen der Ritter und Bürger, in: Ueberhorst, Horst: Geschichte der Leibesübungen, Bd. 3, 1, Berlin, München, Frankfurt a.M., 1980, S. 70–96
126. Paravicini, Werner, Die ritterlich-höfische Kultur des Mittelalters, München, 1994
127. Pierron, Véronique, Histoire, L'héritage des chevaliers, in: Sport et vie, 1997, 41, S. 64–69
128. Ranft, Andreas, Adelsgesellschaften. Gruppenbildung und Genossenschaft im spätmittelalterlichen Reich, (= Kieler Historische Studien, Bd. 38), Sigmaringen, 1994
129. Rittner, Katrin, Sport und Arbeitsteilung, Zur sozialen Funktion und Bedeutung des Sports, Hamburg, 1976
130. Ruehl, Joachim K., Das Turnier als friedfertiger Krieg, in: Becker, Hartmut (Red.): Sport im Spannungsfeld von Krieg und Frieden, 1985, S. 31–53
131. Ruehl, Joachim K., Zur Leistungsquantifizierung im spätmittelalterlichen Turnier, in:

Sport in der Rehabilitation, Ansätze und Anwendungsfelder, hrsg. von Hans-Joachim Appell und Karl-Heinz Mauritz, Sankt Augustin, 1988, S. 97–111
132. Rüxner, Georg (Herold Hierusalem), Thurnierbuch, das ist: wahrhaffte eigentliche und kurtze Beschreibung von Anfang, Ursachen, Ursprung, und Herkommen der Thurnier im heyligen Römischen Reich Teutscher Nation, nachgedruckt bei Sigmund Feyerabend, Frankfurt, 1578
133. Schultz, Alwin, Das höfische Leben zur Zeit der Minnesinger, Bd. 2, 2., verm. u. verb. Aufl., Neudruck der Ausgabe 1889, Osnabrück, 1965

Quellen der Heraldik:
134. Adam-Even, Paul, L'Armorial universal du héraut Gelre (1370–1395), in: Archives héraldiques suisses 85, 1971, S. 1–117
135. Anglo, Sydney, The Great tournament Roll of Westminster, Oxford, 1968
136. Anthony von Siegenfeld, Alfr., Die Wappenbriefe und Standeserhebungen des römischen Königs Ruprecht von der Pfalz, in: Jahrbuch Adler 5–6, 1895, S. 395–430
137. Armorial de France, Angleterre, Écosse, Allemagne, Italie et autres puissances, composé vers 1450 par Gilles Le Bouvier, dit Berry, premier Roi d'Armes de Charles VII., roi de France, ed. Auguste Vallet de Viriville, Paris, 1866
138. Babendererde, Cornell, Sterben, Tod, Begräbnis und liturgisches Gedächtnis bei weltlichen Reichsfürsten des Spätmittelalters, (= Residenzenforschung; Bd. 19), Stuttgart, 2006
139. Borghini, Vincenzo, Dell'arme delle famiglie fiorentine, Firenze, 1755
140. Borgia, Luigi, Stemmi del Palazzo d'Arnolfo di San Giovanni Valdarno, Firenze, 1986
141. Brand, Bernhard, Baudenkmäler, Bischöfe und Landesherrn, Künstler und Wappen, Würzburg, 1906
142. Brault, Gerard J., Eight Thirteenth Century Rolls of Arms in French and Anglo-Norman Blazon, Pennsylvania, 1973
143. Bund, Konrad, Findbuch der Epitaphienbücher und der Wappenbücher, (Mitteilungen aus dem Frankfurter Stadtarchiv, 6), Frankfurt a.M., 1987
144. Chronique de Jean Lefévre seigneur de Saint-Rémy, ed. François Morand, Paris, 1876–1881
145. Cocheris, Hippolyte François Jules Marie (ed.), Le blason des couleurs en armes, livrées et devises par Sicille héraut d'Alphonse V., roi d'Aragon, Paris, 1860
146. Cod. Ross. 711 Stamm- und Turnierbuch aus der Kranichgauer Ritterschaft. Entstanden um 1615, Faksimile, Zürich, 1983
147. Das Wappenbuch des Reichsherolds Casper Sturm. Bearb. von Jürgen Arndt etc., Neustadt a.d. Aisch, 1984
148. Die Wappenbücher Herzog Albrechts VI. von Österreich, hrsg. von Charlotte Becher und Ortwin Gamber, (Jahrbuch der Heraldisch-Genealogischen Gesellschaft Adler, der ganzen Reihe dritte Folge, Bd. 12), Wien-Köln-Graz, 1986
149. Eckhard, Albrecht, Die Burgmannenaufschwörungen und Ahnenproben der Reichsburg Friedberg in der Wetterau 1473–1805, in: Wetterauer Geschichtsblätter. Beiträge zur Geschichte und Landeskunde, Bd. 19, Friedberg, 1970, S. 133–167
150. Fey, Carola, Hochgrab und Wanddenkmal – Ausdrucksformen adeliger Sepulkralkultur im Wandel, in: Werner Rösener, Hg., Adelige und bürgerliche Erinnerungskulturen des Spätmittelalters und der Frühen Neuzeit (Formen der Erinnerung Band 8) Göttingen 2000, S. 125–143
151. Fey, Carola, Spätmittelalterliche Adelsbegräbnisse im Zeichen von Individualisierung und Institutionalisierung, in: Werner Rösener, Hg., Tradition und Erinnerung in Adels-

herrschaft und bäuerlicher Gesellschaft (Formen der Erinnerung Band 17) Göttingen 2003, S. 81–106

152. Fey, Carola, Die Begräbnisse der Grafen von Sponheim. Untersuchungen zur Sepulkralkultur des mittelalterlichen Adels (= Quellen und Abhandlungen zur mittelrheinischen Kirchengeschichte Band 107) Diss. Mainz 2003
153. Frank, Karl Friedrich von, Standeserhebungen und Gnadenakte für das Deutsche Reich und die Österreichischen Erblande bis 1806 sowie kaiserlich-österreichische bis 1823, Bd. 1–5, Senftenegg 1967–1974
154. Frenz, Thomas, Wappendarstellungen auf Urkunden der römischen Kurie (mit 4 farbigen Abbildungen), in: Herold-Jahrbuch, Neue Folge 2, 1997, S. 37–49
155. Heideloff, Carl-Alexander von, Deutsches Fürsten- und Ritteralbum der Marianischen Ritterkapelle in Haßfurt (Mit genealogischen Notizen und Vorrede von Dr. A. v. Eyne) (XV. Taf.), Stuttgart, 1868
156. Herckenrode, Léon de, Collection de tombes, épitaphes et blasons, recueillis dans les églises et couvents de la Hesbaye, Gand, 1845
157. Heyen, Franz-Josef, Kaiser Heinrichs Romfahrt: Die Bilderchronik von Kaiser Heinrich VII. und Kurfürst Balduin von Luxemburg (1308–1313), Boppard am Rhein, 1965
158. Hohenlohe-Waldenburg, Friedrich Karl Fürst zu, Sphragistische Aphorismen, Heilbronn, 1882
159. Jäger-Sunstenau, Hanns, Ein Wappenbrief des Königs von Neapel für die Piccolomini (1473), in: Archivum heraldicum 85, 1971, S. 61–63
160. Jéquier, Léon, L'armorial Bellenville, in: Cahiers d'héraldique V., Paris, 1983
161. Johann Siebmachers Wappenbuch von 1605, hrsg. von Horst Appuhn, 2 Bde., Dortmund,1988
162. Klingspor, Carl Arvid von, Baltisches Wappenbuch. Wappen sämtlicher Ritterschaften von Livland, Estland, Kurland und Oesel zugehörigen Adelsgeschlechtern, Stockholm, 1882 (Nachdruck Leipzig 2006)
163. Kraft, Wilhelm, In Stein gehauene Wappen aus dem 14. Jahrhundert im Wenzelschloß zu Lauf bei Nürnberg, in: Der Herold, Bd. 2, 1941, S. 157–170
164. Kraft, Wilhelm – Schwemmer, Wilhelm, Kaiser Karls IV. Burg und Wappensaal zu Lauf, in: Schriftenreihe der Altnürnberger Landschaft, Bd. VII., Nürnberg, 1960
165. Kurras, Lotte, Turnierbuch aus der Kranichgauer Ritterschaft. Kommentar zur Faksimileausgabe des Cod. Ross. 711, Zürich, 1983
166. Le rôle d'armes de Zurich. Die Wappenrolle von Zürich, publ. par. Michel Popoff, avec une préface de Michel Pastoureau, in: Documents d'héraldique médiéval 9, Paris, 1986
167. Lind, Karl, Nekrologium. Regesta sepulchrorum, (Berichte des Wiener Altertum-Vereins 12), 1872
168. Loutsch, Jean-Cloude – Mötsch, Johannes, Die Wappen der trierischen Burgmannen um 1340, in: Jahrbuch für Westdeutsche Landesgeschichte 18, 1992, S. 1–179
169. Mosch, Hans von (bearb.), Schlesisches Wappenbuch von Crispin und Johann Scharffenberg, Neustadt/Aisch, 1984
170. Paprocki, Bartosz, Herby rycerstwa polskiego, 1584, Warszawa, 1858
171. Paprocký z Glogol a Paprocké Woly, Bartholoměj, Zrcadlo slavného markrabství Moravského, Olomouc, 1593
172. Paprocký z Glogol a Paprocké Woly, Bartoloměj, Diadochus Bohemiae, 1602
173. Pastoureau, Michel, Armorial des chevaliers de la Table ronde, Paris, 1983
174. Ribbe, Wolfgang – Henning, Eckard, Taschenbuch für Familiengeschichtsforschung, Rothenburg ob der Tauber, 13. Aufl. 2006
175. Richenthal, Ulrich von, Concilium zu Constanz. Chronik des allgemeinen Concils von 1414 bis 1418, Augsburg, 1483, Faksimile Potsdam, 1922

176. Roth, August, Der Wappensaal im Wenzelschoß zu Lauf, in: Der Herold, Bd. 3, 1943, S. 109–115
177. Růžek, Vladimír, Česká znaková galerie na hradě Laufu u Norimberka z roku 1361 (Příspěvek ke skladbě královského dvora Karla IV.), in: Sborník archivních prací 1, ročník XXXVIII., Praha, 1988, S. 37–300 (Die böhmische Wappengalerie auf der Burg Lauf bei Nürnberg. Ein Beitrag zur Zusammensetzung des königlichen Hofes Karls IV.)
178. Salver, Johann Octavian, Die Wappen der Ritterkappele zu Haßfurt, Würzburg, 1750
179. Schäfer, Karl Heinrich, Eine Wappenurkunde deutscher Ritter in Italien, Paderborn, 1911
180. Scharfenberg, Crispin und Johann, Schlesisches Wappenbuch, Breslau, 1578
181. Schnurrer, Ludwig, Der Rothenburger Rotulus, in Herold-Jahrbuch, N. F. 14, 2009, S. 189–217
182. Stemmario Bolognese, hrsg. von di Niccolò Orsini De Marzo, Milano, 2005
183. Stemmario Fiorentino, hrsg. von di Niccolò Orsini De Marzo, Milano, 2005
184. Stemmi delle Famiglie Patrizie di Venezia, prefazione di Niccolò Orsini De Marzo, Milano, 2008
185. Vaivre, Jean-Bernard de, Un document inédit sur le décor héraldique de l'ancien hôtel de Bourbon à Paris, in: Archivum heraldicum 86, 1972, S. 2–10
186. Wallthor, Alfred Hartlieb von: Die Aufschwörungstafeln des Freiherrn von Stein im Domkapitel zu Merseburg, in: Westfalen 40, Heft 1/2, 1962, S. 204–218
187. Weisz, Szidonia-Anna, The Price of Fidelity: Donations of Coats of Arms for Nobles from Transylvania during the Reign of Sigismund of Luxemburg, Saarbrücken, 2009
188. Wolfert, Alfred F., Die Wappen im Lehenbuch des Kurfürsten Friedrich I. von der Pfalz – 1471, in: Beiträge zur Erforschung der Odenwaldes und seiner Randlandschaften IV., 1986, S. 279–344 + 16 Taf.
189. Zelenka, Aleš, Der Wappenfries aus dem Wappensaal zu Lauf, Passau, 1976

Der Inhalt des Schildes:

190. Aichelburg, Wladimir, Er oder sie – Zur Geschichte des Aichelburg-Wappens, in: Jahrbuch der Heraldisch-Genealogischen Gesellschaft Adler, Wissenschaftlicher Jubiläumsband 1870–1970, Wien, 1970, S. 89–94
191. Alte deutsche Reichsadler, hrsg. von Freerk Haye Hamkens, Brüssel, 1944
192. Anthony von Siegenfeld, Alfr., Das Landeswappen der Steiermark, Graz, 1900
193. Appelt, Heinrich, Die Entstehung des steirischen Landeswappens, in: Festschrift I. F. Schütz, Graz-Köln, 1954, S. 235–245
194. Armbruster, Ludwig, Geschlechter mit Bienenwappen. in: Archiv für Bienenkunde 22, 1941, S. 47–80
195. Beer, Rüdiger R., Einhorn – Fabelwelt und Wirklichkeit, München, 1972
196. Berger, Walter, Fossilien als Wappenbilder, in: Adler N. F. 6 = 20, 1962, S. 81–84
197. Berger, Walter, Münzen als Wappenbilder, in: Neues Jahrbuch Adler F. 3, Bd. 5, 1963, S. 81–116
198. Berger, Walter, Das Brot im Wappen, in: Jahrbuch der Heraldisch-Genealogischen Gesellschaft Adler 7, 1970, S. 7–36 (5 Taf. u. 20 Abb.)
199. Biedermann, Detlev Freiherr von, Die Kreuze in der Heraldik, in: Jahrbuch Adler 4, 1874, S. 59–68, 3 Taf.
200. Bouly de Lesdain, Louis, Les Armoiries des femmes d'après les sceaux, in: Annuaire du Conseil héraldique de France 11, Saint-Amand, 1898, S. 176–204
201. Cadenas y Vicent, Vicente de, Símbolos heráldicos para los hijos adoptivos, Hidalguía 22, 1974,S. 43–46
202. Clericus, L., Mützenwappen, in: Monatszeitschrift Herold 2, 1871, S. 130

203. Doepler d. J., E., Heraldischer Formenschatz, Berlin, 1898
204. Elvins, Mark, The Bezants of Cornwall, in: The Coat of Arms, N. S. IX., 1991, S. 150–154
205. Filip, Václav Vok, Das Wappen von „Italien“ mit den Augen eines Mitteleuropäers gesehen. Ein Aufriss der territorialen Aufteilung Italiens um 1610, in: „Ubi neque aerugo neque tinea demolitur“ Studi in onore di Luigi Pellegrini per i suoi settanta anni, a cura di Maria Grazia Del Fuoco, Neapel, 2006, S. 155–164
206. Fox-Davies, Arthur Charles, A Complete Guide to Heraldry, London, 1993
207. Friesenegger, J. M., Der Dreiberg, eine heraldische Studie, in: Das schwäbische Museum 9, 1933, S. 85–91, 116–125
208. Grenser, Alfred, Die Lilie in der Heraldik, in: Zeitschrift des Vereins Adler 3, 1873, S. 4–7
209. Grube, Max, Der Wiedehopf als Wappentier, in: Herold 47, 1916, S. 63
210. Hildebrandt, Adolf Matthias, Die Fledermaus, in: Monatszeitschrift Herold 7, 1876, S. 135
211. Hohenlohe-Waldenburg, Friedrich Karl Fürst zu, Die Linde in der Heraldik, in der Sphragistik und als Ornament, in: Jahrbuch Adler 8, 1878, S. 43–49, Nachträge 1881, S. 93–94
212. Hohenlohe-Waldenburg, Friedrich Karl Fürst zu, Zur Geschichte des heraldischen Doppeladlers, Stuttgart, 1871
213. Homeyer, Karl Gustav, Die Haus- und Hofmarken, Berlin, 1890
214. Jéquier, Léon, A propos de la croix dite „de Toulouse“, in: Les Origines des Armoiries. IIe Colloque international d'Héraldique. Bressanone/Brixen 5.–9.X.1981, Paris, 1983, S. 65–72
215. Kekulé von Stradonitz, Stephan, Etwas über astronomische Wappen, in: Das Weltall 26, 1927, S. 78–79
216. Klee, Otto, Herzen, Linden-, See- oder Kleeblätter?, in: Monatszeitschrift Herold 21, 1890, S. 16–18
217. Koerner, Bernhard, Der Wiedehopf als Wappenvogel, in: Der Deutsche Roland 8, 1920, S. 203
218. Korn, Hans-Enno, Adler und Doppeladler, Göttingen, 1969
219. Ledebur, Leopold Freiherr von, Das Rosenbild bei mehreren edlen Geschlechtern des Niederrheins, in: Archiv für deutsche Adelsgeschichte 1, 1863, S. 233–250
220. Ledebur, Leopold Freiherr von, Die Turnierkragen in der deutschen Heraldik, in: Archiv für Adelsgeschichte 1, 1863, S. 1–69, 372–375
221. Lhotsky, Alphons, Zur Geschichte des Pfauenstoßes, in: Beiträge zur geschichtl. Landeskunde Tirols 207, Innsbruck, 1959, S. 227–229
222. Lorenz-Meyer, Eduard L., Hirschstangen (Musterzeichnungen), in: Herold 38, 1907, S. 156–157
223. Lorenz-Meyer, Eduard L., Neue Wappenfiguren (Pflanzenteile – Gräser – Blumen), in: Herold 42, 1911, S. 267–268
224. Prinet, Max, Armoiries couronnées. figurées sur le sceau français de la fin du XIIIième siècle et du commencement du XIVième siècle, in: Revue archéologique (4 sér. cah. 14), Paris, 1909
225. Prinet, Max, Les Variations du nombre des Fleur de lis dans les armes de France, Caen, 1912
226. Redern, K. von, Verzeichnis der Adelsfamilien, in deren Wappen ein Schrägbalken mit drei Sternen (Sporenräder) belegt, vorkommt, in: Vierteljahrschrift Herold 7, 1879, S. 28–52
227. Retberg, Ralf von, Die Geschichte der deutschen Wappenbilder, Frankfurt/Main, 1888

228. Schnyder, F.J., Schachfiguren in der Heraldik, in: Archivum heraldicum 77, 1963, S. 54–56
229. Schroeder, Johann Karl von, Dreiköpfige Reichsadler, in: Der Herold N.F. 7, 1970, S. 106–112
230. Schöler, Eugen, Würfel in einem Schild. Eine Fallstudie am Beispiel des Topler-Wappens in Rothenburg ob der Tauber und Nürnberg, in: Der Herold N.F. 18, 2010, S. 25–41
231. Schwarzenberg, Karl Fürst zu, Adler und Drache. Der Weltherrschaftsgedanke, Wien-München, 1958
232. Segoing, Charles, Armorial universel contenant les armes des principales Maisons Estatz et Dignitez des plus considérables Royaumes de l'Europe, Paris, 1660
233. Stanford London, H., The ghost or shadow as a charge in heraldry, o.O., 1949
234. The Symbols of heraldry explained, Dublin, 1980
235. Tilenau, Tilesius von, Der „Lilienhaspel" und dessen Bedeutung, in: Monatszeitschrift Herold 4, 1873, S. 42–44
236. Veddeler, P., Die Lippische Rose, Detmold, 1978
237. Viel, Robert, Du léopard en tant que panthée, de sa véritable origine et de son sens profond, in: Archivum heraldicum 72, 1958, S. 18–25
238. Viel, Robert, Influence du cycle Lancelot-Graal sur le symbolisme du leopard et du lion, in: Archivum heraldicum 73, 1959, S. 18–23, 50–52
239. Voitus, P., Fabeltiere und Menschen in der Heraldik, in: Monatszeitschrift Herold 53, 1922, S. 37
240. Volborth, Carl-Alexander von, Fabelwesen der Heraldik in Familien- und Städtewappen, Stuttgart, Zürich, 1996
241. Waldner, Heinz, Die ältesten Wappenbilder. Eine internationale Übersicht, Berlin, 1992
242. Zankl, Anton, Adler und Löwe, Praha, ca. 1945
243 Zeller-Werdmüller, H., Über Schildbeschläge, in: Monatszeitschrift Herold 8, 1877, S. 107–108
244. Zingeler, K. Tb., Der Bracke im Wappen der Hohenzollern, Görlitz, 1898

Der Helm und die Helmzier:

245. Hohenlohe-Waldenburg, Friedrich Karl Fürst zu, Über den Gebrauch der heraldischen Helm-Zierden im Mittelalter, Stuttgart, 1868
246. Hye, Franz-Heinz von, Zur Geschichte der Helmzier des Kärtner Landeswappens, in: Tiroler Heimat 57, 1993, S. 111–114

Die Krone:

247. Mitis, Oskar Freiherr von, Zur Geschichte der Rangkronen, in: Jahrbuch Adler 17, 1907, S. 78–81
248. O'Grady, Gilbert, Die Entwicklung der Rangkronen – ein heraldisch-soziologisches Problem, Berlin, o.J. (um 1983)

Die Prunkstücke:

249. Leesenberg, A., Die Liebesknoten in der Heraldik, in: Monatszeitschrift Herold 17, 1886, S. 5–6, 111–112
250. Loehe, Max, Wahlsprüche. Devisen und Sinnsprüche deutscher Fürstengeschlechter des 16. und 17. Jahrhunderts, Leipzig, 1883
251. Savorelli, Alessandro, Brisure nell'araldica civica, in: Schweizer Archiv für Heraldik 110, 1996, S. 159–170

West- und Nordeuropa:

Frankreich:

252. Adam-Even, Paul, Noblesse et armoiries devant les tribunaux français, in: Archives héraldiques suisses 65, 1951, S. 93
253. De Boncourt Simon, E., Grammaire du Blason ou la science des armoiries mise à la portée de tous, Paris, 1885 (Nimes, 2007)
254. D'Haucourt, Geneviève – Durivault, Georges, Le Blason, Paris, 1965
255. Genouillac, Gourdon de, L'Art héraldique, Paris, 1890
256. Harmignies, Roger, A propos du blason de Geoffroy Plantagenêt, in: Les Origines des Armoiries. IIe Colloque international d'Héraldique. Bressanone/Brixen 5.–9.X.1981, Paris, 1983, S. 55–63
257. Luz, F., Le Blason et ses secrets, Paris, 1995
258. Ménestrier, Claude F., La Méthode du Blason, Paris, 1688
259. Pastoureau, Michel, Figures de l'héraldique, Paris, 1996
260. Pinoteau, Hervé, Héraldique Capétienne, Paris, 1979
261. Popoff, Michel, Bibliographie héraldique internationale, Paris, 2003
262. Saffroy, Gaston, Bibliographie Généalogique Héraldique et Nobiliaire de la France des Origines a nous Jours. Imprimés et manuscrits, Bd. 1, 1968; Bd. 2, 1970; Bd. 3, 1974; Bd. 4, 1979; Bd. 5, Supplément bearb. von Geneviève Saffroy, 1988, Paris, 1968–88
263. Viel, Robert, Le origini simboliche del blasone, Rom, 1998, S. 7–171

England:

264. Bedingfeld, Henry – Gwynn-Jones, Peter, Heraldry, Secaucus, New Jersey, 1993
265. Brooke-Little, John Philipp, Boutell's Heraldry, London, New York, 1983
266. Bouttel's Heraldry, London, 1983
267. Denholm-Young, N., History and Heraldry 1254 to 1310, Oxford, 1965
268. Dennys, Rodney Onslow, The heraldic imagination, London, 1975
269. Edge, David – Paddlock, John Miles, Arms and Armor of the Medieval Knight, New York, 1988
270. Elvin, Charles Norton, A Dictionary of Heraldry, London, 1889
271. Foster, Joseph, The Dictionary of Heraldry. Feudal Coats of Arms, London, 1989
272. Foster, J., Some Feudal Coats of Arms, Oxford, 1901
273. Fox-Davies, Arthur Charles, Heraldry. A pictoral Archive for Artists & Designers, New York, 1991
274. Friar, Stephen, A New Dictionary of Heraldry, London, 1987
275. Friar, Stephen and Ferguson, John, Basic Heraldry, London, 1993
276. Grenham, John, Clans and Families of Ireland. The Heritage and Heraldry of Irish Clans and Families, o.O., 1903
277. Hope, William Henry St. John, A grammar of English Heraldry, Cambridge, 1913
278. Humphery-Smith, Cecil R., Heraldry in school manuals of the Middle Ages, in: Coat of Arms 6, 1960/61, S. 115–124, 163–170
279. Humphery-Smith, Cecil R., Anglo-Norman Armory, Canterbury, 1976
280. Humphery-Smith, Cecil R., Anglo-Norman Armory Two, Canterbury, 1985
281. Innes of Learney, Sir Thomas, Armorial Conveyancing (Learney als Albany Herald), in: Notes and Queries 180, Nr. 8, 1941, S. 128–133
282. Jamieson, Andrew Stewart, Coats of Arms, Norwich, 1998
283. Marks, Richard – Payne, Ann, British Heraldry, London, 1978
284. Olivier, Stefan, An Introduction to Heraldry, o.O., 2000
285. Parker, J. H., A Glossary of Terms used in British Heraldry, London, 1893
286. Slater, Stephen,The Complete Book of Heraldry, London, 2002

287. Wagner, Anthony Richard, Historic Heraldry of Britain, Oxford, 1939
288. Wise, Terence, Medieval Heraldry, ill. by Richard Hook, in: Men-at-Arms, Oxford, 1980
289. Woodcock, Thomas – Robinson, John Martin, The Oxford Guide to Heraldry, Oxford, New York, Melbourne, Toronto, 1988

Schottland:
290. Dennis, Mark D., Scottish Heraldry: An Invitation, Edinburgh, 1999
291. Learney, Sir Thomas Innes of, Scotland's Heraldry, Edinburg, 1965
292. Mackinnon of Dunakin, Charles, The Observer's Book of Heraldry, London, New York, 1972
293. Stevenson, J. H., Heraldry in Scotland (2 Bände), Glasgow, 1914

Amerika:
294. Zieber, Eugene, Heraldry in America. A Guide with 1000 Illustrations, Philadelphia, 1895 (Nachdruck Mineola, New York, 2006)

Spanien und Italien:
Spanien:
295. Cadenas y Vicent, Vicente de, Diccionario Heráldico, Madrid, 1954
296. Cascante, Ignacio V., Heráldica general y fuentes de las armas de España, Barcelona, 1956
297. Garcia Garraffa, Alberto Arturo, Enciclopedia Heráldica y Genealógica Hispano-Americana. Bd. 1, Ciencia Heráldica o del Blason, Madrid, 1958
298. Garcia Garraffa, Alberto Arturo, Enciclopedia Heráldica y Genealógica Hispano-Americana. Bd. 2, Diccionario de Términos propios del Blasón, Métodos de blasonar, Indice de Señas heráldicas, Madrid, 1958
299. Grixalba, Carlos, Enciclopedia de la Heráldica, Madrid, 2006
300. Menéndes Pidal de Navascués, Faustino, Los emblemas heráldicos, Madrid, 1993
301. Messia de la Cerda y Pita, L. F., Heráldica española. El diseño Heráldico, Madrid, 1990
302. Sánchez de la Rocha Taboas, José de, Manual practico de Heráldica, 2. Bde. Madrid, ^{2}1998
303. Schnieper Campos, Jaques-A. de, Diccionario de Heráldica, Madrid, 2000
304. Vaquerizo Romero, Felix de, Manual de Heráldica. Diseño de escudos, Madrid, 2000

Italien:
305. Amayden, Teodoro, La storia delle familie Romane, vol. I. + II., Rom, o.J.
306. Amayden, Teodoro, Familie romane nobili, ms. orig. in der Biblioteca Casanatense, nr. 1335, Rom, 1607–1625
307. Bartoli, Arduino, Libro bianco dell'araldica italiana, Venezia, 1964
308. Bascapè, Giacomo C. – Del Piazzo, M., Insegne e Simboli. Araldica pubblica e privata medioevale e moderna, Roma, 1983
309. Beatiano, Giulio Cesare, L'araldo Veneto, Venezia, 1680
310. Blu, Rosso & Oro. Segni e colori dell'araldica in carte, codici e soggetti d'arte, a cura di Isabella Massabò Ricci, Marco Carassi e Luisa Clotilde Gentile, Milano, 1998
311. Borgia, Luigi, La successione nello stato feudale di Squillace, in: Vivarium Scyllacense IV/2, 1993, S. 39–140
312. Borgia, Luigi, L'araldica dei Piccolomini, in: Enea Silvio Piccolomini. Pius Secundus Poeta Laureatus Pontifex Maximus, hrsg. von Manlio Sodi – Arianna Antoniutti, Rom, 2007

313. Caccaroni, Sandro, Vessilli, sigilli e stemmi delle comunità medioevali dell'Umbria centro-orientale, in: Bolletino della deputazione di storia patria per l'Umbria 80, 1983 (erschienen Perugia, 1985)
314. Caratti di Valfrei, Lorenzo, Araldica, Mailand. 1996
315. Caratti di Valfrei, Lorenzo, Dizionario di Araldica. I significati e le figure di 3200 termini araldici, Milano, 1997
316. Chiusano, A., Elementi di Araldica, Roma, 1995
317. Di Crollalanza, G., Enciclopedia araldico-cavalleresca. Prontuario nobiliare, Pisa, 1876–77
318. Di Crollalanza, G., Dizionario storico-blasonico delle famiglie nobili e notabili italiane, Pisa, 1886–90
319. Gattini, G. conte, Varia heraldiana, Neapel, 1890
320. Ginanni, Marc'Antonio conte, L'Arte del Blasone, Venedig, 1756
321. L'araldica. Fonti e metodi (Atti del convegno internazionale di Campiglia Marittima, 6–8 marzo 1987), hrsg. von Guido Vannini, Florenz, 1989
322. Lespine, Lodovico de, Le leggi del blasone o l'arte vera dell'arme divisa in due parti da D. Lodovico de Lespine. Parte prima [ed unica pubblicata!], Mailand, 1680
323. Mango di Casal Gerardo, A., Nobiliario di Sicilia, 2 Bde., Palermo, 1912, 1915
324. Manno, Antonio, Vocabolario Araldico Ufficiale, Roma, 1907
325. Maspoli, Carlo, Arme e imprese viscontee sforzesche. Ms. Trivulziano n. 1390, in: Schweizer Archiv für Heraldik 110, 1996, S. 132–158
326. Montauto, Fabrizio di, Manuale di Araldica, Firenze, 2001
327. Guelfi Camajani, Pietro conte, Dizionario araldico, Mailand. 1940
328. Näther, Günther, Flagge und Wappen der Italienischen Republik, in: Der Herold, 7, 1969–71, S. 29–33
329. Palizzolo Gravina, V., Il blasone in Sicilia, Palermo, 1871–1875
330. Plessi, Guiseppe, Araldica ultramontana a Bologna (1393–1660). Dal fondo Malvezziano della nazione Germanica, in: Acta germanica 111., Bologna, 1980
331. Rendina, Claudio, Le grandi famiglie di Roma, Rom, 2004
332. Santi-Mazzini, Giovanni, Araldica. Storia, linguaggio, simboli e significati dei blasoni e delle arme, Milano, 2003
333. Scannapieco-Capece Minutolo, Fabio, L'Araldo „Sicilia". Saggi di Genealogia ed Araldica, Catania, 2009
334. Tribolati, Felice, Grammatica araldica ad uso degli Italiani, Mailand, 1904

Osteuropa:
Ungarn:
335. Bertényi, István, Kis magyar Címertan (Kleine ungarische Heraldik), Budapest. 1983
336. Bertényi, Isván, Uj magyar cimertan (Neue ungarische Heraldik), Budapest, 1993
337. Bertényi, István, Die Funktion des mehrmals geteilten Feldes in den Wappen einiger ungarischen Städte (13. bis 20. Jahrhundert), in: Jahrbuch der Heraldisch-Genealogischen Gesellschaft Adler 1986/87, Bd. 13, Wien, 1987, S. 5–27
338. Laszlovszky, Joszef, A magyar cimer törtenete. (Geschichte des ungarischen Wappens), Budapest, 1990
339. Novák, Jozef, Die Entstehung des Wappens in Ungarn, in: Archivum heraldicum 85, 1970, S. 12–14
340. Tompos, Ernö, Wappensymbolik und Wappenbriefe im Archiv des Komitates Vas (Eisenburger Komitat), in: Archivum heraldicum 86, 1972, S. 18–29
341. Vajay, Szabolcs de, L'héraldique hongroise, Lausanne, 1961

342. Vajay, Szabolcs de, Chevaux et cavaliers dans l'héraldique hongroise, in: Archivum heraldicum 76, 1962, S. 50–52
343. Vajay, Szabolcs de, La flèche dans l'héraldique hongroise, in: Archivum heraldicum 77, 1963, S. 37–39

Slowakei (vor dem I. Weltkrieg Teil von Oberungarn, heraldisch zu Ungarn gehörend):
344. Federmayer, Frederik, Lexikón erbov šľachty na Slovensku I. Trenčianska stolica (Lexikon der adligen Wappen in der Slowakei, Trentschiner Gespanschaft), Bratislava, 2000
345. Novák, Jozef, Rodové erby na Slovensku. I. (Familienwappen in der Slowakei) Kubínyho zbierka pečatí, Martin, 1980
346. Novák, Jozef, Rodové erby na Slovensku. II. (Familienwappen in der Slowakei) Peťkova zbierka pečatí, Martin, 1986
347. Novák, Jozef – Vítek, Peter, Lexikón erbov šľachty na Slovensku II. Liptovská stolica (Lexikon der Adelswappen in der Slowakei), Bratislava, 2004
348. Vítek, Peter – Maťugová, Soňa, Lexikón erbov šľachty na Slovensku III. Oravská stolica, Bratislava, 2007
349. Vrteľ, Ladislav, Osem storočí slovenskej heraldiky, Martin, 1999

Böhmen, Mähren:
350. Fiala, Michal – Hrdlička, Jakub – Županič, Jan, Erbovní listiny Archivu hlavního města Prahy a nobilitační privilegia studentské legie roku 1648 (Wappenbriefe aus dem Archiv der Hauptstadt Prag und Adelserhebungen der studentischen Legie aus dem Jahr 1648), Praha, 1997
351. Klecanda, Vladimír, Tři kapitoly o českomoravských erbovnících (Drei Kapitel über die böhmisch-mährischen Wappenrollen), in: Zprávy Českého zemského archivu VII., 1931, S. 69–96
352. Kolář, Martin – Sedláček, August, Českomoravská heraldika I., II. (Tschechisch-mährische Heraldik), Praha, 1902–1925
353. Krejčík, Tomáš – Krejčíková, J., Základy heraldiky, sfragistiky a genealogie (Grundwissen über Heraldik, Sfragistik und Genealogie), Praha, 1986
354. Mašek, Petr, Šlechtické rody v Čechách, na Moravě a ve Slezsku od Bílé hory do současnosti – I. díl (A–M), Praha, 2008; II. díl (N–Z), Praha 2010
355. Mysliveček, Milan, Velký erbovník 1. + 2. Encyklopedie rodů a erbů v zemích Koruny české (Große Wappenrolle der Geschlechter und Wappen der Länder der Böhmischen Krone), Plzeň, 2005/6
356. Pilnáček, Josef, Rody starého Slezska, Bde. 1–5 (Die altschlesischen Geschlechter), Brno, o.J. (repr. 1991ff)
357. Pokorný, Pavel Rudolf, Biskupové Čech, Moravy a Slezska po roce 1918 a jejich znaky (Die böhmischen, mährischen und schlesischen Bischöfe nach 1918 und ihre Wappen), Ostrava, 1992
358. Sedláček, August, Atlasy Erbů a pečetí české a moravské středověké šlechty, I. Band: Sedláčkovy Atlasy erbů a pečetí, Kritický a ediční aparát, hrsg.: von Vladimír Růžek (Die Wappen- und Siegelatlanten des böhmischen und mährischen mittelalterlichen Adels, mit deutscher Zusammenfassung und deutschem Register der heraldischen Zeichen), Praha, 2001
359. Sedláček, August, Atlasy Erbů a pečetí české a moravské středověké šlechty, II. Band: Atlas erbů. Čechy (1. část), hrsg.: von Vladimír Růžek, Praha, 2001
360. Sedláček, August, Atlasy Erbů a pečetí české a moravské středověké šlechty, III. Band: Atlas erbů. Čechy (2. část), hrsg.: von Vladimír Růžek, Praha, 2002

361. Sedláček, August, Atlasy Erbů a pečetí české a moravské středověké šlechty, IV. Band: Atlas erbů. Morava, hrsg.: von Vladimír Růžek, Praha, 2003
362. Sedláček, August, Atlasy Erbů a pečetí české a moravské středověké šlechty, V. Band: Atlas pečetí. Soupisy, rejstřík, faksimile, hrsg.: von Vladimír Růžek, Praha, 2003
363. Skřivánek, František, Heraldika auf den Bildern des Meisters Theoderik auf der Burg Karlstein, in: Jahrbuch der Heraldisch-Genealogischen Gesellschaft „Adler“, Bd. 13, 1986/87, S. 5–27
364. Županič, Jan, Nová šlechta Rakouského císařství (Der neue Adel im Kaiserreich Österreich), Praha, 2006

Polen:
365. Brzezina Winiarski, Andrzej, Herby szlachty Rzeczypospolitej (Wappen des Adels der Republik), Warszawa, 2006
366. Gajl, Tadeusz, Herby szlacheckie Rzeczypospolitej Obojga Narodów (Adlige Wappen der Republik beider Nationen), Gdansk, 2003
367. Jankowska Buttitta, Małgorzata, Gli stemmi italiani nell'araldica polacca, in: L'araldica. Fonti e metodi, Firenze, 1989, S. 75–83
368. Konarski, Szymon, Armorial de la noblesse Polonaise titrée, Paris, 1958
369. Krzyżanowski, Włodzimierz Konrad hr., Arystokracja rodowa w Polsce, Warszawa, 2008
370. Szymański, Józef, Herbarz średniowiecznego rycerstwa polskiego (Wappen des mittelalterlichen polnischen Rittertums), Warszawa, 1993
371. Zernicki-Szeliga, E. von, Die polnischen Stammwappen, Hamburg, 1904

Rumänien:
372. Sturdza-Saucesti, Marcel, L'héraldique roumaine, in: Archivum heraldicum 85, 1971, S. 32–38

Russland:
373. Borisov, Igor Vladimirowitsch (Игорь Владимирович Борисов), Rodowye gerby Rossii (Родовые гербы России) (Adlige Wappen in Russland), Moskau, 1997
374. Istorija rossijskoj geral'diki (История российской геральдики) (Geschichte der russischen Heraldik), Moskau, 2009 (Nachdruck zweier Werke aus dem 19. Jahrhundert: Lakier, Aleksandr Borisowitsch (Александр Борисович Лакиер, 1826–1870): Russkaja geral'dika (Русская геральдика)(Russische Heraldik), Sankt-Petersburg, 1855 und Petrov, P. N. (1827–1891): Istorija rodov russkogo dvorjanstva (История родов русского дворянства) (Geschichte der Geschlechter des russischen Hofadels), Sankt-Petersburg, 1886)
375. Jablotschkow, Michail Tichonowitsch (Яблочков, Михаил Тихонович), Istoria possijskogo dvorjanstva (История российского дворянства) (Geschichte des russischen Hofadels), Moskau, 2006
376. Mandich, Donald R. – Placek, Josef A., Russian Heraldry and Nobility, Boyton Beach, 1992
377. Schepeliew, Leonid Efimowitsch (Леонид Ефимович Шепелев), Geraldika Rossii: vom 17. bis zum Anfang des 19. Jh. (Геральдика России: XVIII–начало XX века), Moskau, 2003

Serbien:
378. Acović, Dragomir, Heraldika i Srbi, Beograd, 2009

Napoleonische Heraldik:

379. Lamarque, Philippe, L'héraldique napoléonienne, préf. par le Prof. Michel Pastoureau, index armorum par Michel Popoff, Saint-Jorioz, 1999
380. Lamarque, Philippe, Armorial Impérial sous Napoléon III – Reconstitution inédite, o.O. 2005
381. Lamarque, Philippe, Armorial du Premier Empire, index armorum, Michel Popoff, iconographie héraldique, Grzegorz Jakubowski-Barthel de Weydenthal, Lathuile, 2008
382. Pinoteau, Hervé, Héraldique napoléonienne, Paris, 1954
383. Pinoteau, Hervé, Les Sources de l'héraldique napoléonienne, in: Archives générales du royaume, 1985, S. 140–156, (=„Sources de l'héraldique en Europe occidentale", actes du 4e colloque international d'héraldique, Bruxelles, 6–10 mai 1985)
384. Révérend, Albert – Villeroy, Eugène-Marie, Album des armoiries concédées par lettres-patentes de Napoléon 1er, 1808–1815, 117 planches, 3504 blasons, précédées des armoiries de l'Empereur des grands dignitaires et grands officiers de l'Empire et des membres de la famille impériale avec tableaux des signes extérieurs et intérieurs des armoiries impériales..., Paris, 1911
385. Révérend, Albert, Armorial du Premier Empire, 4 Bde., Paris, 1894–1897
386. Simon, Jean Henri, Armorial général de l'Empire françois, 2 Bde., Paris, 1812
387. Wieser, H., Die Bienen in der Napoleonischen Heraldik, in: Veröffentlichungen des Museums Ferdinandeum Innsbruck 20/25, 1940/45, S. 239–246

Kirchliche Heraldik:

388. Alexy, Zdenko G., Mehrfeldrige kirchliche Wappen, in: Brisures, Augmentations et Changements d'Armoiries. Actes du 5e Colloque international d'Héraldique, (Spolete 12.–16. octobre 1987), Brüssel, 1988, S. 9–32
389. Bleisteiner, Claus Dieter, Päpstliche Heraldik, in: Bruno Moser: Das Papsturn – Epochen und Gestalten, München, 1983, S. 353–365, auch als überarbeiteter Sonderdruck, München, o.J.
390. Bleisteiner, Klaus Dieter, Kirchliche Heraldik in Bayern. Die Wappen der Erzbischöfe und Bischöfe seit 1817, Neustadt an der Aisch, 1986, S. 353–365
391. Čech, Zdirad J. K., Papežské znaky (Päpstliche Wappen), Kostelní Vydří, 2009
392. Die Wappen der Hochstifte, Bistümer und Diözesanbischöfe im Heiligen Reich 1648–1803, hrsg. von Erwin Gatz, unter Mitwirkung von Clemens Brodkorb, Reinhard Heydenreuter und Heribert Staufer, Regensburg, 2007
393. Galbreath, Donald Lindsay, Papal Heraldry, Cambridge, 1930
394. Heim, Bruno Bernhard, Heraldry in the Catholic Church, its Origin, Customs and Laws, Buckinghamshire, 1981
395. Heim, Bruno Bernhard, Wappenbrauch und Wappenrecht in der Kirche, Olten, 1947
396. Kolb, Peter, Die Wappen der Würzburger Fürstbischöfe, Würzburg, 1974
397. Ladner, Gerhart B., Die Papstbildnisse des Altertums und des Mittelalters, Città del Vaticano, 1941–1984
398. Martin, Jacques, Heraldry in the Vatican, Buckinghamshire, 1987
399. Meurgey, Jacques, Armorial de l'eglise de France, Mâcon, 1938
400. Schröder, Brigitte, Mainfränkische Klosterheraldik. Die wappenführenden Mönchsklöster und Chorherrenstifte im alten Bistum Würzburg, in: Quellen und Forschungen zur Geschichte des Bistums und Hochstifts Würzburg, Bd. 24, Würzburg, 1971
401. Ströhl, Hugo Gerhard, Heraldik der katholischen Kirche, Berlin, 1910
402. Ströhl, Hugo Gerhard, Wappenrolle der Päpste. Album Pontificale, Mönchen-Gladbach, 1909

403. Tinelli, Cesare, Überlegungen zum franziskanischen Wappen, in: 800 Jahre Franz von Assisi, Krems-Stein, 1982, S. 376–381
404. Zelenka, Aleš, Die Wappen der Böhmischen und Mährischen Bischöfe, Regensburg, 1979
405. Zimmermann, Eduard, Bayerische Klosterheraldik, München, 1930

Das Wappenrecht:
406. Bartoli a Saxoferrato Tractatus de insigniis et armis, hrsg. von Felix Hauptmann, Bonn, 1883
407. Freier, Walter, Wappenkunde und Wappenrecht. Praktische Einführung in die Heraldik und Wappenrechtsfrage, Leipzig, 1934
408. Hauptmann, Felix, Wappenrecht. Historische und dogmatische Darstellung der im Wappenwesen geltenden Rechtssätze, Bonn, 1896
409. Klee, Otto, Das Wappen als Rechtsobjekt, in: Der deutsche Herold 38, 1907, S. 21–27
410. Rechtsgrundlagen der Heraldik. Gesetze und Verordnungen aus dem 19. und 20. Jahrhundert, hrsg. von Rolf Nagel, Köln, 1988
411. Upton, Nicolai, De studio militari libri quatuor. Johan. de Bado Aureo, Tractatus de armis. Henrici Spelmanni Aspilogia. Edoardus Bissaeus. e codicibus mss. primis publici juris fecit, notisque illustraxit.

Orden und Ehrenzeichen:
412. Armorial de l'Ordre Militaire et Hospitalier de Saint Lazare de Jerusalem, Delft, 1983
413. Bertouch, Ernst von, Mönchs- und Ritterorden, München, 1985
414. Boehm, Hans-Georg. Hochmeisterwappen des Deutschen Ordens 1198–1618, Tauberbischofsheim, 1990
415. Cardinale, Hyginus E., Orders of Knighthood, Awards and the Holy See, Buckinghamshire, 1985
416. Cartone, Massimo, Ordini cavallereschi del Regno d'Italia, Milano, 1984
417. Dokumentation über den Ritterorden vom Kreuz von Konstantinopel, Vereinigung der Deutschen Ritter vom Kreuz von Konstantinopel, München, 1985
418. Fleckenstein, Josef, Die geistlichen Ritterorden Europas, Sigmaringen, 1980
419. Ganz, P., Die Abzeichen der Ritterorden im Mittelalter, in: Schweizer Archiv für Heraldik 19/20, 1905/06
420. Hartmann-Franzenshuld, Ernst von, Die Potence des Toison d'or, in: Jahrbuch Adler 10, 1883, S. I.–XXX.
421. Hauptmann, Felix, Der Wappenbrauch in den Ritterorden des Mittelalters, in: Schweizerisches Archiv für Heraldik 24, Zürich, 1910, S. 49–55
422. Les chevaliers de l'Ordre de la Toison d'or au XVe siècle, hrsg. Raphael de Smedt, Frankfurt am Main, 1994
423. L'Ordre de la Toison d'or, de Philippe le Bon à Philippe le Beau (1430–1505), Turnhaut, 1996
424. Neubecker, Ottfried, Die Bedeutung von Feuerstahl und Feuerstein, den Gliedern der Kette des Ordens vom Goldenen Vlies, in: Estudios genealógicos y heráldicos, 1978, S. 73–78
425. Nicolle, David, Die Ritter des Johanniterordens 1100–1565, Sankt Augustin, 2004
426. Nimmergut, Jörg, Deutsche Orden- und Ehrenzeichen bis 1945, München, 1997–1999
427. Oelsnitz, A. B. E. von der, Herkunft und Wappen der Hochmeister des Deutschen Ordens 1198–1525, Königsberg in Preußen, 1926
428. Pinoteau, Hervé, Etat de l'Ordre du Saint-Esprit en 1830 et la survivance des Ordres du Roi, Paris, 1983

429. Rincón García, Wifredo, La orden del Santo Sepulcro en Aragón, Zaragoza, 1982
430. Viel-Castel, Horace comte de, Statuts de l'Ordre du Saint Esprit, Paris, 1853

Fahnen:
431. Herzog, Hans-Ulrich – Hannes, Georg, Lexikon Flaggen und Wappen, Leipzig, 1990
432. Neubecker, Ottfried, Fahnen und Flaggen, Leipzig, 1939
433. Wappen und Flaggen der Bundesrepublik Deutschland und ihrer Länder, hrsg. Bundeszentrale für politische Bildung, Magdeburg, 1994 (3 Aufl.)

9.2.2. Zu den Quellen

434. Adam-Even, Paul, Catalogue des Armoriaux Français Imprimes, in: Nouvelle revue héraldique 29, 1946, S. 19–29
435. Adam-Even, Paul, L'héraldique dans le dis des VIII blasons de Jean de Biteri 1346, in: Archivum heraldicum 75, 1961, S. 50–53
436. Alberti, Otto von, Württembergisches Adels- und Wappenbuch, Bd. I. und II. (zweiter Band beendet von: Friedrich Freiherr von Gaisberg-Schöckingen, Theodor Schön und Adolf Stattmann), Stuttgart, 1889, 1899–1916
437. Alexy, Zdenko G., Ex libris armales Bde I. – III., Vindobonae (Wien), 1984, 1985, 1986
438. Arme delle Famiglie Nobili di Siena, Prefazione di Giovanni Maccherini, Milano, 2009
439. Armorial général de Belgique, hrsg. v. Fortuné Koller, Santiago Meliá, Brüssel, 1958
440. Armorial Lusitano. Genealogia e Heráldica, Lissabon, 1961
441. Arndt, Jürgen – Seeger, Werner, Wappenbilderordnung (Symbolorum Armorialium Ordo) Bd. 1, (hrsg. von Herold), Neustadt an der Aisch, 1986 und 1996
442. Arndt, Jürgen – Seeger, Werner, Wappenbilderordnung (Symbolorum Armorialium Ordo) Bd. 2: General-Index, (hrsg, von Herold), Neustadt an der Aisch, 1990
443. Arndt, Jürgen, Die Entwicklung der Wappenbriefe von 1350 bis 1806 unter besonderer Berücksichtigung der Palatinatswappenbriefe, in: Herold 7, Berlin, 1969/1971, S. 161–193
444. Bauer, Richard, Die wiederentdeckten Wappenzyklen für das Wilhelmsgrab in St. Michael, München, in: Oberbayrisches Archiv 113, 1989, S. 177–185 + 7 Taf.
445. Belcredi, Richard Graf – Krahl, Ernst August, Mährisches Wappenbuch vom Jahre 1888, Gessertshausen, 1986
446. Borchard, Karl, Patrizier und Ehrbare. Die Wappen im Geschlechterbuch des Johann Friedrich Christoph Schrag (1703–1780) zu Rothenburg ob der Tauber, in: j. Siebmacher's großes Wappenbuch. Die Familienwappen deutscher Landschaften und Regionen, Bd. 3, Insingen bei Rothenburg ob der Tauber, 2007
447. Burke, Bernard, Burke's Genealogical and Heraldic History of the Landed Gentry, hrsg. Peter Towned, 2 Bde., London, 1965, 1969
448. Burke, Bernard, Burke's Genealogical and Heraldic History of the Peerage, Baronetage and Knightage, hrsg. Peter Towned, London, 1963
449. Burke, Bernard, The General Armory of England, Scotland, Ireland and Wales, London, 1884
450. Burke, J. – Burke, J. B., Encyclopedia of Heraldry or General Armory of England, Scotland and Ireland, London, 1844
451. Chronique de Mathieu d'Escouchy, hrsg. von G. du Fresne de Beaucourt, 3 Bde., Paris, 1863–1864
452. Dost von Schatzberg, J. G., Schlesisches Wappenbuch, Bd. 1, 2 u. 3, Görlitz, 1842–1847
453. Eeckhout, J. M. van den, Armorial de la Flandre Médiévale, o.O., 2009

454. Enciclopedia storico-nobiliare italiana, Vol. 1–9, hrsg. von V. Spreti, Mailand, 1928
455. Gherardi Camozzi Vertova, Cesare de', Stemmi delle famiglie Bergamasche e oriunde della provincia di Bergamo o ad essa per diverse ragioni attenenti, o.O., 1888
456. Glasenapp, Patrick von, Baltisches Wappenbuch, Alling, 1980
457. Heim, Bruno Bernhard, Armorial. Liber Amicorum et illustrorum Hospitum, Buckinghamshire, 1981
458. Histoire de Guillaume le Maréchal, comte de Striguil et de Pembroke, régent d'Angleterre de 1216 à 1219, hrsg. von Paul Meyer, Paris 1891–1901
459. Irmer, Georg, Die Romfahrt Kaiser Heinrichs VII. im Bildercyclus des Codex Balduini Trevirensis (Balduineum), Berlin, 1881
460. Jäger-Sunstenau, Hanns, Über die Wappenverleihungen der Deutschen Kaiser 1328 bis 1806, in: Genealogie 17, 1985, S. 529–535
461. Jougla de Morenas, Henri, Grand Armorial de France. Catalogue général des armoiries des familles nobles de France, 0.0., 1934–1975
462. Korn, Hans-Enno, Die Hessischen Städtewappen aus Wilhelm Wessels Wappenbuch von 1623, Hessische Forschungen zur geschichtlichen Landes- und Volkskunde 13, Kassel, 1984
463. Král z Dobré Vody, Vojtěch (Adalbert Ritter Král von Gutwasser), Der Adel von Böhmen, Mähren und Schlesien. Genealogisch-heraldisches Repertorium sämtlicher Standeserhebungen, Prädikate, Beförderungen, Incolats-Erteilungen, Wappen und Wappen-Verbesserungen, Prag, 1904
464. Krane, Alfred Freiherr von, Wappen- und Handbuch des in Schlesien (einschließlich der Oberlausitz) landgesessenen Adels, Görlitz, 1901–1904
465. Largiadèr. Anton, Zürcherische Wappenbücher, in: Schweizerisches Archiv für Heraldik 54, 1940, S. 15–17
466. Larchey, Loredan, Ancien armorial équestre, Paris, 1890
467. Lerch, Christian, Die Wappensammlung des bernischen Staatsarchiv, in: Schweizerisches Archiv für Heraldik 58, 1944, S. 6–10
468. Libro d'oro della nobiltà italiana, 1914/15, Roma, 1915
469. Libro d'oro della nobiltà italiana, Roma, 1929
470. Lochner von Hüllenbach, Oscar Freiherr, Weihegabe für die Dormitionskirche in Jerusalem, in: Die christliche Kunst V. München, 1908/1909, S. 90–92
471. Loutsch, Jean-Claude, Armorial du Pays de Luxembourg, Luxemburg, 1974
472. Luz, Frederic, Blasons des families d'Europe. Grand Armorial Universel. 15 000 armoiries nobles, bourgeoises et artisanales, Gaillac, 1996
473. Meraviglia-Crivelli, Rudolf Johann Graf, Der Böhmische Adel, (Siebmachers großes und allgemeines Wappenbuch), Nürnberg, 1885
474. Moreau, Philippe, Tableau des armoiries de France, auquel sont représentées les origines et raisons des armoiries, hérauts d'armes, et des marques de noblesse, Paris, 1609
475. Neubecker, Ottfried u. a., Deutsche Wappensammlungen und Wappenrepertorien, (= Prakticum für den Familienforscher 34), Neustadt/Aisch, 1960
476. Neubecker, Ottfried – Rentzmann, Wilhelm, Wappenbilder-Lexikon, München, 1974
477. Ordnungen und Statuten des koeniglichen Preußischen Ober-Herold-Amtes, Coeln a.d. Spree, 1706
478. Papworth's Ordinary of British Armorials (hrsg. v. G. D. Squibb und A. R. Wagner), London, 1961
479. Papworth, John W., Papworth's Ordinary of British Armorials, London, 1874
480. Pastoureau, Michel, Les Armoiries, in: Typologie des Sources du Moyen Age Occidental, fasc. 20, Turnhout, 1976/85

481. Prinet, Max, Les usages héraldiques au XIVème siècle, d'après les chroniques de Froissart, Annuaire-bulletin de la société de l'histoire de France, Paris, 1916, S. 141–155
482. Rahrbach, Anton P. – Halem, Hilman von, Reichsritter in Mainfranken. Zu Wappen und Geschichte fränkischer Adelsfamilien (J. Siebmacher's Großes Wappenbuch. Die Familienwappen Deutscher Landschaften und Regionen 2, 2003)
483. Ricotti Bertagnoni, Alberto – Bascapè, Giacomo C., Stemmario italiano (Vol. 1), Bassano del Grappa, 1970
484. Rietstap, Johannes-Baptist, Armorial Général, 2 Bde, Berlin, 1934
485. Rietstap, Johannes-Baptist, Armorial Général. Supplément, (hrsg. v. H. Rolland), 6 Bde., La Haye, 1926
486. Rietstap, Johannes-Baptist, Handboek der Wapenkunde, Leiden, 1943
487. Rietstap, Johannes-Baptist, Illustriertes allgemeines Wappenbuch (hrsg. v. V.H. Rolland), 6 Bde., Lyon, 1953
488. Ruedt von Collenberg, Weiprecht Hugo Graf von, Un Liber amicorum delle biblioteca Casatanense di Roma (1608–21), Rassegna degli Archivi di Stato 46, 1986
489. Salver, Johann Octavian, Proben des hohen Deutschen Reichsadels, Würzburg, 1775
490. Schöler, Eugen, Historische Familienwappen in Franken, Neustadt a.d. Aisch, 1975
491. Seibold, Gerhard, Wappenbriefe aus Bayerisch Schwaben, in Herold-Jahrbuch, N.F. 14, 2009, S. 235–253
492. Series Abbatum. Wappenbuch der fränk. Benediktinerabteien Banz, Münsterschwarzach und St. Stephan, Würzburg, 1768–73
493. Seyfort, Johann Friedrich, Der durchlauchtigsten Welt vollständiges Wappenbuch, 4 Bde., Frankfurt und Leipzig, 1767–1777
494, Spener, Philipp Jacob, Historia insignium illustrium seu operis heraldici pars specialis etc., Frankfurt am Main, 1680
495. Squibb, G.D., Munimenta Heraldica 1484 to 1984. London, 1985
496. Stemmario italiano delle famiglie nobili notabili, hrsg. v. Alberto Ricotti Bertagnoni, vol. 1, Bassano del Grappa, 1970
497. Ströhl, Hugo Gerhard, Exotische Länderwappen, in: Der deutsche Herold 10, 1913, S. 38–46
498. Ströhl, Hugo Gerhard, Russisch-Asiatische Wappenrolle. Die Wappen der Gouvernements ..., in: Jahrbuch Adler N.F. Bd. 11, 1901, S. 80
499. Ströhl, Hugo Gerhard, Russisch-Europäische Wappenrolle. Die Wappen der Gouvernements ..., in: Jahrbuch Adler N.F. Bd. 12, 1902, S. 163
500. Ströhl, Hugo Gerhard, Deutsche Wappenrolle, Stuttgart, 1897
501. Ströhl, Hugo Gerhard, Heraldischer Atlas, Stuttgart, 1899
502. Ströhl, Hugo Gerhard, Nihon Moncho. Japanisches Wappenbuch, Wien, 1906
503. Ströhl, Hugo Gerhard, Oesterreichisch-ungarische Wappenrolle, Wien, 1890
504. Ströhl, Hugo Gerhard, Staatsheraldik, in: Kunst und Kunsthandwerk, Jg. 12, 1909, S. 8–9
505. Ströhl, Hugo Gerhard, Wappen und Flaggen des Deutschen Reiches und seiner Bundesstaaten (1871–1918), zusammengestellt von Jürgen Arndt, Dortmund, 1988
506. Troyes, Chrétien de, Le Chevalier de la Charrette (Lancelot). Roman traduit de l'ancien français par Jean Frappier, Paris 1982
507. Tyroff, K., Neues adeliges Wappenwerk, 3 Bde, Nürnberg, 1791–1798
508. Tyroff, K., Geschlechts- und Wappenbeschreibung, Nürnberg, 1823–1828
509. Tyroff, K., Wappenbuch der Preußischen Monarchie, 5 Bde., Nürnberg, 1826
510. Tyroff, K., Wappenbuch des gesammten Adels des Königreichs Baiern, 11 Bde, Nürnberg, 1818–1838
511. Tyroff's adeliche Wappenwerke, Nürnberg, 1795–1805

512. Volpicella, Luigi, Gli stemmi nelle scritture dell'archivio di stato in Napoli, Trani, 1905
513. Wagner, Anthony Richard, The Records and Collections of the College of Arms, London, 1952
514. Wagner, Anthony Richard, A Catalogue of English Medieval Rolls of Arms, in: Aspilogia I, 1950
515. Wagner, Anthony Richard, Rolls of Arms, Henry III., in: Aspilogia II., 1957
516. Walther, Ingo F. – Siebert, Gisela, Codex Manesse. Die Miniaturen der großen Heidelberger Liederhandschrift, Frankfurt am Main, 5. Aufl. 1992
517. Wappen der Anno 1887 lebenden Bürgergeschlechter der Stadt Chur, Milano, 2009
518. Wappenbuch sämtlicher in der Stadt Bern verburgerten Geschlechter, Bern, 1829
519. Wappensammlung der bekanntesten und insonderheit Schlesischer Geschlechter (ca. 1700),
520. Wölckern auf Kalchreuth, Martin Carl Wilhelm von, Beschreibungen aller Wappen der fürstlichen, gräflichen, freiherrlichen und adeligen jetzt lebenden Familien im Königreich Baiern, 4 Bde., Nürnberg, 1821, 1827, 1827, 1829
521. Wolfert, Alfred F., Aschaffenburger Wappenbuch, in: Veröffentlichungen des Geschichts- und Kunstvereins Aschaffenburg e.V. 20, Aschaffenburg, 1983
522. Wright, C. E., English heraldic Manuscripts in the British Museum, o.O., 1973
523. Zelenka, Aleš, Sudetendeutsches Wappenlexikon: Ortswappen aus Böhmen, Mähren und Sudetenschlesien, Passau, 1985

9.2.3. Allgemeine Literatur

524. Adel in Bayern. Ritter, Grafen, Industriebarone, hrsg. von Wolfgang Hahn, Margot Hamm und Evamaria Brockhoff, Augsburg, 2008
525. Alexias / Anna Komnene; Übersetzt, eingeleitet und mit Anmerkungen versehen von Diether Roderich Reinsch. – 2., um ein Vorwort von Diether Roderich Reinsch ergänzte Auflage, Berlin, New York 2001
526. Alexy, Zdenko G., Das dritte Wappen der Tschecho-Slowakei, in: Adler 2, 1991, S. 26–29
527. Althoff, Gerd, Die Macht der Rituale. Symbolik und Herrschaft im Mittelalter, Darmstadt, 2003
528. Arndt, Jürgen, Biographisches Lexikon der Heraldiker sowie der Sphragistiker, Vexillologen und Insignologen, in: Siebmachers großes Wappenbuch Bd. H, Neustadt a.d. Aisch,1992
529. Arndt, Jürgen, Lebendige Heraldik, Berlin, 1969
530. Arnold, Hans Otto, Entwicklung der Wappendarstellung auf Porzellan. Ein historisch-kunsthandwerklicher Abriß, in: Der Herold 33, 1990, S. 91–94
531. Beckenstein, Johann Simon, Kurtze Einleitung zur Wappenkunst, St. Petersburg, 1731
532. Bernd, Christian Samuel Theodor, Allgemeine Schriftenkunde der gesammten Wappenwissenschaft etc. Bd. I.–IV., Bonn, 1830, 1835, 1841
533. Bernd, Christian Samuel Theodor, Die Hauptstücke der Wappenwissenschaft etc., Bonn, 1849
534. Berry, William, Heraldry, London, o.J.
535. Bibliographie zur Heraldik bis 1980, in: Bibliographie der historischen Wissenschaften Bd. 1; hrsg. von E. Henning und G. Jochums, Köln, 1984
536. Biewer, Ludwig, Der Bonner Bibliothekar und Historiker Theodor Bernd und die Anfänge der wissenschaftlichen Heraldik im deutschsprachigen Raum, in: Schweizer Archiv für Heraldik 109, 1995, S. 133–150

537. Biewer, Ludwig, Bemerkungen zum Stand der Wappenkunde im deutschsprachigen Raum, in: Archiv für Diplomatik, Schriftgeschichte, Siegel und Wappenkunde, Bd. 54, Köln, Weimar, Wien, 2008, S. 285–308
538. Böhmer, J. F.: Regesta imperii, XI. Die Urkunden Kaiser Sigismunds (1419.1437) Bd. I. + II., Innsbruck 1896–1900
539. Brockhusen, Hans Joachim von, Kleine heraldische Beträge, in: Der Herold, 7, 1969–71, S. 17–28
540. Carmona, Narciso Binayän, L'héraldique inca, in: Archivum heraldicum 77, 1963, S. 30–36
541. Child, Heather, Heraldic design, London, 1965
542. Deutsches Wörterbuch von Jacob und Wilhelm Grimm, 16. Bde., Leipzig, 1854–1960
543. Ewald, Wilhelm, Rheinische Heraldik, Düsseldorf, 1934
544. Forst, Otto, Die Ahnenproben der Mainzer Domherren, in: Quellen und Studien zur Genealogie 1, Wien – Leipzig, 1913
545. Frank, W., Beiträge zur Wappenkunde des rheinischen Land- und Stadtadels im 13., 14. und 15. Jahrhundert, in: Archiv für Hessische Geschichte und Altertumskunde XI., 1867, S. 222–249, 9 Taf.
546. Franklyn, Julian – Tanner, John, An Encyclopaedic Dictionary of Heraldry, Oxford u.a., 1970
547. Funcken, Liane und Fred, Historische Waffen und Rüstungen, München, 1990
548. Galbreath, Donald Lindsay – Jéquier, Léon, Lehrbuch der Heraldik, München, 1978
549. Galbreath, Donald Lindsay, Handbüchlein der Heraldik, Lausanne, ^{2}1948
550. Gall, Franz, Österreichische Wappenkunde, Wien, Köln, Weimar, ^{2}1992
551. Gatterer, Joh. Christoph, Abriß der Heraldik, Göttingen, 1765
552. Gatterer, Joh. Christoph, Handbuch der neuesten Genealogie und Heraldik, worinen aller jezigen ..., Nürnberg, 1763
553. Gatterer, Joh. Christoph, Praktische Heraldik, Nürnberg, 1791
554. Gritzner, Maximilian, Handbuch der heraldischen Terminologie, Einleitungsband zum Neuen Siebmacher, Abt. A, Nürnberg, 1890
555. Habluetzel, Herbert – Hess, Hans, Monumenta Heraldica Helvetiae, Winterthur, 1944
556. Hauptmann, Felix, Wappenkunde, München, Berlin, 1914
557. Henning, Eckart, Nachweise bürgerlicher Wappen in Deutschland 1937–1973, (= Genealogische Informationen, Bd. 2), Neustadt/Aisch, 1975
558. Henning, Eckart, Nachweise bürgerlicher Wappen in Deutschland 1973–1983, (= Genealogische Informationen, Bd. 18), Neustadt/Aisch, 1985
559. Heraldik. Von Adler bis Zinne, Renningen, 2009
560. Hildebrandt, Adolf Matthias, Wappenfibel. Handbuch der Heraldik, Neustadt an der Aisch, 19. Aufl. 1998
561. Hinkle, Willam M., The fleurs de lis of the kings of France, 12885–1488, Carbondale, 1991
562. Höfe und Residenzen im spätmittelalterlichen Reich. Bilder und Begriffe. Hg. von Werner Paravicini, bearb. von Jan Hirschbiegel und Jörg Wettlaufer. Residenzenforschung 15 II, Teilbd. 1 + 2, Ostfildern 2005 (besonders Kruse, Holger, das Kapitel Herolde, S. 313–317)
563. Höpingk, Theodor, De insignum sive armorum prisco et novo jure Tractatus juridico-historico-philologicus etc., Nürnberg, 1642
564. Horstmann, Hans, Wappen Fahnen Bürgersiegel, in: Beiträge zur Liegnitzer Geschichte 6, 1976, S. 3–32
565. Huber, Harald, Wappen. Ein Spiegel von Geschichte und Politik gesehen im Wappen eines vorderösterreichischen Regenten, Karlsruhe, 1990

566. Hupp, Otto, Königreich Preußen. Wappen der Städte, Flecken und Dörfer, Frankfurt am Main, 1896–98
567. Hupp, Otto, Wappenkunst und Wappenkunde, München, 1927
568. Hye, Franz-Heinz von, Das österreichische Staatswappen und seine Geschichte, Wien, Innsbruck, 1995
569. Hye, Franz-Heinz von, Wappen in Tirol – Zeugen der Geschichte: Handbuch der Tiroler Heraldik, Innsbruck, 2004
570. Jäger-Sunstenau, Hanns, Die Wappen nobilitierter Künstler in Wien 1848–1918, in: Herold 31, 1988, S. 117–128
571. Japanese design motifs. 4 260 illustrations of japanese crests, compiled by the Matsuya Piece – Goods Store, translated by Fumie Adachi, o.O., 1913
572. Keller, Alfred von, Leitfaden der Heraldik, Berlin, 1891
573. Klapisch-Zuber, Christiane, Stammbäume. Eine illustrierte Geschichte der Ahnenkunde, München, 2004
574. Krása Josef, Die Handschriften König Wenzels IV., Wien, 1971
575. Lange, R., Japanische Wappen, Berlin, 1903
576. Lasloczky, Ladislao, Alcune manifestazioni dell'araldica locale più antica, in: Les Origines des Armoiries. IIe Colloque international d'Héraldique, Bressanone/Brixen 5.–9.X.1981, Paris, 1983, S. 73–80
577. Le Baron Stalins, Vocabulaire – atlas héraldique, Paris, 1952
578. Le Héraut d'armes. Revue illustrée de la noblesse, 2 Bde., Paris, 1863–77
579. Lehnart, Ulrich, Die Wappen der Teilnehmer der Schlacht bei Worringen, in: Der Name der Freiheit 1288–1988. Aspekte Kölner Geschichte von Worringen bis heute, Köln, 1988,S. 179–193
580. Lombard-Jourdan, Anne, Fleur de lis et oriflamme. Signes célestes du royaume de France, Paris, 1991
581. Louda, Jiří – Janáček, Josef, České erby (Tschechische Wappen), Praha, 1988
582. Louda, Jiří – Maclagan, Michael, Lines of Succession (Heraldry of the Royal Families of Europe), London, 1991
583. Louda, Jiří, Civic Heraldry in the Czech Republik, in: The Coat of Arms, N.S. IX., 1991, S. 162–163
584. Louda, Jiří, Czechoslovakia regains her heraldic symbols, in: The Coat of Arms, vol. VIII., no. 150, 1990, S. 206–209
585. Louda, Jiří, Jak jsem navrhoval federální znak (Wie ich das Wappen der Föderation entwarf), in: Vexilologie, 78, 1990, S. 1527–1530
586. Mayer, Carl Ritter von, Heraldisches ABC-Buch, München, 1857
587. Michalsky, Tanja, Memoria und Repräsentation. Die Grabmäler des Königshauses Anjou in Italien, Göttingen, 2000
588. Moos, Mario von, Bibliographie zur Heraldik, in: Bibliographie für Familienforscher. Verzeichnis geschichtlicher Handbücher, gedruckter Quellen und Hilfsmittel (= Arbeitshilfen für Familienforscher in der Schweiz 3), hrsg. von der Schweizerischen Gesellschaft für Familienforschung, Zürich, 1984
589. Mühlemann, Louis, Wappen und Fahnen der Schweiz, Luzern, 1977
590. Müller, Max, Beitrag zur Baltischen Wappenkunde, Riga, 1931
591. Neubecker, Ottfried, Großes Wappen-Bilder-Lexikon der bürgerlichen Geschlechter Deutschlands, Österreichs und der Schweiz, Augsburg, 1993
592. Neubecker, Ottfried, Wappenkunde, München, 1980
593. O'Kelly de Aghrim, William, Speculum Heraldicum, Wien, 1705
594. Oswald, Gert, Lexikon der Heraldik, Mannheim – Wien – Zürich, 1984
595. Pakula, Marvin H., Heraldry and Armor of the Middle Ages, London, 1972

596. Paravicini Bagliani, Agostino, Il trono di Pietro, Roma, 1996
597. Paravicini Bagliani, Agostino, Le Chiavi e la Tiara. Immagini e simboli del papato medievale, Roma, 1998, ^{2}2005
598. Paravicini Bagliani, Agostino, Il potere del papa. Corporeità, autorappresentazione, simboli, Firenze, 2009
599. Paravicini, Werner, Die ritterlich-höfische Kultur im Mittelalter, München, 1999, = Enzyklopädie deutscher Geschichte, Bd. 32
600. Pastoureau, Michel, De la croix à la tiare: Amédée VIII. et l'emblematique de la Maison de Savoie, in: Amédée VIII. = Felix V., Archivum historiae pontificae 31, 1993, S. 89–104, 475
601. Pastoureau, Michel, L'emblématique princière à la fin du Moyen Age. Essai de lexique et de la Maison de Savoie (XIe–XVIe s.), in: Glossario storico-emblematico della Casa Savoia nel Medio Evo (XIII–XV sec.), Lausanne, 1983, S. 11–14
602. Pastoureau, Michel, Traité d'Héraldique, Paris, 1993
603. Pfeifer, Wilhelm, Städtewappen und Städtesiegel in Böhmen und Mähren, München, 1952
604. Philippi, F., Wappen: Versuch einer gemeinfasslichen Wappenlehre, Limburg/Lahn, 1921
605. Pietramellara, Giacomo, Il libro d'oro del Campidoglio, 2 Bde., Rom, 1884–1897
606. Pölnitz, Sigmund Freiherr von, Stiftsfähigkeit und Ahnenprobe im Bistum Würzburg, in: Herbipolis jubilans 1200 Jahre Bistum Würzburg (Diözesangeschichtsblätter 14/15), Würzburg, 1952/53 S. 349–355
607. Poeschke, Joachim, Donatello – Figur und Quadro, München, 1980
608. Pötzl, Walter, Geschichte im Wappen, Augsburg, 2008
609. Procházka, Roman Freiherr von, Böhmische Adelsfamilien, Neustadt an der Aisch, 1969
610. Procházka, Roman Freiherr von, Genealogisches Handbuch erloschener böhmischer Herrenstandsfamilien, Neustadt an der Aisch, 1973
611. Rattelmüller, Paul Ernst, Das Wappen von Bayern, München, 1989
612. Rudolphi, J.A., Heraldica curiosa, Frankfurt und Leipzig, 1718
613. Sack, Rudolf, Akademische Wappenkunde, o.O., 1935
614. Sacken, E. Freiherr von, Heraldik, Leipzig, 1920
615. Savorelli, Alessandro, Piero della Francesca e l'ultima crociata. Araldica, storia e arte tra gotico e Rinascimento, Firenze, 1999
616. Scheibelreiter, Georg, Tiernamen und Wappenwesen, Köln, 1976
617. Scheibelreiter, Georg, Wappen und adliges Selbstverständnis im Mittelalter, in: Wappen als Zeichen. Mittelalterliche Heraldik aus kommunikations- und zeichentheoretischer Perspektive, hrsg. von Wolfgang Achnitz (= Das Mittelalter. Perspektiven mediävistischer Forschung, Zeitschrift des Mediävistenverbandes, Bd. 11, 2006, Heft 2) München, 2006, S. 7–27, erschienen neu in: Wappenbild und Verwandschftsgeflecht.
618. Scheibelreiter, Georg, Wappenbild und Verwandtschaftsgeflecht. Kultur- und mentalitätsgeschichtliche Forschungen zu Heraldik und Genealogie, in: Mitteilungen des Instituts für Österreichische Geschichtsforschung, Ergänzungsband 53, Wien, München, 2009
619. Scheuer, Oskar F., Studentische Heraldik, o.O., 1931
620. Schlosser, Julius von: Die Bilderhandschriften Königs Wenzel I. In: Jahrbuch der Kunsthistorischen Sammlungen des Allerhöchsten Kaiserhauses, Bd. XIV., Wien 1893, pp. 214–251, 266–269
621. Schroeder, Michael, Kleine Wappenkunst, Frankfurt a.M., 1990
622. Schrot, Martin, Wappenbuch,München, 1581

623. Schwarzenberg, Karl Fürst zu, Das Wappen der Fürsten zu Schwarzenberg. Geschichtliche Erklärung, in: Schwarzenbergisches Jahrbuch 31, 1956
624. Schwarzenberg, Karl Fürst zu, Schwarzenbergische Fahnen und Farben, in: Schwarzenbergischer Almanach, 1959, S. 51–58
625. Sikora, Michael, Der Adel in der Frühen Neuzeit, Darmstadt, 2009
626. Slater, Stephen, Wappen, Schilde, Helme. Eine farbig illustrierte Einführung in die Heraldik, Wien, o.J. (Übersetzung von: Slater, Stephen, The History and Meaning of Heraldry. An illustrated reference to classic symbols and their relevance, London, 2004)
627. Stemmi della Realcasa di Savoia, in: Bollettino Ufficiale della Consulta Araldica, vol. IX. no. 41, 1931
628. Sturm, Heribert, Das Wappen des Reichsgaues Sudetenland, in: Sudetendeutsche Monatshefte, 1941, S. 361–363
629. Sutter, Ralf E., Gampilûn und Ecidemôn – Zur Funktion der Heraldik in Wolfram von Eschenbachs Parzival, in: Jahrbuch der Heraldisch-Genealogischen Gesellschaft Adler 1993/2002, Bd. 15 (= Heraldik – Bildende Kunst – Literatur Héraldique – Arts plastiques – Littérature Heraldry – Arts – Literatur, Actes du XIe Colloque International d'Héraldique St.Pölten, 20–24 septembre 1999, ed. par Georg Scheibelreiter et Michael Göbel), Wien, 2002, S. 299–310
630. Tausendpfund, Alfred, Nachweise adeliger Wappendarstellungen im Staatsarchiv Würzburg, in: Genealogie, Heft 9, 1991, S. 261–275
631. Trier, Johann Wolfgang, Einleitung zu der Wapen-Kunst nebst einem Vorbericht von der gesammten Herolds-Wissenschaftt; nach dem Zustande der gegenwärtigen Zeiten sowohl in der Anzahl der Wapen als auch der Erkl. derselben, bearbeitet und ergänzt von Christian Johannes Feustel, Leipzig, ^{3}1744
632. Turnbull, Stephen, Samurai Heraldry, Oxford, 2002 (Reprint: Mineola, New York, 2006)
633. Visconti, Pietro Ercole, Città e famiglie nobili e celebri dello stato Pontificio, Roma, 1847
634. Vogel, Werner, Berlin und seine Wappen, Berlin/Frankfurt a.M., 1987
635. Volborth, Carl Alexander von, Heraldik aus aller Welt in Farbe, Berlin, 1972
636. Volborth, Carl-Alexander von, Heraldik. Eine Einführung in die Welt der Wappen, Stuttgart – Zürich, 1989
637. Volborth, Carl-Alexander von, Heraldry. Customs, Rules and Styles, London, 1991
638. Volborth, Carl-Alexander von, The Art of Heraldry, London, 1991
639. Volborth, Carl-Alexander, Das Wappen. Stil und Form, Limburg/Lahn, 1977
640. Zajic, Andreas, „Zu ewiger gedächtnis aufgericht". Grabdenkmäler als Quelle für Memoria und Repräsentation von Adel und Bürgertum im Spätmittelalter und in der Frühen Neuzeit. Das Beispiel Niederösterreichs (Mitteilungen des Instituts für Österreichische Geschichtsforschung, Ergänzungsband 45), München 2004
641. Zappe, Alfred, Grundriß der Heraldik, Limburg/Lahn, 1971
642. Zelenka, Aleš, Heraldische Bemerkungen, in: Kaiser Karl IV. Staatsmann und Mäzen. Hrsg. von F. Seibt, Nürnberg, Köln 1978179, S. 321–317.
643. Zimmermann, Eduard, Augsburger Zeichen und Wappen, Augsburg, 1970
644. Zimmermann, Gerd, Dörfliche Heraldik des 17. Jahrhunderts. Die Bildstockwappen im Gebiet von Aschach an der Saale, in: Volkskultur und Geschichte. Festgabe für Josef Dünninger zum 65. Geburtstag, Berlin, 1970, S. 330–346
645. Zimmermann, Gerd, Ecclesia-Franconia-Heraldica. Gesammelte Abhandlungen, Bamberg, 1989
646. Zug Tucci, Hannelore, Der Fahnenwagen in der mittelalterlichen italienischen Militä-

remblematik (11.–13. Jahrhundert, in: Les Origines des Armoiries. IIe Colloque international d'Héraldique. Bressanone/Brixen 5.–9.X.1981, Paris, 1983, S. 163–172
647. Zug Tucci, Hannelore, Un linguaggio feudale: l'araldica, in: Storia d'Italia, Annali I. Dal feudalesimo al capitalismo, Torino, 1978, S. 811–877, + 33 Taf.

9.2.4. Zeitschriften zur Heraldik

Archives Héraldiques Suisses (Schweizer Archiv für Heraldik, Archivio Araldico Svizzero) seit 1887, seit 1953 mit dem Untertitel: Archivum Heraldicum (ohne Änderung in der Nummerierung) dreisprachig (französisch, deutsch, italienisch). Hrsg. von der Schweizerischen heraldischen Gesellschaft

Cahiers d'héraldique, hrsg. von Commission Française pour l'Etude de l'Héraldique, Inst. de Recherche et d'Histoire des Textes, Centre Nat. de la Recherche Scientifique, seit 1974 in Paris, erscheint unregelmäßig

Der Herold, Vierteljahrschrift für Heraldik, Genealogie und verwandte Wissenschaften, seit 1869, hrsg. von Herold, Verein für Heraldik, Genealogie und verwandte Wissenschaften in Berlin

Herold-Jahrbuch, N. F. 1996ff, Hrsg. im Auftrag des HEROLD, Verein für Heraldik, Genealogie und verwandte Wissenschaften zu Berlin von Peter Bahl und Eckart Henning

Herold-Studien. Hrsg. vom HEROLD zu Berlin. Bd. 1 ff. – Berlin: Verlag des HEROLD zu Berlin 1992ff

Jahrbuch der heraldisch-genealogischen Gesellschaft „Adler“ in Wien, seit 1874

Revue française d'héraldique et de sigillographie, seit 1938 in Paris.

The Coat of Arms, seit 1950, englisch, hrsg. von Heraldry Society in London

Heraldisk Tidsskrift, seit 1959 in Kopenhagen, heraldische Zeitschrift von vier skandinavischen heraldischen Gesellschaften

Hidalguía: la revista de genealogía, nobleza y armas, seit 1952 in Madrid

Boletín de la Real Academia Matritense de Heráldica y Genealogía, hrsg. von Real Academia Matritense de Heráldica y Genealogía, Madrid seit 1990

Rivista araldica, seit 1903, hrsg, von Collegio araldico in Rom

Nobiltà, Rivista di Araldica, Genealogia, Ordini Cavallereschi, Jahreszeitschrift des Istituto Araldico Genealogico Italiano, 1992ff

Nobiltà: rivista di araldica, genealogia, ordini cavallereschi, hrsg. von Instituto araldico genealogico italiano, Milano

Herald: historia, genealogia, heraldyka, hrsg. von Institut Heraldyki i Genealogii, Köln 1990

Heraldic magazine = Magazyn heraldyczny, Warszawa 1993

Rocznik Polskiego Towarzystwa Heraldycznego, hrsg. von Polskie Towarzystwo Heraldyczne, Warszawa 1927

Nobilitas, 2005ff, Jahrbuch des ungarischen historischen Vereins

Heraldika a genealogie, erscheint 4x jährlich, Praha, Klub pro českou heraldiku

Heraldická ročenka, hrsg. von Heraldická společnost v Praze

Jihočeský herold, Časopis o historii a pomocných vědách historických, erscheint 2x jährlich, 2001ff

9.3. INDEX DER AUTOREN

(Die Zahlen beziehen sich auf die Nummerierung der Titel auf S. 103–120.)

10. GLOSSAR

Neubecker, Ottfried: Deutsch und Französisch für Heraldiker, München 1983 – Arndt, Jürgen/Seeger, Werner, Wappenbilderordnung (Symbolorum Armorialium Ordo) Bd. 1, (hrsg. vom Herold), Neustadt an der Aisch, 1986 und 1996 – Arndt, Jürgen/Seeger, Werner, Wappenbilderordnung (Symbolorum Armorialium Ordo) Bd. 2: General-Index, (hrsg. vom Herold), Neustadt an der Aisch, 1990

abgerissen *(arraché)*: Teile des tierischen oder auch menschlichen Körpers, die durch Abreißen abgetrennt sind; beim Darstellen sollen blutige Hautfetzen gezeichnet werden. abgeschnitten *(coupé)*: Teile des tierischen oder auch menschlichen Körpers, die durch einen glatten Schnitt abgetrennt wurden.

abgewendet *(adossé, acculé)*: heraldische Figuren, die einander die Rückseite zukehren.

Adler, heraldisch *(aigle)*: immer stilisiert, von vorne, mit ausgebreiteten Flügeln, zur Seite gewendetem Haupt und gespreizten Krallen. (Abbildung S. 81)

am Spalt *(mouvant du parti)*: zur Hälfte dargestellte gemeine Figuren, die mit ihrer Schnittfläche eine Spaltungslinie berühren.

Andreaskreuz *(sautoir, croix de Saint-André)*: Schrägkreuz.

Antilope, heraldische: mit starken Hörnern und Klauen, typisch für englische Heraldik.

Antoniuskreuz, Tau *(potence)*: Kreuz in Gestalt eines T. (Abbildung S. 77)

Balken *(fasce)*: Heroldsbild, das durch zwei waagerechte Trennungslinien bei der Verwendung von nur zwei Tinkturen entsteht. (Abbildung S. 75)

Basilisk *(basilic)*: ein Fabelwesen mit dem Körper eines Drachens und dem Kopf eines Hahnes.

besät *(semé)*: mit kleinen Figuren bedeckte Fläche des Schildes, die Form der Figuren ist von den Seitenrändern des Schilds angeschnitten.

beseitet *(accoste, côtoyé, flanqué)*: Heroldsbilder oder gemeine Figuren, die von kleineren Figuren an den Seiten begleitet sind.

bestreut *(semé)*: normalerweise identisch mit besät, manche Heraldiker (W. Leonhard) machen aber einen Unterschied, wenn die kleinen Figuren auf dem Schild voll erhalten sind, d. h. nicht am Rand des Schilds angeschnitten sind. (Abbildung S. 33)

bewehrt *(armé)*: mit Schnäbel, Zähnen, Hörnern oder Krallen – meistens in anderer Farbe als die Figur – versehen.

Bewehrung: Waffen, Schnäbel, Zähne, Hörner und Krallen der Wappentiere.

Bord *(bordure)*: Schildrand in einer anderen Farbe als die Schildfläche.

Bracke *(braque)*: ein Kampfhund.

Bruch, Einbruch *(brisure)*: wird zu den Beizeichen gezählt; es ist ein schmaler, schwebender Schrägbalken. Normalerweise bezeichnete er die uneheliche Geburt des Wappenträgers.

Deichsel *(pairle, timon)*: Heroldsbild in der Form des Buchstabens Y. (Abbildung S. 78)

Deichselschnitt *(en pairle)*: Schildteilung in der Form des Buchstabens Y. (Abbildung S. 78)

Doppeladler *(aigle employé)*: heraldischer Adler mit zwei abgewendeten Häuptern. (Abbildung S. 81)

Doppelkreuz *(croix double)*: Patriarchen- oder Erzbischofskreuz, ein Kreuz mit zwei Querbalken, wobei der obere kürzer ist.

Drache *(dragon)*: Fabelwesen, feuerspeiend, mit stachelhäutigen Flügeln. (Abbildung S. 82)
Dreiberg *(mont à trois coupeaux)*: drei bogenförmige Erhöhungen, meistens im Schildfuß. (Abbildung S. 79)
Einhorn *(licorne)*: Fabelwesen, Pferd mit einem Horn auf der Stirn und gespaltenen Hufen.
Eisenhutfeh *(vair)*: Feh in Form von kleinen Eisenhütlein.
Faden *(fil, filet)*: schmaler Balken.
Falke *(faucon)*: normalerweise mit einer Hauptkappe und Schellen an den Fängen.
Fallgatter *(herse sarrasine)*: Schutzgatter, früher im Tor an Ketten hängendes Gitter. Fensterraute *(mâcle)*: Raute, deren innerer Teil herausgenommen ist.
Flagge: Hoheitszeichen einer Politischen Einheit (z. B. eines Staates, Provinz oder Stadt); besteht meist aus Stoff bzw. Tuch, beinhaltet Farben, die normalerweise Bezug auf die Farben aus dem Wappen des Inhabers nehmen. Flagge wird frei an einem Mast befestigt und ist ersetzbar (im Gegesatz zu Fahne) – siehe Kap. Fahnen.
Flanke *(senestre, adextré)*: ein an den Schildrand gerückter Pfahl von zwei Siebtel der Schildbreite. (Abbildung S. 75)
Flechtgitter *(haie d'osier)*: aus schräg oder gerade gekreuzten Stabpfählen und -balken entstehendes gitterförmiges Heroldsbild.
Flug *(vol)*: beide Flügel eines Vogels (z. B. als Helmzier).
Gabelkreuz *(croix fourchetée)*: = Schächerkreuz.
geflügelt *(ailé):* Menschen, Tiere oder Gegenstände, die mit Flügeln versehen sind.
Gegenhermelin *(contre-hermine)*: schwarze Fläche mit weißen Schwanzspitzen. (Abbildung S. 30)
Gegensparren *(deux chevrons appointes, l'un renverse et mouvant du chef)*: zwei Sparren, deren Gipfel sich in der Schildmitte berühren.
gelöwt *(lioné)*: ein aufgerichteter herschauender Löwe (gelöwter Leopard).
gerautet, geweckt *(losangé)*: Schildteilung, in Rautenform geteilte Fläche des Schildes. (Abbildung S. 78)
geschacht *(échiqueté)*: Schildteilung, gitterförmig geteilte Fläche des Schildes. (Abbildung S. 76)
gespalten *(parti)*: Schildteilung, durch eine oder mehrere vertikale Linien geteilte Schildfläche. (Abbildung S. 75)
geständert *(gironné)*: Schildteilung, geviert und schräg geviert. (Abbildung S. 78)
gestümmelt *(mutile, tronque, morne)*: gemeine Figuren, hauptsächlich Tiere, denen ein oder mehrere Teile fehlen, z. B. Zähne, Klauen, Zunge oder Schnabel.
gestürzt (renversé): Schildfiguren, dessen oberes Ende nach unten zeigt, sie stehen also „auf dem Kopf". Ein so gestellter, d. h. „gestürzter" Schild bedeutet in der funeralen Heraldik (z. B. auf Grabsteinen), dass es sich um das letzte Mitglied des Geschlechts handelt.
geteilt *(coupé)*: Schildteilung, durch eine oder mehrere waagerechte Linien geteilte Schildfläche. (Abbildung S. 75)
geviert *(écartelé)*: Schildteilung, Quadrierung, einmal senkrecht und einmal waagerecht geteilter Schild. (Abbildung S. 76)
Gitter *(grille)*: Heroldsbild, entsteht durch mehrere waagerechte und senkrechte Stäbe oder Leisten.
Glevenrad *(escarboucle)*: = Lilienszepterstern
Goldhermelin *(d'or, semé de mouchetures d'hermine)*: Hermelin mit goldenem Untergrund. (Abbildung S. 30)
Göpel *(pairle renverse)*: gestürztes Schächerkreuz. (Abbildung S. 78)
Göpelschnitt *(tiercé en pairle renversé)*: durch einen Göpel bewirkte Schildteilung.
Greif *(griffon)*: Fabeltier mit einem Adlerkopf mit spitzen Ohren, Krallenfüßen, Flügeln und dem Körper eines Löwen. (Abbildung S. 82)

grüner Boden *(terrasse)*: normalerweise grün tingierter Schildfuß.

Hahn *(coq)*: normalerweise kampfbereit, d. h. mit erhobenem Fuß. (Abbildung S. 81)

Halbmond, abnehmend, ungesichtet *(croissant)*: nach links gewendete Mondsichel (abnehmend). (Abbildung S. 79)

Halbmond, gesichtet *(croissant figuré)*: (normalerweise nach rechts gewendet = zunehmend) mit einem Gesicht. (Abbildung S. 79)

halsbekrönt (= halsgekrönt) *(colleté d'une couronne)*: häufig ein Tier, meist mit einer Blattkrone um den Hals.

Heiliger, unbestimmt *(saint)*: Mensch mit Heiligenschein.

Helm *(casque)*: Teil des Wappens, auf dem normalerweise die Helmzier befestigt ist.

Helmbinde *(bourrelet)*: = Wulst.

Helmdecke *(lambrequins)*: von Wulst oder Krone hängender Stoff, der zum Schutz des Helmes vor den heißen Sonnenstrahlen diente. Wiederholt die Farben des Wappens.

Helmkleinod (*cimier*): = Helmzier, auf dem Helm angebrachtes Kennzeichen in Form von Hörnern, Flügeln, Federn oder auch plastischen Figuren wie Menschen, Tieren usw. Diente zur Erkennung des Reiters im Schlachtgetümmel oder Turnier. Sie ist ein Teil des Vollwappens.

Helmkrone *(couronne héraldique)*: einfache Krone (Blattkrone, Laubkrone), als Verbindung zwischen dem Helm und der Helmzier. Ursprünglich als Zeichen des Königs, später ein Zeichen des gesamten Adels.

Helmzier: = Helmkleinod.

Hermelin *(hermine)*: Pelzwerk, Winterfell des Hermelins mit angenähten schwarzen Schwanzspitzen, dargestellt als weiße Fläche mit kleinen schwarzen Schwanzspitzen. (Abbildung S. 30)

Heroldskrone: noch heute in England gebräuchlich, ein Reif mit der Inschrift *Miserere mei Deus secundum magnam misericordiam tuam* und mit neun sichtbaren Eichenblättern besteckt.

Heroldsstab: szepterähnliches Amtsabzeichen der Herolde, ursprünglich aus Elfenbein, später weiß oder in den Farben des Fürstenwappens aus Holz.

Herzschild (im ~: *sur le tout du tout*): ein auf einem Schild aufgelegter kleinerer Wappenschild.

Innenbord *(orle)*: im Schild schwebendes Schildbord.

Jerusalemkreuz *(croix de Jerusalem)*: Krückenkreuz mit kleinen Kreuzehen bewinkelt.

Johanniterkreuz, Malteserkreuz *(croix de Malte)*: achtspitziges Kreuz, Ordenszeichen des Johanniter-, Malteserordens. (Abbildung S. 77)

Jungfrauenadler *(harpie)*: ein Adler mit nacktem Frauenoberkörper. Katze *(chat)*: kommt häufig sitzend als Helmzier vor.

Keil *(pile)*: eine schmale Spitze. (Abbildung S. 78)

Komet *(comete)*: Schweifstern, fallend, steigend. (Abbildung S. 79)

Kreuz, anstoßend, durchgehend *(croix)*: ein aus einem Balken und einem Pfahl gebildetes Heroldsbild. (Abbildung S. 77)

Kreuzschragen *(sautoir)*: ein aus einem Schrägbalken und einem Schräglinksbalken gebildetes Heroldsbild.

Krücke *(fasce, soutenue d'un demipal)*: ein Heroldsbild in Form eines durchgehenden Buchstaben T.

Krückenkreuz *(croix potencée)*: ein Kreuz, dessen Enden mit kleinen Querbalken versehen sind. (Abbildung S. 77)

Kugel, Ball, Scheibe *(boule, tourteau, besant)*: schwebende als flache runde Scheiben dargestellte Heroldsfiguren.

Kürsch *(fourrure)*: Pelzwerk, schuppenförmig zusammengesetzte Felle des Eichhörnchens. (Abbildung S. 30)

ledig *(plein, plain)*: ein Schild oder ein Feld ohne Schildfigur.

Leiste, Stabbalken *(burèle)*: Heroldsbild, ein auf die Hälfte seiner Breite reduzierter Balken. (Abbildung S. 75)

Leopard, heraldisch *(léopard)*: ein schreitender den Betrachter anschauender Löwe. (Abbildung S. 81)

Leopardenkopf *(tête de léopard)*: herschauender Löwenkopf.

leopardierter Löwe *(lion leopardé)*: schreitender und rechts schauender Löwe.

Lilie, heraldisch *(fleur-de-lis)*: drei in der Mitte zusammengebundene Blätter, von denen das mittlere nach oben zeigt und die zwei seitlichen nach unten gebogen sind. (Abbildung S. 80)

Lilienszepterstern, Karfunkelstern, Lilienhaspel *(escarboucle)*: ein meist aus acht Lilienszeptern gebildeter Stern.

Lothringer oder Patriarchenkreuz *(croix de Lorraine)*: ein Kreuz mit zwei Querbalken. (Abbildung S. 77)

Löwe, heraldisch *(lion)*: stets stark stilisiert, aufgerichtet und nach rechts schauend. (Abbildung S. 81)

Löwenkopf *(tête de lion)*: nach rechts schauender Kopf eines Löwen.

Löwenmaske = Leopardenkopf.

Malteserkreuz = Johanniterkreuz.

Mauer *(mur)*: Heroldsbild, Zinnenteilung, normalerweise mit deutlichen Fugen.

Meerjungfrau *(sirène)*: halb Frau mit Fischschwanz als Unterkörper.

Meerjungfrau mit zwei Fischschwänzen *(sirène à deux queues de poisson)*: halb Frau, mit zwei Fischschwänzen als Unterkörper. (Abbildung S. 82)

Meermann mit zwei Fischschwänzen *(homme marin à deux queues de poisson)*: halb Mann, mit zwei Fischschwänzen als Unterkörper.

Meermann, Triton *(homme marin, triton)*: halb Mann, mit Fischschwanz als Unterkörper.

Merlette: Vogel ohne Schnabel und Füße.

Mittelschild *(surtout, écusson sur le tout)*: ein kleiner Schild auf die Mitte eines größeren Schildes (z. B. Herzschildes) aufgelegt.

Nagelspitzenkreuz: schwebendes Kreuz, dessen unterer Arm in einen Dom ausläuft.

Nesselblatt: gezackter Schildrand.

offener Flug: ausgebreitet dargestellte Flügel als Helmzier.

neunmal geschacht: zweimal waagerecht und zweimal senkrecht geteilt in verwechselten Farben. (Abbildung S. 76)

Panther, heraldischer Panther *(panthère héraldique)*: Fabelwesen, meistens ein Tier mit Löwenunterkörper, vorne mit Adlerklauen und einem gehörnten Drachen- (auch Pferde-) -kopf, feuerspeiend (manchmal schlägt das Feuer aus allen Körperöffnungen).

Papagei *(perroquet)*: in der Regel grün mit übertriebenem Schnabel. Pavillon = Wappenmantel, Wappenzelt.

Pegasus *(pégase)*: Fabelwesen, beflügeltes Pferd.

Pelikan *(pélican)*: Schwimmvogel, sich die Brust aufreißend.

Pelzwerk *(fourrure)*: heraldische Darstellung der wirklichen Pelze. Kürsch, Hermelin, Feh. (Abbildung S. 30)

Pfahl *(pal, poteau, pieu)*: Heroldsbild, entsteht durch die zweimalige Teilung des Schildes. (Abbildung S. 75)

pfahlweise *(en pal)*: Schildfiguren, die in der Richtung eines gedachten Pfahles übereinander stehen.

Pfau *(paon)*: seltenes Wappenbild. Symbol der Auferstehung oder der himmlischen Herrlichkeit.

Pferd *(cheval)*: Ross, in der Regel aufbäumend dargestellt. (Abbildung S. 81)

Phönix *(phénix)*: Fabelwesen, ein Vogel, der aus dem Feuer wieder geboren wird.

Quadrierung: = geviert.

quergeteilt *(coupé)*: von rechts oben nach links unten geteilt.

Rabe *(corbeau)*: ein sehr altes Wappenbild.

Raute *(losange)*: auf die Spitze gestellte längliche Quadrate.

rechte obere Vierung, Freiviertel *(franc-quartier)*: das erste Feld in einer Vierung. (Abbildung S. 55)

Rautenkranz *(crancelin)*: mit Blättern besetzte Zierleiste in Gestalt eines Kronensegmentes.

Rautenschild *(écu en losange)*: = Frauenschild, ursprünglich allgemein benutzter Schild, später (und bis heute) in England und Frankreich nur für Frauen verwendet.

redend *(armes parlantes)*: Wappen, dessen Figur auf den Namen des Besitzers anspielt (Schere im Wappen derer von Scherenberg, Rose im Wappen derer von Rosenberg).

Regalienfeld *(sous le tout de gueules)*: rotes lediges Feld in Wappen mancher souveräner Fürsten. Die rote Farbe symbolisiert das Blutbanner als Ausdruck des Besitzes der Herrscherwürde und des Blutbannes.

Reichsapfel *(globe impérial, monde)*: Kugel mit oben aufgesetztem Kreuz, symbolisiert die weltliche Macht. Im Wappen im roten Feld bedeutete sie die Kurfürstenwürde des Truchsessen (Pfalzgraf bei Rhein).

Rose, heraldische *(rose)*: normalerweise fünfblättrige Blüte einer wilden Rose; vier, sechs oder acht Blätter kommen ebenfalls vor. (Abbildung S. 80)

Rumpf (Tier: *tête et col*, Mensch: *buste*): in der Regel als Helmkleinod vorkommende Menschen- oder Tierfiguren, bei denen nur Kopf und Oberkörper sichtbar sind, Arme bzw. Vorderfüße aber fehlen.

Säule *(colonne)*: gewöhnlich mit Fuß und Kapitell dargestellt.

Schächerkreuz *(pairie alésé)*: Gabelkreuz, Kreuz, dessen Arme gabelförmig nach oben verlaufen. (Abbildung S. 77)

Schildbord, Schildrand *(bordure)*: um den Schildrand gelegte Einfassung, die sich vom Schild in Farbe oder Pelzwerk unterscheiden muss.

Schildfuß *(champagne)*: Heroldsbild, das durch eine Trennungslinie im unteren Drittel des Schildes entsteht. (Abbildung S. 75)

Schildhaupt *(chef)*: Heroldsbild, das durch eine Trennungslinie im oberen Drittel des Schildes entsteht. (Abbildung S. 75)

Schlange *(serpent, bisse, guivre)*: meist aufgerichtet *(couleuvre)*, kampfbereit, kann auch geflügelt *(amphiptère)* sein.

Schneekristall *(neige)*: seltenes Wappenbild.

Schraffuren, heraldische *(hachures)*: graphische Darstellung der heraldischen Tinkturen mittels Strichen und Punkten. Die Autorschaft wird heute zwei Heraldikern zugeschrieben: Marc de Vulson de la Colombière und Silvester à Petra Sancta. (Abbildungen S. 29)

Schrägbalken (rechter: *bande*, linker: *barre*): Heroldsbild, das durch die zweifache Teilung des Schildes von oben rechts nach unten links (bzw. oben links nach unten rechts) bei nur zwei Tinkturen entsteht. (Abbildung S. 77)

Schragen, Andreaskreuz, Schrägkreuz *(sautoir)*: Heroldsbild, das aus einem Schrägbalken und einem Schräglinksbalken zusammengesetzt ist.

Schrägfaden *(filet)*: schmaler, auf die Hälfte seiner Breite reduzierter Schrägbalken. (Abbildung S. 77)

schräggeteilt *(tranché)*: von oben rechts nach unten links geteilt. (Abbildung S. 77)

schräggeviert *(écartelé en sautoir)*: schräg- und schräglinksgeteilt. (Abbildung S. 78)

Schräggitter *(fretté)*: schräg gestelltes Gitter.
schräglinksgeteilt *(taillé)*: von oben links nach unten rechts geteilt. (Abbildung S. 77)
Schwan *(cygne)*: relativ häufiges Wappenbild, meistens silbern oder schwarz tingiert. (Abbildung S. 81)
schwebend *(alaisé, alésé)*: Heroldsbilder, die die Schildränder nicht berühren.
Schwertseite: die heraldisch rechte Seite auf einem Grabstein. Auf dieser Seite werden die Wappen der Familien väterlicherseits aufgeführt.
Sechsberg *(mont à six coupeaux)*: aus sechs Hügeln gebildete Wappenfigur. (Abbildung S. 79)
Seelöwe *(lion-mariné)*: Fabelwesen, Löwe mit Fischschwanz als Unterkörper. (Abbildung S. 82)
Seiten, heraldische: das Wappen wird beim Blasonieren so beschrieben, als ob man den Schild selber tragen würde, d. h. rechts ist von der Zuschauerseite links und umgekehrt.
Sonne, strahlend, gesichtet *(soleil figuré)*: Sonne mit Gesicht. (Abbildung S. 79)
Sonne, strahlend, ungesichtet *(soleil non figuré)*: Sonne ohne Gesicht. (Abbildung S. 79)
Spaltung *(parti)*: senkrecht gespalten. (Abbildung S. 75)
Sparren *(chevron)*: Heroldsbild, eine mit einer kleineren Spitze in der Feldtingierung belegte Spitze. (Abbildung S. 78)
Spindel = Rauten
Spindelseite: die heraldisch linke Seite auf einem Grabstein. Auf dieser Seite werden die Wappen der Familien mütterlicherseits aufgeführt.
Spitze *(chapé)*: keilförmiges Heroldsbild, das zur Mitte des oberen Randes läuft. (Abbildung S. 78)
St. Markus-Löwe: stehender geflügelter Löwe, der mit der vorderen rechten Pranke ein offenes Buch hält.
Stab *(vergette, bâton)*: Heroldsbild, auf die Hälfte seiner Breite reduzierter Pfahl. (Abbildung S. 75)
Steinbock *(bouquetin)*: meist springend dargestellte Figur, mit betont stilisierten Hörnern und gespaltenen Hufen in verschiedener Tingierung; in der Schweiz werden auch die Geschlechtsteile abweichend tingiert.
Stern *(étoile)*: die Zahl der Strahlen hängt von der Lokaltradition ab; in Deutschland hat er meistens 6 oder 8 Strahlen, in England, Frankreich oder Italien 5 Strahlen. Beim Blasonieren gibt man die Zahl der Strahlen in Klammern an. (Abbildung S. 79)
Sternbild des großen Bären: seltenes Wappenbild, heute bekannt im Wappen des italienischen Dichters G. d'Annunzio (principe di Montenevoso).
Stier *(taureau)*: schreitend, stehend oder aufspringend und mit betonten Hörnern und Hufen in verschiedener Tingierung dargestellt.
Storch *(cigogne)*: seltene Schildfigur, die im Schnabel einen Frosch oder eine Schlange hält.
Strauß *(autruche)*: mit einem Hufeisen im Schnabel.
Tappert: = Wappenmantel, Wappenrock: Amtskleidung der Herolde, gewöhnlich mit dem Wappen des Herren versehen.
Tatzenkreuz *(croix pattée)*: Kreuz, dessen Arme sich nach außen verbreitern und leicht geschweift sind. (Abbildung S. 77)
Tiger *(tigre)*: normalerweise natürlich; nur in England gibt es einen heraldischen Tiger, der wie ein Löwe mit einem drachenähnlichen Kopf aussieht.
Troll: in der skandinavischen Heraldik ein häufiges Zeichen.
Tropfen, Tränen *(goutte)*: kleine, eine größere Figur begleitende Figuren, die verstreut auf dem Wappenfeld vorkommen.
Turnierkragen *(lambel)*: als Beizeichen verwendeter, abwärts breitgezinnter mit in der Regel

drei, seltener fünf herabhängenden Lätzen. Er verläuft über den ganzen Schild und dessen Bild oder ist schwebend, in der Regel im Schildhaupt, dargestellt.

unbewaffnet *(désarmé)*: heraldische Tiere ohne Krallen, Klauen oder Hauer.

ungebildet *(non figuré)*: ohne menschlichen Gesicht dargestellte Sonne oder Mond.

untergeschlagen *(couard)*: Schwanz eines Tieres, der unter dem Bauch zwischen die Beine gelegt ist.

Vierung *(écartelure)*: Heroldsbild, entsteht durch gleichzeitige Teilung und Spaltung. (Abbildung S. 76)

Vollmond, gesichtet *(pleine tune figurée)*: eine runde normalerweise silberne Scheibe mit Gesicht.

wachsend *(croissant)*: aus einer Schildteilung, einer gemeinen Figur, einem Heroldsbild oder einem Helm herausragende nur in ihrer oberen Hälfte sichtbare menschliche oder tierische Gestalt.

Wappen-Design: besonders bei Staats- oder Stadtwappen in der modernen Heraldik die konkrete Anweisung des Wappeninhabers an den Grafiker bezüglich Schildform, Farbtöne usw.

Wappenkönig *(roi d'armes)*: im französischen und englischen Wappenwesen der oberste Herold.

Wappenkunde: Heraldik, Wappenwissenschaft.

Wappenkunst: kunstgeschichtlich-ästhetische Betrachtung der Heraldik.

Wappenrolle *(rôle d'armes)*: ursprünglich auf Pergamentrollen gemalte Wappensammlung, später jede Wappensammlung.

wilde Frau *(femme sauvage)*: nackte, manchmal behaarte Frau mit einem grünen Lendenkranz und Stirnkranz.

wilder Mann *(homme sauvage)*: nackter, manchmal behaarter Mann mit einem grünen Lendenkranz und Stirnkranz.

Windhund *(lévrier)*: sehr schlanker, meist laufender, behalster (= mit einem Halsband versehener) Hund.

Wolf *(loup)*: oft als redendes Wappen.

Wolfzahn *(dent de loup)*: Heroldsbild, das meist aus drei oder vier gebogenen Spitzen gebildet wird, die in der Regel aus dem Schildrand wachsen.

Wulst *(bourrelet)*: gedrehtes Stofftuch auf dem Helm, aus dem normalerweise die Helmzier herauswächst.

Zwillingsbalken *(jumelle en fasce)*: zwei schmale parallel verlaufende Balken. (Abbildung S. 75)

Zwillingspfahl *(jumelle en pal)*: zwei schmale parallel verlaufende Pfähle. (Abbildung S. 75)

Zwillingsschrägbalken *(jumelle en bande)*: zwei schmale parallel verlaufende Schrägbalken. (Abbildung S. 77)

11. INDEX

Hinweis: die im Glossar (S. 124–130) aufgeführten Fachausdrücke werden hier nicht genannt.